出版基金
PUBLISHING FUND

出版基金资助项目

新世纪俄罗斯政治经济与外交

徐光辉◎编著

Russian Politics, Economy and Diplomacy in the 21st Century

时事出版社
北京

前　言

自1999年底普京担任俄罗斯代总统以来，俄罗斯联邦在政治、经济、外交、社会等领域都发生了重大而深刻的变化。对21世纪以来的俄罗斯政治、经济与外交情况进行研究，系统考察俄罗斯大国复兴的整体战略，是深化中国特色大国关系研究的应有之意。

由于自身一系列特殊的经历，普京逐步形成了强烈的大国观念和现实灵活的执政风格；俄罗斯政治态势得以重塑，并不断进行调整和改革；俄罗斯实现经济恢复和发展，社会政策不断完善，并开展积极的现代化改革；俄罗斯坚持推动全方位外交，深化以独联体成员为核心的周边外交，灵活发展俄欧、俄美关系，积极拓展与印度、日本、越南等亚太国家关系。

与21世纪初相比，俄罗斯政治、经济和外交领域已经发生了显著的变化，正在逐步实现俄罗斯的大国复兴梦想。但是，随着国内外局势的不断变化，俄罗斯仍然面临着一系列现实的挑战：在后普京时代，能否实现政治结构的长期稳定；如何塑造国际身份，改善与西方长期对立的外交局面；能否跳出能源经济的陷阱，改进现代化发展模式，避免国家发展态势受国际油价过高影响等。

21世纪已经走过20年，对21世纪俄罗斯政治、经济与外交进行系统研究，是在新的历史时期深化俄罗斯国情研究、研判其未来发展趋势的一种尝试。希望本书能够抛砖引玉，在推动俄罗斯大国战略研究方面有所帮助。

目　　录

第一章　新世纪俄罗斯政治重塑与调整改革

1999年12月31日，叶利钦通过电视讲话宣布辞职，根据《俄罗斯联邦宪法》规定，时任总理弗拉基米尔·弗拉基米罗维奇·普京担任代总统。普京从叶利钦手中接过的俄罗斯，不仅是一个政治混乱、经济凋敝、社会动荡的国家，而且面临着内部国家分裂和外部国际地位一落再落的困难境地。面对复杂的局势，普京以国家政治为切入点，通过多种手段重塑强有力的国家权威政权，对国内民主政治进行积极调整，实现了国家稳定和政治体制的长期平稳运转，为俄罗斯的长期发展奠定坚实的基础。

第一节　国家权威政权的重塑

俄罗斯学者普遍认为，对俄罗斯而言，出现中央集权并不是坏事，这可以充分保证政府的改革行动有计划、有目的、自上而下得到落实和执行。与叶利钦时期的混乱状态相比，正是集权制下强大的执行力，才保证了普京执政期间各项政策得以落实，各领域发展成效显著。

从俄罗斯历史上来看，曾经数次出现强权政治，不论是彼得大帝、叶卡捷琳娜女皇，还是斯大林，每当有强权人物出现，俄罗斯政治必然是由乱到治，经济由降到升，国家实力增强，人民生活改善。所以，自从俄罗斯诞生以来，俄罗斯人心中就有深深的强国意识和圣君意识。因此，自普京上台以后，重新树立国家权威，恢复稳定与秩序，就成为政治领域的首要任务。

一、强化总统制为核心的国家治理体制

普京在《千年之交的俄罗斯》一文中提到："国家及其体制和机构在人民生活中一向起着极为重要的作用。有着强大权力的国家对于俄罗斯人来说不是什么不正常的事，也不是一件要去反对的事，恰恰相反，它是秩序的源头和保障，是任何变革的倡导者和主要推动力。"在俄罗斯，总统和宪法的关系十分密切，宪法将总统奉为自身的保障者，总统是宪法的守护人。总统由全体俄罗斯人民选举产生，政治地位处于行政、立法、司法三权之上，是国家的唯一象征。

在叶利钦执政后期，受到多方面因素影响，已无法完全履行总统的职责。在国家层面，以俄共为首的多个反对派牢牢控制杜马，对叶利钦的内政外交政策展开抨击；在联邦层面，车臣、达吉斯坦等加盟共和国已经公开独立倾向，大量的联邦主体纷纷扩大自治权，中央—地方权力划分严重失衡；在社会民众层面，普通民众长年承担国家动荡和经济崩溃的后果，对于总统的支持率一度跌至4%。

普京接任总统后，首要问题就是强化总统权威，恢复宪法所赋予俄罗斯总统的所有权力。为了强化总统权威，普京在全力解决车臣问题的基础上，强化中央对地方管控，协调议会与政府关系，并杜绝寡头干政问题，逐步实现了总统在国家治理中的核心地位。

关于第二次车臣战争，普京曾经说过："我不是一个好赌的人，整体来说我是一个务实的人，我们应该大胆行动，而不是再三思虑我们的方案是否可行。为了达成我们振兴国家的目标，我们没有其他方法和手段了，或者说（除了武力解决）我们已经别无选择。"

车臣共和国是俄罗斯联邦主体之一，位于北高加索山区，西接印古什共和国和北奥塞梯共和国，西北与斯塔夫罗波尔边疆区接壤，

东连达吉斯坦共和国，南部与格鲁吉亚分享一条很长的边界。车臣共和国面积约1.7万平方千米，人口约120万，主要信奉伊斯兰教。从19世纪中期被并入沙俄起，车臣就被称为俄罗斯的“伤疤”，一旦中央政权软弱，地方分离主义就开始谋求独立。在二战中，部分车臣人试图与德国军队合作谋求独立，1944年斯大林以车臣人同德国侵略者合作为由，将约40万车臣人强行迁徙到中亚哈萨克和西伯利亚境内，并撤消了车臣的自治共和国地位。直到1957年赫鲁晓夫执政时期，车臣—印古什苏维埃社会主义自治共和国才得以恢复。叶利钦在与戈尔巴乔夫斗争时，为了获取支持，大量地向各加盟共和国许诺地方自治权利。1991年10月，杜达耶夫就任车臣共和国总统后，立即宣布独立并组建约6万人的国民卫队。经过多次谈判和调解后，1994年12月，叶利钦不顾联邦委员会和国家杜马的反对，向车臣派出军队，发动了第一次车臣战争。战争进行了约20个月，1996年8月，俄总统驻车臣全权代表、俄安全会议秘书列别德与车臣非法武装参谋长马斯哈多夫在达吉斯坦共和国首府签订了《哈萨维尤尔特协议》，双方同意无条件停止使用武力和以武力相威胁解决冲突，将车臣地位问题搁置5年，即在2001年12月31日举行全民公决来决定。这次战争对于叶利钦和俄罗斯政府而言是一场失败的战争：战争中俄军阵亡2837人、伤13270人、失踪337人、被俘432人；损失飞机5架，作战直升机8架，坦克、装甲输送车、步兵战斗车和装甲侦察车500余辆；直接经济损失约50亿美元；议会对于叶利钦更加抵触和不信任，叶利钦的支持率也一路下滑，而车臣则在此后数年获得了事实上的“独立”。

普京任总理之前，车臣当局的武装行动逐步升级，1999年7－8月，巴萨耶夫带领武装分子两次攻击邻近的达吉斯坦共和国，企图扩大独立战果。普京就任总理后，随即展现他在维护国家安全和统一问题上的铁血作风，他认为“车臣问题已经不是简单的俄罗斯内部问题。如果今天要姑息纵容，明天就可能失去整个俄罗斯”。1999年9月初，在视察被恐怖分子攻击的达吉斯坦时，普京说出那句经典的名言，“我们打击恐怖分子必须坚持到底，即使他们逃到厕所，我们也要把他们溺死在马桶里”。叶利钦相信并支持普京，他委托普京全权处理车臣问题，在所有问题上拥有“总统般的权力”。1999年9月19日起，普京先后调动16万军队，在空军轰炸机的配合下兵分三路进攻车臣。由于情报准确、准备充分、指挥有力，到2000年2月，俄军占领车臣全境，第二次车臣战争大获全胜。根据俄军总参谋部宣布，从第二次车臣战争打响到2000年2月初，俄军以阵亡官兵1173人的代价，击毙叛军约10000人，取得了战争的全面胜利。在发动军事行动的同时，普京吸取叶利钦第一次车臣战争的教训，亲自接见西方各国驻俄使节并向联邦委员会和国家杜马阐述出兵理由，在很大程度上得到了国际社会和议会的理解，反对声和舆论压力大大减少。随着战争的顺利推进，普京在民众之中的支持率快速上升，5个月内从接任总理时的1.7%上升到12月份的58%。

二、强力理顺中央与地方的关系

第二次车臣战争后，俄罗斯国内的分离主义偃旗息鼓，普京利用高层的统一和舆论的趋势，对俄罗斯的联邦制进行了数次改革，不断强化中央对于各联邦主体的权威，逐步理顺中央与地方的主从关系。

由于当时俄罗斯联邦主体总数高达89个，难以管理，因此，普京设立了“联邦区”制度，将89个联邦主体划为7个联邦区，每个联邦区派驻总统全权代表，对各联邦主体进行垂直领导，严厉打击地方领导人的腐败等违法行为，逐步结束了联邦主体各自为政的无政府主义状态。

2000年5月13日，俄罗斯总统普京颁布第849号总统令，规定将全国划分为7个联邦区（федеральный округ）并派驻联邦区总统全权代表（Полномочный представитель Президента Росийской Федерации в федеральных округах）。7个联邦区分别为：中央联邦

管区（Центральный федеральный округ）、西北联邦管区（Северо－западный федеральный округ）、北高加索联邦管区（Се́веро－Кавка́зский федера́льный о́круг）、伏尔加联邦管区（Приволжский федеральный округ）、乌拉尔联邦管区（Уральский федеральный округ）、西伯利亚联邦管区（Сибирский федеральный округ）和远东联邦管区（Дальневосточный федеральный округ）。

2000年6月23日，俄罗斯总统普京下令将北高加索联邦区更名为南部联邦区（Южный федеральный округ）。2005年12月1日，彼尔姆州与科米—彼尔米亚克自治区合并，设立彼尔姆边疆区。2007年1月1日，泰梅尔自治区和埃文基自治区并入克拉斯诺亚尔斯克边疆区，科里亚克自治区并入堪察加州，设立堪察加边疆区。2008年1月1日，乌斯季奥尔达布里亚特自治区撤消，并入伊尔库茨克州。2008年3月1日，赤塔州和阿加布里亚特自治区合并，设立外贝加尔边疆区。2010年1月19日将北高加索地区从南部联邦区中独立出来，重新设置为北高加索联邦区（Северо－Кавказский федеральный округ）。2014年3月18日，俄罗斯接纳克里米亚地区加入联邦，自2014年3月18日起，俄罗斯法律及法规在克里米亚共和国和塞瓦斯托波尔市正式实施。2014年3月21日，俄罗斯总统普京签署命令成立克里米亚联邦区，但其下辖主体克里米亚共和国和塞瓦斯托波尔直辖市因独立公投入俄而未得国际社会普遍承认。2016年7月28日，俄罗斯总统普京签署命令，将南部联邦区和克里米亚联邦区合并改组为新的南部联邦区。

截止到2020年6月，俄罗斯共设置8个联邦区，管理85个联邦主体，包括22个共和国（республика）、9个边疆区（край）、46个州（область）、3个联邦直辖市（自治市）（город）、1个自治州（автономная область）、4个自治区（автономный округ）。具体情况如表1－1所示：

表 1－1　俄罗斯联邦区管区

中央联邦管区	莫斯科直辖市（Москва） 别尔哥罗德州（Белгородская Область） 布良斯克州（Брянская Область） 伊万诺沃州（Ивановская область） 卡卢加州（Калужская Область） 科斯特罗马州（Костромская Область） 库尔斯克州（Курскская Область） 利佩茨克洲（Липецская Область） 莫斯科州（Московская Область） 奥廖尔州（Орёл / Орловская область） 梁赞州（Рязанская Область） 斯莫棱斯克州（Смоленская Область） 坦波夫州（Тамбовская Область） 特维尔州（Тверская область） 图拉州（Тульская область） 弗拉基米尔州（Владимирская область） 沃罗涅日州（Воронежская область） 雅罗斯拉夫尔州（Ярославская Область）
西北联邦管区	圣彼得堡直辖市（Санкт－Петербург） 阿尔汉格尔斯克州（Архангельская Область） 涅涅茨自治区（Ненецкий автономный Округ） 加里宁格勒州（Калининградская Область） 卡累利阿共和国（Республика Карелия） 科米共和国（Республика Коми） 摩尔曼斯克州（Мурманская Область） 诺夫哥罗德州（Новгородская Область） 普斯科夫州（Псковская Область） 列宁格勒州（Ленинградская Область） 沃洛格达州（Вологодская Область）

续表

南部联邦管区	阿迪格共和国（Республика Адыгея） 阿斯特拉罕州（Астраханская Область） 卡尔梅克共和国（РеспубликаКалмыкия） 克拉斯诺达尔边疆区（Краснодарский край） 罗斯托夫州（Ростовская Область） 伏尔加格勒州（Волгоградская Область） 塞瓦斯托波尔直辖市（Севастополь） 克里米亚共和国（Республика Крым）
北高加索联邦管区	达吉斯坦共和国（Республика Дагестан） 印古什共和国（Республика Ингушетия） 卡巴尔达—巴尔卡尔共和国（Кабардино – Балкарская республика） 卡拉恰伊—切尔克斯共和国（Карачаево – Черкесская республика） 斯塔夫罗波尔边疆区（Ставропольский край） 北奥塞梯—阿兰共和国（Республика Северная Осетия – Алания） 车臣共和国（Чеченская республика）
伏尔加沿岸联邦管区	巴什科尔托斯坦共和国（巴什基尔）[Республика Башкортостан（Башкирия）] 涅涅茨自治区（Ненецкий автономный округ） 楚瓦什共和国（Республика Чувашия） 基洛夫州（Кировская Область） 马里埃尔共和国（Республика Марий Эл） 莫尔多瓦共和国（Республика Мордовия） 下诺夫哥罗德州（Нижний Новгород Область） 奥伦堡州（Оренбургская Область） 奔萨州（Пензенская область） 彼尔姆边疆区（Пермский край） 科米共和国（Республика Коми） 萨马拉州（Самара） 萨拉托夫州（Саратовская Область） 鞑靼斯坦共和国（Республика Татарстан） 乌德穆尔特共和国（Республика Удмуртия） 乌里扬诺夫斯克州（Ульяновская Область）

续表

乌拉尔联邦管区	库尔干州（Курганская Область） 斯维尔德洛夫斯克州（Свердловская Область） 秋明州（Тюменская Область） 汗特—曼西自治区（Ханты – Мансийский автономный округ） 亚马尔—涅涅茨自治区（Ямало – Ненецкий автономный округ） 车里雅宾斯克州（Челябинская Область）
西伯利亚联邦管区	阿尔泰共和国（Республика Алтай） 阿尔泰边疆区（Алтайский Край） 布里亚特共和国（Республика Бурятия） 雅库茨克州（Иркутская область） 哈卡斯共和国（Республика Хакасия） 科麦罗沃州（Кемеровская область） 克拉斯诺亚尔斯克边疆区（Красноярский Край） 泰梅尔自治区［Таймырский（Долгано – Ненецкий）автономный округ］ 埃文基自治区（Эвенкийский автономный округ） 新西伯利亚州（Новосибирская область） 鄂木斯克州（Омская область） 托木斯克州（Томская область） 图瓦共和国（Республика Тыва） 后贝加尔边疆区（Забайкальский край）
远东联邦管区	阿穆尔州（Амурская Область） 犹太自治州（Еврейская автономная Область） 堪察加边疆区（Камчатский край） 科里亚克自治区（Корякский автономный Округ） 哈巴罗夫斯克边疆区（Хабаровский Край） 马加丹州（Магаданская Область） 楚科奇自治区（Чукотский автономный округ） 滨海边疆区（Приморский Край） 萨哈（雅库特）共和国［Республика Саха（Якутия）］ 萨哈林州（Сахалинская Область）

为了进一步加强国家政权垂直系统，除了行政区域改革，普京曾两次修改地方行政长官选举制度。2004 年 12 月，俄杜马通过了关于联邦主体行政长官新的产生办法的法案。地方行政长官不再经选举产生，而是由总统提名并经地方立法会议表决通过。2005 年国家杜马又通过新法案，规定在地方议会选举中获胜的政党有权向地方立法机关提出该地区行政长官的候选人。

2004 年 12 月 3 日，俄罗斯国家杜马通过普京的政治体制改革法令，取消地方长官直选制，改由总统提名地方行政长官人选，提交地方立法机关表决通过。这一法令生效后，普京拥有了任命和罢免地方领导人的权力，俄罗斯总统的意志在各个地区都得到了彻底的贯彻。在这一制度实施 8 年后，俄罗斯各联邦主体完全从属于中央，但是这一制度长期受到自由主义一派的指责，而且难以调动各地方积极性。2012 年，普京又重新恢复了地方行政长官选举制，使得所有联邦主体最高行政长官在直接、公平和无记名投票中产生。根据新法规，候选人可由政党推荐或自我推荐，党派可推荐本党及无党派人士；俄联邦 30 岁以上的公民有权参加竞选，但首先必须获得市议会 5%—10% 的投票。这一制度同时满足了中央和地方需求，既消除了各联邦主体的地方分离主义与尾大不掉问题，又可以民主选举熟悉地方情况、积极推动地方发展的官员，是经过长期实践与改革后形成的比较成熟的地方选举制度。与此同时，也有部分学者认为，恢复地方行政长官直选，并不意味着中央与地方的关系再次发生改变。与从前的“全面直选”不同，目前的地方行政长官直选只是“有限直选”，选民只能在总统提名的几位候选人中做选择。而中央考核地方行政长官的重要标准之一，就是能否确保统一俄罗斯党在地方选举中获胜。

三、坚决治理寡头干政

在经济学定义中，寡头指的是掌握着庞大的金融资本，并实际上控制着国民经济命脉和国家政权的大垄断资本家或垄断资本家集团。在苏联时期，所有财富都是公有制，不存在寡头的问题。随着20世纪80年代末90年代初经济改革的启动，俄罗斯出现了最早的一批私营商业家。这些人绝大部分都是政府官员和企业高管，通过利用手中权力和社会关系，倒卖各类物资获得第一桶金。俄罗斯独立之初，为了迅速建立资本主义的私有制，叶利钦同意丘拜斯的私有化方案，力图在短期内将俄罗斯的国家财产分散到公民个人手中。在私有化进程中，一些投机者利用法律和制度的漏洞，通过多种方式将大型国有企业转为私人所有，他们的个人财富极速膨胀。截止到20世纪90年代中期，俄罗斯最大的几个寡头基本上控制了国家的油气、动力、冶金业和金融业，并且拥有报纸、广播、电视台，可以随意操纵并影响舆论。1996年总统选举时，叶利钦并不占有优势，但是他与当时最著名的七大金融寡头结盟，利用他们的财富和影响力获得选票，同时承诺维护寡头们的利益。这七大寡头分别为联合银行总裁别列佐夫斯基、大桥银行总裁古辛斯基、国际商业银行总裁维诺格拉多夫、首都储蓄银行总裁斯摩棱斯基、阿尔法银行总裁弗里德曼、梅纳捷普银行总裁霍多尔科夫斯基、俄罗斯信贷商业银行总裁马尔金。叶利钦选举获胜之后，就自然成为这些寡头利益的代言人。在制定国家政策时，各部部长在寡头们的眼里都是小角色，他们可以直接出入克里姆林宫，和叶利钦讨论国家政策的制定，必要时可以随时撤换副总理甚至总理。曾担任俄罗斯代总理的盖达尔指出，“在高峰时，7－10个寡头才是真正的政府，他们可以随意撤换总理，推行有利于他们的经济政策”。

普京坚决反对寡头们干预国家政治，在参加总统竞选时，他就明确指出，“那些有钱人不应当控制社会……寡头们不可以、也没有权力影响政府的决策。如果有人不喜欢这样，如果有人已经习惯了无政府主义，那我很抱歉，他们将必须遵守新的规则”。普京就任新一届总统后，寡头们不甘失去权势和对政府的影响力，试图通过舆论等手段与普京对抗。普京当机立断，决定拿古辛斯基和别列佐夫斯基开刀，重新确立国家和寡头之间的关系。

古辛斯基，全名为弗拉基米尔·亚历山大洛维奇·古辛斯基，由于俄语中古辛斯基一词的词根意思为“鹅”，他又被媒体称为俄罗斯的“鹅掌柜”。古辛斯基1952年生于莫斯科，出身于俄罗斯的犹太民族，曾先后就读于古布金石油天然气工业学院工程技术专业和国立卢那察尔斯基戏剧艺术学院导演专业。古辛斯基最初只是一个名不见经传的小导演。戈尔巴乔夫上台执政后，他开始成立私人公司，从事建筑装修、金融法律咨询、政治分析等业务。1989年，俄罗斯银行逐步商业化，古辛斯基的咨询公司与美国阿尔诺尔德·波特尔法律公司联合成立合资企业桥公司，古辛斯基持有该公司50%的资本。1989年10月，桥公司涉足金融领域，开办“大桥”银行，古辛斯基出任总裁。1992年，古辛斯基将桥公司改组成股份集团，开始把经营目标转向了媒体，创建了桥媒体集团。他认为，自己出身普通，要想具有社会号召力，首先是应该建立一个强大的媒体帝国，从根本上控制俄罗斯的舆论导向，实现“不当总统照样可以左右政府”的政治抱负。到1996年，古辛斯基的“大桥”集团拥有50余家企业和1.4万名员工，总资本约8.3亿美元。

1996年春季，叶利钦谋求连任总统的希望遭受了沉重的打击。叶利钦起用了古辛斯基的媒体舰队，为自己的连任大造声势。古辛斯基不辱使命，帮助叶利钦在第二轮全民投票中赢得胜利。但古辛斯基没有接受叶利钦在答谢宴上对助选团寡头说的一句话，“钱多不要紧，但不要从政”。1997年，古辛斯基利用国营天然气工业公司对电视公司的资金支持，迅速扩充了“大桥”集团的实力，并进一步组建和兼并了多家媒体企业。1998年的经济危机和此后的一系列政治危机，促使叶利钦急于寻找接班人。为了扶植自己的代表普里马科夫竞选下届俄罗斯总统，古辛斯基全力资助议会中的“祖国运动”党，大有与普京争雄、问鼎总统职位的劲头。叶利钦在事后回忆说，“正是因为寡头间没有规则的残酷斗争，导致了1998年的经济危机和三次最严重的政府危机。这些危机不仅使俄罗斯经济进一步衰败，甚至还破坏了整个社会制度的稳定性”。普京出任俄罗斯政府总理之后，为了打击车臣分裂主义者的嚣张气焰，消灭非法武装力量，在1999年年底果断地发动并指挥了第二次车臣战争。随着普京在民众中的声望日高，古辛斯基重操手中的舆论工具，丑化普京在车臣发动围剿非法武装的行动，在俄罗斯掀起一场反战浪潮。独立电视台对第二次车臣战争进行全程跟踪报道，不断地直播那血淋淋的作战场面，挑起民众对政府产生不满情绪。2000年春季普京当选俄罗斯总统之前，古辛斯基拥有俄罗斯唯一一家全国性的独立电视台，他所掌控的传媒工具覆盖率，已经完全可以与政府手中的传媒相抗衡，其民营传媒机构还一度被西方称为“新闻自由的典范”。

普京明白，要想打击和削弱寡头干预政府，首要任务是控制舆论导向。2000年5月底，俄罗斯内务部和税务警察联合行动，对“大桥”集团的4个机构进行搜查，其中包括古辛斯基的办公室。2000年6月12日，在普京出访西班牙期间，俄联邦总检察院对古辛斯基突然采取行动，以涉嫌侵吞巨额国家资财为由，宣布将他拘留10天。2000年6月16日，为了缓和各方面的压力，普京在古辛斯基被关押4天之后暗示总检察院放人。随后，俄罗斯总检察院对古辛斯基侵吞和诈骗巨额国家财产进行了正式指控。2000年11月13日，俄罗斯总检察院采取进一步行动，正式指控古辛斯基非法获取3亿美元贷款和50亿卢布（当时汇率：1美元=27卢布）借款，但作为被告的古辛斯基却不知所踪，未在指定时间出庭。2000年11月14日，俄罗斯总检察院宣布在全国范围内通缉古辛斯基，并通过国际刑警组织发布国际通缉令，要求各国刑警组织协助将其缉拿归案。2000年12月12日，古辛斯基在西班牙的家中被捕，2000年12月15日，古辛斯基被西班牙国际刑警组织押解到马德里，接受西班牙法庭审讯。3个月之后，西班牙法庭宣布，一直在马德里狱中等待引渡回国的古辛斯基可以取保候审。古辛斯基在交纳550万美元保释金后获得释放，返回其位于安达卢西亚的别墅中居住。2001年4月18日，西班牙国家法院裁定古辛斯基无罪，并拒绝将古辛斯基引渡给俄罗斯。由于古辛斯基拥有俄罗斯和以色列双重国籍，他获释后随即前往以色列居住。对于俄罗斯的引渡请求，以色列政府总是以各种理由拖延，古辛斯基的案子也就不了了之。此后，古辛斯基在俄罗斯国内的媒体集团被迫出让部分股权和领导权，古辛斯基的传媒帝国土崩瓦解，再也无法通过舆论影响国家政治。

普京的第二个目标是别列佐夫斯基。他全名鲍里斯·阿布拉莫维奇·别列佐夫斯基，1946 年出生于莫斯科一个犹太知识分子家庭，后来进入莫斯科第一家计算机科学研究所，此后做了 25 年的数学工作者。20 世纪 80 年代末，别列佐夫斯基开始经商，他通过倒卖汽车和偷税漏税攫取第一桶金。1993 年初，别列佐夫斯基通过叶利钦的女儿迪亚琴科取得叶利钦的信任，成为第一家庭的金融顾问。借助于和政府的关系，别列佐夫斯基在私有化进程中先后组建“全俄汽车联盟”，收购“西伯利亚”石油公司 51% 股票，掌控俄罗斯公共电视台，个人资产极速膨胀。1996 年，俄罗斯总统换届选举，各金融、工业集团在别列佐夫斯基的撮合下，联合起来支持叶利钦竞选。叶利钦竞选成功后，别列佐夫斯基被任命为国家安全会议副秘书。对此，别列佐夫斯基在接受英国记者采访时公开表示：“必须参加政府以保护俄罗斯的资本主义，商界认识到，假如商界得不到巩固，假如我们不是强大和果断的，就会丧失机会，要让市场过渡自动地去进行，那是不可能的，因此，必须运用我们的权力去实现这一过渡。”在叶利钦执政时代，别列佐夫斯基把资本和政治相结合，利用资本获取政治权力，进而在权力的庇护下进行资本扩张，是一个典型的金融政治寡头。

在强硬的新总统身上，别列佐夫斯基的金融政治理论失效了。20 世纪 90 年代末，别列佐夫斯基感到叶利钦的政治生命难以长久，便开始了在政治上的新投机。1999 年，叶利钦决定任命普京为俄罗斯总理，别列佐夫斯基便逐渐向普京靠拢，并且出资为普京培养议会力量。别列佐夫斯基试图和普京建立一种类似于叶利钦时期的政商关系，但是他忽视了普京作为一名克格勃特工的背景，普京并不喜欢有人在背后指手画脚。普京上台后的表现让别列佐夫斯基大吃一惊。普京公开表示要与寡头们划清界限。他在克里姆林宫召见了当时俄罗斯最主要的寡头们，要求他们从今往后不要干预政治。不仅如此，普京还推行了一系列铁腕政策，开始兑现自己在竞选时向选民许下的“消灭寡头阶级”的诺言。

不甘心退出政治圈的别列佐夫斯基，开始利用手中的传媒工具，猛烈抨击普京和他的治国政策。不过，普京已经在克里姆林宫扎下了根，别列佐夫斯基的反叛只能招来更严厉的制裁。2000 年 5 月，他被控多项金融诈骗和贪污等罪名，一系列涉及别列佐夫斯基的案件进入司法程序。2000 年 7 月，别列佐夫斯基辞去可获刑事豁免权的国家杜马议员一职，远赴英国“政治避难”。2001 年，别列佐夫斯基正式移民英国，继续从事反对俄罗斯政府的活动。此后，他就一直是俄罗斯警方的通缉对象。俄当局 2001 年以涉嫌欺诈和洗钱等指控要求引渡别列佐夫斯基，遭英国拒绝，两国关系恶化。2007 年 11 月，别列佐夫斯基被缺席判处 6 年监禁，罪名是别氏侵吞俄罗斯国际航空公司约 879 万美元资产。别列佐夫斯基坚持认为这是俄罗斯政府对他的“政治迫害”。2009 年 7 月 3 日，莫斯科检察官以诈骗 300 万英镑的罪名判处流亡在英国的俄罗斯金融寡头鲍里斯·别列佐夫斯基 15 年监禁。2013 年 3 月 23 日，67 岁的别列佐夫斯基死于伦敦近郊伯克郡的住所内。

至此，普京在与寡头的第一场战役中取得胜利，俄罗斯国内寡头干政的现象也大为减少，但是由于俄罗斯特殊的国情，寡头在国民经济中占有重要的地位，如何处理国家与寡头们的关系，仍然是普京治国中的一件大事。

2003 年 10 月 25 日，俄罗斯尤科斯石油集团总裁霍多尔科夫斯基在去往西伯利亚的途中被特种部队逮捕，标志着普京第二次打击寡头势力的开始。霍多尔科夫斯基依靠开发石油资源成为俄罗斯首富，但是与之前的寡头不同，霍多尔科夫斯基试图从政。他多次在媒体上公开宣称，要在 2007 年弃商从政，参加 2008 年总统大选。为了实现政治目的，他暗中资助俄罗斯共产党和右翼力量联盟亚博卢集团，试图在国家杜马内形成由他操纵的多数派，进而逼迫普京任命他为总理。2003 年 2 月 19 日，在全国直播的俄罗斯工业和企业家联合会议（RSPP）上，时任尤科斯总裁的霍多尔科夫斯基在会上发言，与普京爆发正面冲突。霍多尔科夫斯基提出政府官员腐败严重，并直指普京的亲信伊戈尔·谢钦在北方石油的收购案上贪污舞弊，普京对此反唇相讥，二人之间的矛盾就此激化。2003 年 5 月，尤科斯案爆发，俄罗斯检察机关对霍多尔科夫斯基展开全面调查。2003 年 10 月 25 日，俄罗斯政府武装人员冲进了霍多尔科夫斯基在诺瓦斯别克机场加油的私人飞机，将其逮捕。2005 年，霍多尔科夫斯基以窃取国家财产、欺诈、恶意违背法院裁决以及偷逃税款等多项罪名被判处 9 年监禁。这位年轻、富有、英俊、像摇滚明星一样受欢迎的企业家被丢进了“臭名昭著、人满为患”的马托斯卡亚·梯史纳监狱 8 人一间的牢房中。2010 年，霍多尔科夫斯基又被指控侵吞公款和洗钱罪名，将刑期延长至 2014 年。不过，之后又获减刑，最终刑期截止到 2014 年 8 月。2013 年 12 月 19 日，俄罗斯总统普京宣布，鉴于人道主义原因，正在服刑的尤科斯石油公司前总裁霍多尔科夫斯基将获得特赦。12 月 20 日，霍多尔科夫斯基获释，之后飞往德国，其后大部分时间居住于伦敦。2015 年 12 月 23 日，俄罗斯司法机关指控霍多尔科夫斯基涉嫌谋杀，对其发出国际通缉令。

通过对严重干政寡头的打击，目前俄罗斯的金融寡头势力逐步从政界退出，其余的寡头阶层主要从事生产经营，并且与政府主导下的国有企业展开合作，成为俄罗斯经济发展的重要力量。在 2011 年“与普京连线”节目中回答民众“寡头资产是不义之财”的提问时，普京承认，许多俄罗斯寡头通过不正当的私有化手段取得了数百万资产，他们自己也承认这一点，但普京同时指出，“如果现在拿走这些私有资产，那可能带来比不公的私有化更糟糕的后果，可能破坏大型企业的运作”。

第二节 民主政治的调整

俄罗斯的多党政治开始于1990年，至今已有十几年的发展历程。在这十几年中，俄罗斯的政党政治也经历了不同的发展阶段，由不规范到规范，从不成熟到成熟。2000年，普京入主克里姆林宫。他在汲取前一时期政治改革教训的基础上，从俄罗斯实际情况出发，逐步形成了特有的政党政治思想主张，主要内容包括：通过加强政党立法，规范政党秩序；构建以政权党为核心的政党格局；在可预见的未来形成二党或三党制的政党体制。普京政治理念的实施对俄罗斯政党政治格局产生了深刻影响，把俄罗斯政党政治带入了一个崭新的发展阶段。

一、俄罗斯政党政治的发展

苏联解体后，俄罗斯人的政治自由得到极度释放，在俄罗斯出现了成百个、甚至上千个形形色色的政党和政治组织，它们的政治纲领和主张不一，组织情况差别也很大。当时中间力量尚未完全形成，议会之中分为拥护叶利钦的右翼“激进民主派”政党和反对叶利钦的以俄共为首的左翼政党，两派通过示威游行等方式进行了激烈的斗争。在国家杜马之中，俄共是第一大党，普里马科夫和卢日科夫组成的“祖国－全俄罗斯”联盟是第二大党，1999年初，二者达成相互支持的政治协议，给叶利钦一派造成巨大压力。按照法律规定，俄共和“祖国－全俄罗斯”联盟一旦联合，可以获得绝对多数选票，甚至具有修改宪法、废除总统制的权力。

1999年8月，叶利钦在与普京商讨总理任命的时候，就提到了杜马选举的问题。为了获得杜马的支持，叶利钦与普京决定组建新政党，参与1999年底的杜马选举，普京在适当的时候表示对新政党的支持，新政党则在普京施政过程中进行支持。新政党名为“团结运动”，领导人为谢尔盖·绍伊古和亚历山大·卡列宁。谢尔盖·绍伊古时任俄罗斯紧急情况部部长，从1991年起就主要负责紧急事件的处理和救灾，任命他为政党负责人也是考虑其在俄罗斯民众心中的良好形象。“团结运动”建立后，绍伊古等人积极奔走，但是新政党面临一系列现实困难，没有完整的思想体系、组织结构，甚至连代表性的政治领袖和人物都没有。与其他党派相比，“团结运动”唯一的优势就是普京的支持。随着第二次车臣战争的进行，普京的支持率不断上涨，在一次公开采访中，普京宣布他将在杜马选举中投“团结运动”的票，之后，普京亲自参加了“团结运动”的竞选大会。在普京的支持下，大量支持普京的人把选票投给了“团结运动”。1999年12月，选举委员会公布结果，俄罗斯共产党得到24.2%的选票，获得67个议席；“团结运动”得到22.3%的选票，获得64个议席，而大选之前的第二大党“祖国－全俄罗斯”联盟仅获得13.33%的选票，叶利钦与普京在议会中的支持率大涨，之前面临的巨大忧患也从此消失。

2001年12月1日，统一俄罗斯党正式成立。自成立以来，统俄党与普京、梅德韦杰夫保持着密切的关系，在历次杜马选举中均获得最多席位，因此统俄党又被称为俄罗斯的政权党。统俄党是由多党合并而成，它在俄罗斯政党制度改革的大背景下出现，逐步成为杜马第一大党，是俄罗斯政治活动中的重要参与者。

在叶利钦执政时期，为了鼓励人们的政治热情、提高政治参与度，把组建政党的门槛设置的较低，导致后来俄罗斯政党领域出现相当混乱的局面。1991年上半年，俄罗斯国内的各种政党和政治组织有800多个，其中在俄罗斯司法部登记的有700多个，到1993年年末，达到1000多个。1995年12月国家杜马大选前，政党数量再创新高，猛增到2000多个。1996年总统大选后，俄罗斯政局趋于稳定，“政党热”逐渐降温，到1997年初，共有政党和政治组织1500多个。进入21世纪后，俄罗斯各类政党和政治组织仍有数百个，其中全联邦性政党和政治组织有140多个。由于政党数量太多且门槛较低，在严肃的政治生活中出现了大量滑稽的现象。除了这些登记在册的政党和社会政治运动，俄罗斯还存在着大量三五人组成的类似于兴趣俱乐部，如啤酒爱好者党等。每逢大选就会出现一批“政治募兵”，这些人对选举的一套“流程”十分熟悉，为了赚钱，他们根本不管什么意识形态原则，谁肯给钱，哪个党肯花钱，他们就为它效劳，因此不少人怀揣不少于5个党的党员证。此外，一些所谓的救国阵线、俄罗斯工人党、军官联盟、俄罗斯青年联盟、俄罗斯民族统一组织甚至黑帮等势力，在政党的外衣下采取极端方式与政府对抗，严重扰乱政治和社会秩序。

普京上台后，利用较为平稳的政治局势，与杜马各主要党派进行协商，通过法律手段对俄罗斯政党制度进行规范。2000年初，俄中央选举委员会组织专家起草《政党法》。同年12月，普京提出一个《政党法》草案。此后，在各方力量的参与下，曾有四部不同的草案问世。2001年2月，国家杜马对五部草案进行一读审议，总统提议的草案获多数通过。5月24日，国家杜马进行二读审议，总统提议的草案再次被通过，但同时决定要对草案进行修改补充。6月21日，国家杜马三读审议，最后通过了以总统草案为基础的《政党法》。2001年7月11日，普京总统签署《政党法》，7月14日对外公布。

《政党法》及其修正案对政党存在的标准和组织形式、登记程序、成立政党的条件、政党的权利和义务、政党与国家的关系、政党的资金来源、非法政党的取缔等都做了明确的规定。

在政党的规模方面，政党应符合以下要求：应在俄罗斯联邦一半以上主体拥有地区组织，且该政党在每个俄罗斯联邦主体内只能建立一个地区组织；成员不得少于1万名，且在一半以上联邦主体的地区组织的党员数不得少于100名，在其余联邦主体的地区组织的党员数不得少于50名。

政党法规定，政党应拥有确定其活动原则、宗旨、任务及完成既定宗旨和任务途径的纲领，应包含以下条款：政党的宗旨和任务；政党的名称，包括简称，如果有政党象征物，应对其进行描述；吸收和开除党员的条件和程序，党员的权利和义务；政党成员登记程序；政党及其地区组织和其他分支机构创立、改组和取消的程序；政党及其地区组织和其他分支机构的领导机关、监察机构的选举程序、任期和权限；对政党章程及其纲领进行修改和补充的程序；政党及其地区组织和分支机构对经费和其他财产的管理权限、财务会计责任及核算程序；政党选举代表候选人、国家权力机关和地方自治机关经选举任职的候选人（候选人名单）的程序；政党召回其已推举的候选人或已登记的代表候选人、国家权力机关和地方自治机关经选举任职的候选人的理由和程序；政党章程中可以包含其他与政党活动相关的、符合法律的条款。

政党法规定，政党的主要宗旨是对公民进行政治教育和培训；反映公民对任何社会生活问题的意见，向社会和国家权力机关进行传达；推举候选人参加国家立法（代表）权力机构和地方自治代表机构选举，参加上述机构的选举及其工作。按照俄罗斯联邦法律规定的程序，政党有权自由发布有关自己活动的信息，宣传自己的立场、宗旨和任务；在本联邦法和其他法律规定的程序和范围内，参与国家权力机关和地方自治机关有关决议的制定工作；根据俄罗斯联邦法律，参加选举和全民公决；组织会议、集会、示威、游行及其他公开活动；创建出版社、通讯社、印刷企业、大众媒体和成人教育机构；有权从事俄罗斯联邦立法所允许的其他活动。政党的义务是：在其活动中，遵守俄罗斯联邦宪法、联邦法律和其他俄罗斯联邦法规、法令，遵守政党章程；每年向登记机关提供各地区组织党员人数信息、现行领导机关在指定地点开展活动的情况、向俄罗斯联邦税务机关提交政党财务综合报表及其地区组织和其他有法人权利的分支机构的财务报表复印件等。

国家对政党的拨款方式为：国家根据政党参加选举所用支出，用按照本联邦法规定的联邦预算资金以国家拨款的方式对政党进行帮助。国家拨给政党的联邦预算资金应在相应的俄罗斯联邦预算分类表中单独注明。国家拨给政党的资金总额不应少于前一年 3 月 1

日联邦法律规定的最低劳动报酬数额的0.005乘上参加最近一次俄罗斯联邦联邦会议国家杜马议员选举或总统选举的选民人数之积。符合下列任何一种情况的政党有权获得联邦预算资金：政党或竞选联盟提出联邦候选人名单，政党根据该候选人名单参加俄罗斯联邦联邦会议国家杜马议员的选举，并获得联邦选区不低于3%参加投票选民选票的政党；根据该选区俄罗斯联邦联邦会议国家杜马议员的选举结果，政党或竞选联盟推举的候选人至少有12人获胜（前提条件是政党或竞选联盟提出的联邦候选人名单获得不低于3%参加投票选民的选票）；政党或竞选联盟推举俄罗斯联邦总统候选人，并参加俄罗斯联邦总统的选举，获得不少于3%参加投票选民选票的政党。

在下列情况下根据俄罗斯联邦最高法院的决议取缔政党：政党未执行政党法的有关要求；在法院决议规定的期限内，未解决中止政党活动的问题；政党连续5年未参加选举；政党在一半以上俄罗斯联邦主体的地区组织中人数均少于100人；党员人数低于必要的最低标准。当政党的联邦选举名单在俄罗斯联邦联邦会议国家杜马代表选举中获得分配代表席位权时，从上述选举投票之日起4年内不得取缔该政党。自正式公布关于进行俄罗斯联邦联邦会议国家杜马代表选举、俄罗斯联邦总统选举的决定之日至正式公布相应选举结果期间不得取缔政党。

俄罗斯《政党法》的颁布，规范了政党参与政治活动的程序，强化了政党在国家政治活动中的地位，但是政党组建和活动的门槛大大提高，许多小党自动瓦解，大的党派和政治联盟开始组合，力图获得更大的发展。

2004年12月3日杜马通过《政党法》修正案，把每个政党的党员人数由原先规定的1万提高到5万，从而使政党数量大大削减。作为政权党的统一俄罗斯党处于一党独大的地位，其党员人数目前已超过100万。2005年4月，杜马通过了新的国家杜马议员选举法，废除原先实行的混合选举制，从2007年起议会选举将完全转到按政党名单进行表决的比例代表制，政党进入杜马的得票率门槛由原先的5%提高到7%。

二、统一俄罗斯党

在《政党法》出台的大背景下，各种政治势力开始分化组合，力图在新的游戏规则中获取最大利益。从成立过程上来看，统一俄罗斯党是“统一”党与“祖国－全俄罗斯”联盟从选举前的相互对立到选举后走向联合的结果。该党的成立是俄罗斯国内政治形势的体现，是杜马选举中两大政治势力角力的产物，也是普京总统上台后多股政治力量联盟的结果。

在叶利钦执政时期，他主要依靠巨大的威望和金融寡头的支持赢得大选，由于杜马中总统派的力量太弱，主要是叶利钦的反对派和中立力量，直接导致在国家政治生活中杜马和总统之间的对抗多于合作，俄罗斯的政治效率也大打折扣。

当时，在俄罗斯政坛中，除了俄罗斯共产党外，最大的政治力量是选举团“祖国－全俄罗斯”（OBP）。它成立于1999年，主要由两大部分构成：卢日科夫所领导的中派政治组织“祖国”以及由一批有影响力的地方行政长官所建立的“全俄罗斯”运动，该组织领导人为鞑靼斯坦共和国总统明季梅尔·沙伊米耶夫和俄第二大城市圣彼得堡市长弗拉基米尔·雅科夫列夫。“祖国－全俄罗斯”强调中派主义和爱国主义思想，主张在市场改革中加强国家调控和社会保障，捍卫俄罗斯在世界舞台上的地位和利益。选举团由卢日科夫和普里马科夫带领。前者时任国家经济部门的领导人，后者是拯救国家经济于崩溃的前总理。当时“祖国－全俄罗斯”掌握了大量的行政资源和雄厚的资金保障，已经被认为一定会在杜马选举中大获全胜。其核心人物普里马科夫在卸任国家总理之后，一度被作为俄罗斯稳定的象征而大受欢迎，俄罗斯和国际社会都认为他最有希望赢得2000年总统大选。叶利钦在自己的回忆录中也提到过：“这一双人组合在随后的杜马选举中可以获得绝对的优势，其后的总统选举也将不成问题。”前总统办公厅第一副主任伊戈尔·沙布杜拉苏洛夫回忆起当时情况曾说道，“在权力的执行机构中，有很多明处或暗处的反对者已经投向祖国－全俄罗斯”。

这样的政治局面导致了很多人的不安，包括叶利钦的女儿塔季扬娜·季亚琴科、总统办公厅主任亚历山大·沃洛申、以别列佐夫斯基为代表的寡头以及一些现任和前任高官，这些人在叶利钦时代都攫取了大量的政治资本或者经济财富，如果“祖国－全俄罗斯”成为议会第一大党，普里马科夫当选总统，那么他们都可能面临失去一切既得利益甚至面临刑事指控。而时任杜马第一副议长、来自于亲总统党“我们的家园－俄罗斯”的雷日科夫认为，当时的总统办公厅弥漫着一股悲观和惊慌的情绪，“所有人都在等着俄共和‘祖同’的胜利，等着失去权力”。

由于叶利钦支持的第二届杜马政权党“我们的家园－俄罗斯”支持率持续走低，对于总统办公厅和利益集团来说，必须要建立一个新的选举团以对抗俄共和“祖国－全俄罗斯”。在总统办公厅副主任弗拉季斯拉夫·尤里耶维奇·苏尔科夫的策划下，1999 年 10 月 3 日，竞选团“跨地区统一运动”举行了成立大会，这便是统一俄罗斯党的前身之一——统一党。最初参与选举团的有 7 个政治组织，它们分别是：俄罗斯“自由一代”运动、俄罗斯基督教民主党、伊斯兰“幸福”运动、人民爱国党、“我的家”运动、全俄扶持中小企业协会、支持独立代表运动。统一党的领导人为谢尔盖·库茹盖托维奇·绍伊古、亚历山大·卡列林和亚历山大·古罗夫，这三人也构成了“统一”选举团的中央名单。绍伊古领导紧急事务部，处理洪水、地震等灾难时的救援工作，其带有浪漫主义色彩的拯救者形象，能够吸引年轻人和妇女们的支持。卡列林于 1988 年、1992 年、1996 年三次获得奥运会摔跤冠军，携奥运冠军的光环，依靠其在体育赛场上不屈不挠的精神，容易吸引男性公民的支持。古罗夫是警察部队的一名将军，早在 80 年代就提出了有组织犯罪概念和国家正在受黑社会侵袭等观点，他与犯罪分子和黑恶势力做斗争的形象深入人心，其形象更容易使中年人和老年人产生亲切感。除了各种宣传造势外，统一党和普京结成同盟，依靠普京急剧上升的民望提高支持率。1999 年 11 月 24 日，政府总理普京宣布他作为公民，在杜马选举中将支持“统一”联盟，并将联盟的领袖绍伊古称为“自己最亲近的友人之一”。

1999 年12 月19 日，国家杜马选举正式开始。12 月29 日，俄中央选举委员会宣布了国家杜马选举的最终结果，单席位选区选出216 名代表。按党派名单进行选举的联邦选区总共选出 225 名代表，其中得票率突破5% 大关的共有6 个政党和联盟，选票分配情况是：俄联邦共产党得票 24.29%，获得 67 个议席；“统一”联盟得票 23.32%，获得64 个议席；“祖国－全俄罗斯”得票 13.33%，获得 37 个议席；“右翼力量联盟”得票8.52%，获得 24 个议席；“日里诺夫斯基联盟”得票 5.98%，获得 17 个议席；“亚博卢”得票 5.93%，获得 16 个议席。尽管选举之前“统一”的支持率不断走高，但是大胜“祖国－全俄罗斯”，并以仅低于第一名俄共不到一个百分点，取得杜马第二大党的席位还是令人刮目相看。在杜马选举之后的2000 年 1 月 18 日，“统一”在国家杜马正式注册为杜马党团。其主席由鲍里斯·格雷兹洛夫担任，包括81 名杜马议员。其中72 名来自“统一”联盟，3 名来自“我们的家园－俄罗斯”，5 名为独立选举人，1 名为自民党成员。同日，“祖国－全俄罗斯”也注册为杜马党团。其成员包括43 名议员，主席为普里马科夫，副主席为维亚切斯拉夫·沃洛金。同时注册为杜马党团的还有“俄罗斯地区”小组。其成员包括40 名议员，协调人为奥列格·莫罗佐夫。

《政党法》尚在修订中时，苏尔科夫就已经提出联合“统一”党和“祖国”运动联盟组成新的政党的提议。他的出发点主要在于：第一，团结围绕在克里姆林宫和普京身边的精英们保证他们忠于该党，就可以获得个人政党生涯的成功；第二，集合“统一”和“祖国－全俄罗斯”两大力量，为未来2003 年杜马选举和地区选举做准备。经过多方协调和谈判，2001 年 7 月 12 日，“统一”党和“祖国”运动联盟的成立大会召开。会议决定由卢日科夫及绍伊古担任联盟领袖，然而联盟的名称并没有确定。2001 年 12 月 1 日，“统一”“祖国”“全俄罗斯”合并大会正式在克里姆林宫大会堂召开，全俄罗斯政党“统一与祖国 - 统一俄罗斯”正式宣告成立。大会通过了党的纲领性宣言，选出了党的领导机构，绍伊古、卢日科夫、沙米耶夫当选为党的联席主席。普京总统亲自与会并发表讲话，对3个组织合并组成的新党表示热烈的祝贺。至此，统一俄罗斯党已经正式形成。2003 年 12 月 24 日，第四届党的代表大会通过决议，将全俄罗斯政党“统一与祖国 - 统一俄罗斯”更名为全俄罗斯政党“统一俄罗斯”。2008 年 11 月 18 日，党的第八次代表大会决定去掉政党名称中的“全俄罗斯政党”，党的名称被确立为“统一俄罗斯党”（ПартияЕдинаяРоссия）。

统一俄罗斯党总部设在莫斯科，党员总人数约为 210 万，党徽图案为覆盖着俄罗斯国旗的北极熊，下面是“统一俄罗斯”的俄文字母。从成立至今，统俄党历经格雷兹洛夫、普京、梅德韦杰夫 3 位党主席。在政治倾向方面，统俄党属于亲总统的中派政党。该党明确支持普京总统的方针，强调强大的总统权力是政治稳定的保障和法制建设的牢固基石，主张实施行政改革，提高公民对国家的信任度；深化经济和司法等领域改革，实现国民生产总值翻一番的宏伟目标。增强国防能力，形成社会保障的有效机制；组成职业化军队；完善立法机构的工作；支持旨在提升俄罗斯国际地位与作用的对外政策。

统一俄罗斯党在普京任期内亦多次表达了对普京及其思想的认同。2006 年 12 月，统一俄罗斯党第七次代表大会通过纲领《我们选择的俄罗斯》，归纳并声明了普京思想为该党的指导思想。这一声明中的主要战略均与普京的政策一致，且与普京的“国情咨文”内容基本思想相同。

2008 年，俄罗斯总统普京与当选总统梅德韦杰夫当天共同出席统一俄罗斯党第九次代表大会。普京在大会发言中表示，他本人接受成为该党成员及领导人的提议。但他同时说，这一决定将在他从俄总统位置上退下来、新当选总统梅德韦杰夫登位履行总统职责之后才可生效。据悉，梅德韦杰夫将于2008年5月7日宣誓就任俄罗斯总统，届时普京退位后将担任政府总理。普京表示，他当选该党主席后将大力实行民主化改革，“应该对政党进行改革，使之成为对选民意见进行讨论研究的更加开放的场所，剔除官僚习气，并清除形形色色的追逐私利之徒”。他同时提议，由格雷兹洛夫继续担任统一俄罗斯党最高委员会主席。

梅德韦杰夫在大会发言时表示，普京出任该党领袖的提议是“合理而适时的”，这将加强该党力量，并使国家立法、权力执行机构之间的合作更加牢固。但他以“为时过早”为由，没有接受邀请他本人加入该党的建议。普京对此表示赞赏，“国家元首无论自己的政治喜好如何，加入某一党派都是不合时宜的”。莫斯科政治观察家认为，“普京出任统一俄罗斯党主席一职，不仅对该党扩大自身影响力具有重要意义，也是俄罗斯向正常民主模式以及未来政党政府体制迈出的重要一步”。

在2012年5月召开的统俄党全国代表大会上，普京曾表示，“我把统一俄罗斯党当作重要盟友和伙伴”。关于统俄党未来的发展，普京认为，党内民主在俄罗斯政治舞台上是竞争力的主要资源，党组织生活的所有方面都应该更新。他表示，这里是指人事方面的提名和轮流机制、组织公开讨论以及与公民社会的合作。“竞争机制、预选方式、公开讨论必须成为党内人事工作的基础。”他还强调说，为了解决现有问题，统俄党应当有效率和工作能力。新任党主席、俄罗斯总理梅德韦杰夫在会上提出，要采取一系列措施强化党内民主，以应对其他政党的竞争，统俄党下一阶段工作目标是赢得2016年年底举行的杜马选举。

2019年11月23日，统一俄罗斯党第十九次代表大会在莫斯科全俄展览中心举行。在大会上，统俄党主席梅德韦杰夫宣布年度报告，并正式启动2021年国家杜马大选竞选计划。普京在大会上发言，他认为“保持执政地位的关键在于服务人民，只有不断加强与民众的日常交流，才能找到政党存在的根基，并不断巩固它，只有通过实际行动，关心关怀民众，政党才能证明自己的领导地位。”

普京与统俄党之间的关系总的来说是相互支持、相互促进的。统俄党作为普京一手培育起来的政党，作为普京规范政治民主化进程中的重要因素，它的发展与普京的执政形成了一个良性循环。相对于普京对于统俄党的作用来说，统俄党成立后，被普京用于政治改革的作用显得更加重要。

（一）普京对于统俄党的意义

统俄党从建立到发展都离不开普京的支持。统俄党成立之初，普京宣布自己将支持“统一联盟”。“统一联盟”立刻宣布其将支持普京，普京信赖“统一联盟”，使该党的支持率上升，达到了23.32%。2008年普京卸任总统后，具有极高个人威望的他又以总理的身份加入“统一俄罗斯党”，进一步使该党的支持率上升，超过了60%。普京在政策、财政和媒体等方面都支持该政党，并支持其参加国家杜马选举。

“统一俄罗斯党”成立至今，获得了政府地方长官的广泛支持。2003年杜马选举之后，“统一俄罗斯党”拥有了议会多数票（450个席位中的300个）。2006年，俄罗斯90%的市长都加入了该党，包括俄罗斯十个最重要城市中的九个。

（二）“统俄党”对于普京的意义

“统俄党”参加杜马选举获胜后，普京可以得到杜马多数席位支持，结束了议会与总统长期对抗的内耗局面。普京在2000年和2004年的两次总统选举中，也都获得了来自“统一俄罗斯党”及其前身的支持。自从2000年普京当选总统以来，俄罗斯逐渐向中央集权制的统治模式转变，这也意味着俄罗斯政治领域的不稳定性减弱，俄罗斯政府培植了一个忠于政府的政权党——“统一俄罗斯党”，使用立法手段为该党扫清政治对手，同时该党也给政府带了许多益处，让政府更加容易控制选举进程，助力选举获胜。

到第四届国家议会，超过300个“统一俄罗斯党”党员代表对总统立法表现出了铁一般的忠诚。总统不再担心因为颁布某些法令，而失去议会的支持。该党在进入杜马后在各项政策上完全支持普京，奉行其方针政策。“统一俄罗斯党”秉承自己中派保守主义的意识形态，认为俄罗斯应该保持总统制，反对修改宪法和削弱总统权力；崇尚爱国主义，号召俄罗斯各个政治派别能够抛弃意识形态偏见，联合到一起来振兴国家；在经济方面主张实行多种所有制形式，达到真正的经济开放；在对外政策方面，主张恢复俄罗斯的大国地位，重塑大国威信。政治精英将自己的命运同“统一俄罗斯党”联合在了一起，因为这种联合对个人的政治生涯有强烈的推动作用。“统一俄罗斯党”向政治精英们保证如果他们忠于该党，就可以取得个人政治生涯的成功。

普京利用“统俄党”规范政治招募，加强总统权力。“统一俄罗斯党”在政治招募方面还不及苏联的干部提名制那么规范化和制度化，但该党的作用确实已经逐步扩展。在人员招募上，该党可以向总统提名联邦长官的候选人。普京利用“统俄党”削弱左翼政党的势力。在普京支持下，“统俄党”通过一系列的议会斗争，大大削弱了俄罗斯共产党的力量，在俄政坛占据了主导地位。

三、普京的政党政治理念与改革

普京的政党政治理念可以概括为有效的多党制，具体含义如下：党——有威望、成体系的政党；多——三至五个政党，一超多强的格局；有效——在政局稳定的前提下，通过合法的政治活动，对国家发展提出建设性意见；改革步骤不能过急，要在稳定的前提下有序推进。

（一）政党是建立多党制和发达公民社会的基础，必须为政党的发展创造条件

普京强调，政党是公民社会重要的组成部分，是民众参与政治的重要工具。俄罗斯尚未形成有效发挥作用的政党体系和成熟的公民社会，主要缘于缺乏强大的、稳定而有广泛影响的政党。他指出：

俄罗斯需要有广泛支持和稳定威望的政党，而不是一个接一个的、不能确保人民与当局之间经常联系的政党。因此，当前俄罗斯的主要任务是加强多党制和为政党的发展创造条件。

（二）政党的主要活动平台在议会，可成为保障国家政治稳定和治国方针实施的有力工具

与叶利钦时期政党动辄发动街头斗争反抗当局不同，普京视政党为重要倚重力量，认为政党活动的主要舞台在议会。俄罗斯民主政治的发展需要政党发挥整合政治体系、参与选举以及在议会中发挥立法和监督公共权力的职能，需要政党利用其强大的政治、经济资源和广博的组织体系，参与制定和实施国家各项方针政策，发挥社会服务功能，如关注经济和社会问题、保持俄罗斯文明独特性等，促进社会的稳定与和谐。

（三）政党的发展目标是在国家的规范和调控下，以“一党主导”体制为基础，构建“有两三个政党参加的多党制”——即构建以中派政权党为核心的左中右翼并存的政党格局

普京执政后，一方面积极组建政权党——统一俄罗斯党成立，助其参选获胜，在国家杜马中形成一支强大的可以依靠的力量；另一方面积极调整对议会各党派的态度，拉拢右派，软化与俄共关系，改灭共为融共政策，并同俄各政治派别都保持着正常的接触和协商合作关系，基本实现以总统为核心、府院为支撑的“三位一体”政体构架和以统俄党为核心的左中右翼并存的政党格局。

（四）由议会多数派政党组织领袖政府，条件成熟时组建“政党政府”

普京曾提及可以根据国家杜马选举结果，建立“以议会多数派为依托的政府”。经过第四、五届国家杜马选举洗礼，统俄党在议会中稳居宪法多数，可对政府的组成及其决策产生一定影响。但根据俄罗斯现行宪法，政府总理由总统提名并经国家杜马批准，议会多数党没有组建政府的法定权力。虽然现任统俄党主席梅德韦杰夫同时也是政府总理，但其政党最多只是事实上的执政党。根据普京的设想，待“时机成熟”时，可以“完全按照政党的原则组建政府”，即可通过修改宪法的方式，由在议会选举中获胜的政党组建政府。

普京执政后，左右翼政党的影响下降，亲总统的中派力量在议会中占据绝对优势，普京开启了一系列俄罗斯政党改革。

2001 年俄罗斯出台了《俄罗斯联邦政党法》，明确以法治党。《政党法》是一部在俄罗斯社会建立文明的政治架构的法律，将俄罗斯的政党制度纳入了法制化、规范化轨道。它所涉及的一些法律规范事项，将大部分杂而乱的政党清扫干净，保留了那些具有一些现实性基础的政党，从而保证了俄罗斯政党体制的有序进行。同时，将有力推动在俄建立两党或三党制政党格局的进程，使俄罗斯政治体制朝着更加规范化的方向发展。

2004 年国家杜马通过了对《政府法》的修正案，进一步推进政党制度的改革。新修正案打破了原有的枷锁，使各政党的活动更具有灵活性。同年 12 月，普京提出总统有权提名地方行政领导人，提高了人们参政的积极性。2005 年俄罗斯改革国家杜马代表的选举办法，并通过了相关法案，标志着俄罗斯国家杜马代表的选举从混合选举制向比例选举制的转变。2006 年 1 月 1 日，《联邦主体立法机关和执行机关组织总原则》的修正案通过，改革了俄罗斯地方行政领导人的选举办法。

直至 2007 年国家杜马选举，普京在各方面对俄罗斯的政党制度做了大刀阔斧的改革。从《政党法》的制定，到修改《国家杜马代表选举法》《政府法》，再到改变地方行政领导人的选举方法，普京一步步地将俄罗斯的政党制度推向完善，并最终确定了俄罗斯新的政党格局——由统一俄罗斯党领导的、多党共存的全新政治格局。

普京推动的一系列政党改革措施，对俄罗斯政党政治产生了深远的影响。

（一）积极影响

1. 对各类政党力量进行整合，为在俄罗斯建立真正强大的政党创造了条件。

2. 通过立法制定政党政治规则，有利于提高政党制度化水平，对俄罗斯规范政党活动和完善竞选运动具有重大意义，使政党成为民主制度的一部分。

3. 政党成为联系国家权力与社会的纽带，增加群众基础，为俄罗斯发展真正的公民社会奠定基础。

4. 基本排除小党和地方性政党参与国家政治生活的权利，从而清理了政党队伍，同时也使政府可以对政党从资格审查到内部组成实施监控，增强政权对政党的控制，抛弃极端主张。

（二）消极影响

1. 政党发育不足，出现一个政党一举占据议会绝对多数的局面。在执政集团和其他政治力量的挤压下，俄共处境困难，多次发生组织分裂。

2. 政党作用受限，受制于总统。

在俄罗斯政党体制问题上，普京反对照搬西方政党模式。2006年1月31日，普京在记者招待会上回答是否由在大选中获胜的政党提出总理候选人问题时说：从历史前景来看，总的说来一切都是可能的，但是我反对现在就把类似的做法运用到俄罗斯的政治现实中来。我深信，在后苏联空间，在经济正在发展、国家制度日益加强的条件下，在最终形成联邦制原则的条件下，我们需要强有力的总统制政权。我认为，我们至今还没有形成稳固的全国性政党。在这样的条件下，怎么谈得上政党政府呢？假如那样做，就是不负责任。至于将来，一切都是可能的。但是，我认为这是未来的几代人要考虑的问题。这就是说，普京认为目前俄罗斯不具备立即由多数党组阁的条件。俄罗斯现行的政党体制既不同于苏联时期共产党执政的一党制，也不同于西方国家的那种多党制，而是在总统高度集权下的多党制。在这种体制下，俄罗斯只有政权党，不存在执政党，但不排除将来条件成熟时由多数党执政的可能性。

第三节　政治体制的平稳运转

在俄罗斯的政治架构中，总统是宪法的守护人，协调行政、立法、司法三者之间的关系。根据宪法规定，俄罗斯总理和大法官由总统提名、杜马通过，因此，在俄罗斯民主政治的实际运行中，主要的政治力量互动体现为国家杜马和总统总理两派的角力。在俄罗斯独立之初的前八年，由于政治架构初步建立，各派政治力量纷繁复杂，国家最高层面的斗争多于合作，导致很多改革政策难以落实和维系。普京上台后，逐步巩固了以总统制为核心的政治体制，总统权威高于三权机关，国家政治局面趋于稳定。在大局稳定的基础上，普京逐步开展政治改革，俄罗斯政党政治初现雏形，国家民主机制运行逐步走上正轨。在1999年底以来的5次总统大选和5次杜马选举中，整体过程较为平稳，各派力量斗争从街头政治转向议会政治，现代民主政治架构初步形成。

一、21世纪俄罗斯历届总统选举

（一）2000年俄罗斯总统大选

虽然叶利钦将总统的职务暂交普京代理，但是普京作为代总统，行使的是叶利钦剩余5个月任期的权力，只有赢得3月份的总统大选，才能真正获得治理俄罗斯的资格。根据《俄罗斯联邦总统选举法的规定》，第三届总统选举因叶利钦提前卸任于2000年3月26日举行，除了代总统普京外，久加诺夫、亚夫林斯基、日里诺夫斯基和图列夫也作为候选人参加总统选举。久加诺夫全名根纳季·安德列耶维奇·久加诺夫，是普京最有力的竞争者。他1993年起任俄罗斯共产党主席，带领俄共成为国家杜马中最大的政党，曾任杜马主席。1996年久加诺夫参加总统选举，在第一轮获得32%的选票，仅比叶利钦低2个百分点，迫使选举委员会举行第二次投票。俄罗斯共产党属于左翼政党，同时也是爱国主义政党和最大的反对党。俄共的政治纲领是，要求恢复国内和平和法律，把国家纳入文明发展的轨道。反对总统制和新宪法，主张建立苏维埃政权国家；捍卫俄罗斯作为一个联邦共和国的国家统一和领土完整；吸收苏共的历史教训，建设一个有组织的、民主的、代表所有劳动者利益的党。亚夫林斯基全名为格里戈里·阿列克谢耶维奇·亚夫林斯基，是俄罗斯著名党团“亚博卢”党的创始人之一。亚夫林斯基参加过1996年的总统选举，获得7%的选票，“亚博卢”党在1999年12月的杜马选举中获得5.93%的选票，具有一定的实力。亚夫林斯基的思想属于西方自由主义，他曾公开宣称，“我们的目标是建立有效的市场经济和确立维护人权和法制的民主价值观。我们不相信现行制度能实现这些目标，我们是现政权的民主反对派，是日里诺夫斯基分子、民族爱国主义者和正统共产党人的不可调和的反对派”。日里诺夫斯基全名弗拉基米尔·沃尔福维奇·日里诺夫斯基，1990年创建俄罗斯自由民主党，是苏联官方注册的第一个独立于共产党之外的政党。日里诺夫斯基曾任俄罗斯国家杜马副主席，具有极端民族主义思想和军国主义思想，经常发表过激的言论，是俄罗斯政坛的“怪杰”。日里诺夫斯基曾参与1991年的总统选举，仅次于叶利钦和久加诺夫，排名第三。日里诺夫斯基对内主张集权，建立单一制国家，对重要部门实行国家垄断，对外主张在苏联时期领土内恢复俄罗斯帝国版图，提出国界“只能外推，不能内缩”；主张加强同东欧的联系，以建立斯拉夫国家联盟。图列夫全名阿曼·古米洛维奇·图列夫，时任俄罗斯克麦罗沃州州长，以独立候选人的身份参加选举。克麦罗沃州地处西伯利亚，是俄罗斯中部南方的一个州，面积约10万平方千米，人口约50万，州内煤炭和钢铁工业发达，是俄罗斯乌拉尔以东最大的重工业基地。

关于竞选，普京在跟随索布恰克竞选圣彼得堡市长期间胜败皆有，但是这一次，他要确保胜利。在组织竞选班子时，普京选择了曾经一起为索布恰克竞选的两个人——谢钦和梅德韦杰夫。谢钦跟随普京多年，从 1991 年普京任副市长时期就是其办公室主任，1996 年随普京到莫斯科，先后担任总统事务管理局副处长、监察局综合处处长、总理办公厅第一副主任、总统办公厅第一副主任，是普京的主要心腹。梅德韦杰夫是普京的师弟和助手，曾担任圣彼得堡市法律顾问，1999 年 11 月，普京担任总理 3 个月后，便任命梅德韦杰夫为总理办公厅副主任，之后升任总统办公厅副主任，和谢钦一起全权负责普京的竞选事务。事实上，从普京担任代总统的那一刻起，竞选工作就已经启动了。普京的竞选团队精心策划了一系列的宣传活动，努力打造普京机智勇敢的形象。竞选团队组织了 3 名记者对普京进行采访，主要记述普京的生平事迹，并出版了《来自第一号人物——与弗拉基米尔·普京的谈话》一书。该书出版后大量印刷，在俄罗斯引起热议和轰动。之后，竞选团队为普京策划了一个更加惊人的举动。2000 年 3 月，第二次车臣战争接近尾声，在竞选团队的安排下，普京 3 月 20 日来到俄罗斯著名旅游城市索契，并从那里亲自驾驶苏—27 战斗机飞赴车臣首府格罗兹尼访问。一个国家的元首驾驶战斗机检阅和慰问一线的战士，对于全世界而言都是空前绝后的。普京这一史无前例的行动极大地震撼和鼓舞了俄罗斯人，斯拉夫民族对强势首领的崇拜情结再次被激发，人们把他看成是彼得大帝一样的勇敢者，也是保护俄罗斯和带领俄罗斯走出困境的民族英雄，他的支持率在短时间内急剧攀升。

2000 年 3 月 26 日，俄罗斯联邦第三次总统选举如期举行。当时俄罗斯共有登记选民 1.08 亿人，此次总统选举投票率为 68.86%，超过法定的 50%。3 月 27 日，俄罗斯中央选举委员会主席韦什尼亚科夫宣布，根据对选票的初步统计结果，普京代总统的得票率已经超过 50%，当选俄罗斯联邦第三届总统。所有选票统计结束后，代总统普京获得 52.94% 的选票，超过法定票数当选新一届总统。名列第二的是俄共主席久加诺夫，获得 29.21% 的选票，“亚博卢”集团领导人亚夫林斯基的得票率为 5.8%，克麦罗沃州长图列夫的得票率为 2.95%，位居第四，自由民主党主席日里诺夫斯基获得 2.7% 的选票，位居第五。

（二）2004 年俄罗斯总统大选

1. 候选人情况：七位总统候选人

（1）弗拉基米尔·普京

普京 1952 年生于列宁格勒。在 2000 年以 52.9% 的得票率首次当选总统。他执政后，俄罗斯政局由乱到治，经济由降到升。他的支持率长期保持在 70% 以上。舆论普遍认为，他的连任已无悬念。

普京自 2000 年 5 月 7 日正式就任俄罗斯联邦总统以来，尽管在内政和外交上遇到一系列严峻挑战，但是在群众中的声望一直很高，得到社会各界的广泛支持。据全俄社会舆论研究中心的民意调查，普京在 2003 年 1—10 月支持率一直保持在 70% 以上，远远高于俄罗斯其他政治活动家。

（2）被视为俄政坛新星的谢尔盖·格拉济耶夫

独立候选人，1961 年 1 月 1 日生于乌克兰扎波罗热市，先后毕业于莫斯科大学经济系和原苏联科学院中央经济数学学院。他是经济学博士、教授和俄罗斯科学院通讯院士，曾发表过 130 多篇经济学论文。格拉济耶夫历任俄罗斯对外经济联络委员会第一副主席、对外经济联络部部长、安全会议经济安全局局长和联邦委员会情报分析局局长等职。他曾先后当选为俄罗斯第一届和第三届国家杜马代表，历任国家杜马经济政策委员会主席和国家杜马经济政策和企业委员会主席。格拉济耶夫 2003 年 5 月当选为俄罗斯地区党主席之一，同年与其他政党组成“祖国”竞选联盟，进入第四届国家杜马，成为“祖国”议员团领导人。他被认为是 2004 年总统职位最强有力的竞争者。

（3）俄共推出的候选人尼古拉·哈里托诺夫

哈里托诺夫 1948 年 10 月 30 日生于俄联邦新西伯利亚州，先后毕业于新西伯利亚农业学院和政府国民经济学院。经济学副博士，俄联邦功勋农业工作者和功勋体育工作者，在新西伯利亚州任农艺师和农场场长达 20 多年。连续当选为第一、二、三和四届国家杜马代表，1993 年起任国家杜马农业问题委员会委员。他是俄共议员团成员，但不是俄罗斯共党员。哈里托诺夫现为俄罗斯人民爱国联盟领导人之一和俄罗斯农工联盟主席。

（4）现任联邦委员会（议会上院）主席谢尔盖·米罗诺夫

1953 年生于列宁格勒州一军人家庭。1995 年当选圣彼得堡立法会议第一副主席，2000 年总统选举期间任普京圣彼得堡竞选总部副主任，2001 年 12 月当选现职。他于 2002 年倡议成立俄罗斯生活党并于 2003 年起任该党主席。他虽然参与竞选，却毫不掩饰对普京的支持，并号召选民投普京的票。

（5）伊万·雷布金

1946 年生于沃洛涅日，曾任俄共中央部长，1990 年当选为俄联邦人民代表，后加入农业党，于 1994—1996 年任国家杜马主席，后曾任安全会议秘书和联邦政府副总理。据说，他参加总统大选是由流亡国外的寡头别列佐夫斯基资助的。2004 年 2 月 5 日傍晚离家外出，引起舆论关注，但其自 10 日从乌克兰返回莫斯科后称，可能放弃总统候选人资格。

（6）奥列格·马雷什金

马氏生于 1951 年，曾是苏联运动健将，1991 年加入自民党，2001 年起领导该党议会党团中央机构，2003 年当选为国家杜马代表。

（7）伊琳娜·田

独立候选人，是俄罗斯总统候选人中唯一的女性，1955 年 4 月 13 日生于莫斯科市，毕业于莫斯科各国人民友谊大学经济系。经济学副博士、副教授，目前无业。伊琳娜·田先后在俄国家计委研究所和莫斯科利哈乔夫汽车制造厂高等技校工作，历任俄国家支持和发展小企业委员会主席、小企业发展研究所所长、国家杜马经济政策委员会成员和国家杜马预算和税收委员会成员。她两次当选国家杜马代表，2000 年 6 月至 2003 年 12 月任国家杜马副主席，是“右翼力量联盟”前领导人之一。

2. 投票率：据俄罗斯媒体报道，2004 年俄罗斯总统大选中选民投票率为65%。

3. 得票率：普京获得71.3%的选票。普京蝉联俄罗斯总统已成定局。得票排名第二的是共产党推举的候选人哈里托诺夫，他的得票率为14.3%。独立候选人格拉济耶夫、独立候选人伊琳娜·田、自由民主党候选人马雷什金和生活党候选人米罗诺夫分别获得4.2%、3.8%、2.1%和0.8%的选票。

4. 国际观察团意见：欧洲安全合作组织共派遣近500名观察员，其中近400人都是欧洲各国的国会议员。另外，俄罗斯中央选举委员会还邀请了独联体（CIS）国家的观察员。与此同时，俄罗斯杜马和各州联邦议会也邀请了欧洲议会（PACE）的观察员前来监督俄罗斯大选。最终，参加此次俄罗斯大选的国际观察员总数达到800多人。

800多名国际观察员在俄罗斯80个联邦主体对投票过程进行监督。这些观察员主要来自欧洲安全与合作组织、欧洲委员会（350名）和独联体（220名），在整个总统选举过程中并未有国际观察员发表批评性言论。

5. 选举过程是否平稳

总体平稳，具体情况如下：

俄罗斯领土横跨11个时区，远东的勘察加半岛等地率先在北京时间14日凌晨4时开始投票，而最晚投票的是濒临波罗的海的加里宁格勒，在北京时间15日凌晨2时结束投票，共持续22小时。

1.09亿张选票被分发到各地投票站。

各投票站共有100万名工作人员以保证大选工作的顺利进行。

全国共有30万名警察、内务部士兵和军校学生维持秩序。

全国共设有投票站9.7万个。遍布世界各地供俄侨民参加投票的投票站共有353个。

500名来自各国际组织的国际观察员监督大选的工作。

俄罗斯监狱审讯室共设立了268个投票站，“尤科斯”公司前总裁霍多尔科夫斯基也参加了投票。

6. 是否有反对游行：无反对游行，普京以绝对优势成功连任

7. 其他情况

普京 15 日凌晨在自己的竞选总部发表谈话，对选民参加投票和支持他的选民表示感谢。他说，他对投票的结果十分满意。投票支持他的人实际上是对近年来发生的积极变化和国家经济取得的积极进展表示支持。

普京表示，在今后 4 年里，俄罗斯在内政方面的工作重点是提高公民福利。他强调，政府非常重视经济稳定，但这并不是最终目标。俄经济和社会领域还需要取得进一步的发展。他承诺将努力做到这一点。他说，政府还将采取措施杜绝腐败官僚中饱私囊。

关于对外政策，普京表示将努力捍卫国家利益，但无论如何也不会以与其他国家发生冲突，也不会通过进攻性手段等方式来达到这一目的。在捍卫国家利益的时候，俄罗斯将表现出灵活性和伙伴精神，努力寻求与伙伴国家达成各方都能接受的妥协，为本国发展创造有利的外部环境。他说，俄罗斯将继续奉行多边外交政策，发展与美国、欧盟和欧洲国家，以及中国和印度等亚太国家的伙伴关系。

普京表示，俄罗斯政府将继续推进行政机构、税收体制和退休金体制等方面的改革，努力提高在医疗和教育体制等领域的服务水平。

（三）2008 年俄罗斯总统大选

1. 大选概况

俄罗斯联邦总统选举于 2008 年 3 月 2 日举行，此次大选是俄罗斯自 1991 年确立总统制以来举行的第五次总统选举。本次共有 4 名总统候选人参加大选，除由统一俄罗斯党、公正俄罗斯党、俄罗斯农业党和公民力量党等四党一致提名的梅德韦杰夫外，还有俄罗斯共产党的候选人久加诺夫、俄罗斯自由民主党主席日里诺夫斯基和俄罗斯民主党领导人波格丹诺夫。

为了充分保障此次选举，俄罗斯共设立了 9.6 万多个投票站，其中 364 个设在国外。俄罗斯总人口 1.42 亿，登记选民 1.08 亿，此

次投票率为69.81%。此次投票率增加的一大重要原因是政策的刺激，如很多地区承诺，只要选民去参加选举，将有机会中得汽车、住房等大奖。当地政府还郑重承诺，如果某一地区选民“出勤率”高，政府将为他们在这一地区新建住房等。

2. 各候选人基本情况

（1）梅德韦杰夫。作为普京总统的继承人，梅德韦杰夫的竞选主轴是“沿着普京开创的路线”走下去。在价值观、政治生态、经济建设以及国际关系等领域，梅德韦杰夫提出吸纳普京过去8年的执政经验，以“普京计划”继续引领俄罗斯复兴之路。

（2）久加诺夫。作为俄罗斯共产党推举的总统候选人，久加诺夫主张重新国有化，反对向商业机构和个人出售土地、森林和水资源。外交上，支持与白俄罗斯成立联盟国家，然后邀请乌、哈等国加入。

（3）日里诺夫斯基。自民党主席日里诺夫斯基是俄罗斯总统大选的常客，“屡败屡战”，但坚韧不拔。日里诺夫斯基将“你们要为一切负责！”作为此次竞选口号，争取社会中下层选民支持。行为方式颇受争议的他不久前承诺，一旦大选获胜，他将会给每个俄罗斯公民10万卢布，并取消大学考试，为人们送上好心情。

（4）安德烈·波格丹诺夫。波格丹诺夫本人政治知名度很低，所率领的俄罗斯民主党参加了2017年12月份举行的国家杜马选举，但只拿到了0.1%的选票。外交上，波格丹诺夫“亲欧洲”，经济上主张推行自由化政策。

3. 各候选人得票数与占比，具体情况如表1-2所示：

表1-2　各候选人得票数与占比

候选人	政党	票数	百分比
梅德韦杰夫	四党一致提名	52402008	70.23%
久加诺夫	俄共产党	13214435	17.72%
日里诺夫斯基	俄自由民主党	6968912	9.35%
波格丹诺夫	俄民主党	965471	1.29%

4. 大选后的各种舆论

对于选举结果，除俄罗斯共产党领导人久加诺夫外，其余政党领导人均对此次选举结果表示满意。久加诺夫在新闻发布会上说，我们认为选举结果已经预先设定，这不符合社会民意，也不符合选举的实际情况。他认为“统一俄罗斯”党最多只获得了35%的选票。进入下一届国家杜马的其他两个政党（自由民主党及公正俄罗斯党）不过是“统一俄罗斯”党的直接助手和帮凶，竞选名单是和克里姆林宫早就商量好的。他希望能组织700多万人的抗议活动。俄罗斯共产党中央委员会法律处主任索洛维约夫也表示，共产党总部共派出30万名观察员。据反馈回的信息，他们一共发现1万起违规案例。因此，该党法律专家们已往各地检察机关发出700封诉状，往各地各级选举委员会发出8000封诉状，同时正起草递交高等法院的有关选举投票结果的诉状。

不过，前来俄罗斯观察第五届国家杜马选举的299名外国专家们均表示，本次选举公平公正，选举期间没有违规现象发生。由于四党联合推出的梅德韦杰夫获得绝大多数选票，属众望所归，因此在选举后，俄罗斯并没有出现较大的政治动荡。

5. 外界专家的评论

（1）梅德韦杰夫“毫无悬念”地胜出

对于梅德韦杰夫的胜出，绝大多数专家表示“毫无悬念”。首先，普京的力挺让多数选民将对普京的支持转移到梅德韦杰夫身上。其次，梅德韦杰夫自2005年被任命为政府第一副总理后，主抓与民生息息相关的教育、医疗、住房、农业和人口等“国家优先项目”，赢得了不少民心。第三，久加诺夫和日里诺夫斯基都是俄政坛“老人”，选民对他们的情况了如指掌，而对波格丹诺夫却又知之甚少。因此，多数选民不看好把国家和个人生活的未来托付给他们，相比之下梅德韦杰夫就占有明显优势。

（2）“普京效应”反映明显

外界评论，在2008年的总统大选中，“普京效应”表现得尤为突出。由于普京享有崇高威望，其提出的总统候选人，会得到多数民众的支持。1999 年以来，俄罗斯经济持续快速增长，GDP 累计增幅达 46.5%。2006 年，俄罗斯 GDP 超过 9000 亿美元，人均突破 7000 美元大关，进入中高收入国家行列。2007 年 7 月，俄罗斯经济发展与贸易部公布了国家长期社会经济发展构想，确定了到 2020 年俄 GDP 进入世界前五强、人均 GDP 达到 3 万美元的宏伟目标。因此，在俄罗斯国内，民众要求普京继续担任总统的呼声一直很高。俄罗斯国家电视台援引普京的话说，“关于梅德韦杰夫，我已经与他结识 17 年之久，我完完全全地支持他”。普京的支持，是梅德韦杰夫获胜的主要原因。

（3）“梅普配”成最佳组合

多数学者认为，“梅普配”是当前俄罗斯国家权力机制的最佳组合。因为梅德韦杰夫是普京政权圈子内的“自由派”，梅德韦杰夫担任俄罗斯总统，从国内来看，其执政理念更有利于俄罗斯经济市场化的推行，有利于俄罗斯市场经济的发展。又因梅德韦杰夫不是强力部门的人，所以梅氏担任总统可以防止强力部门进一步坐大，这有利于各方权力制衡，能够在一定程度上抑制腐败的滋生。而普京担任总理，基于其对俄强力部门的掌控和在民众中的威望，他可以避免梅德韦杰夫在“自由化”方面走得过远，从而确保“普京路线”的贯彻执行。从国际方面来看，一个偏向自由化的人担任俄罗斯总统易于被西方国家接受，对缓和当前俄罗斯与西方国家较为紧张的关系有一定好处。因此，这种权力配置形式有利于俄罗斯继续沿着普京道路前行，有利于俄罗斯政权的稳定，有利于俄罗斯国家的发展。

6. 大选后的俄罗斯政局分析

（1）未来一段时期内，俄罗斯国内政治形势总体可望保持稳定，但影响稳定的不确定因素同时存在。许多专家认为，普京 8 年探索俄罗斯发展道路的尝试是成功的，其改革取得成就并因此受到俄罗斯多数党派和民众的支持。在此背景下，西方等外部势力插足困难，难以影响俄罗斯政局。

但是，在国内政治形势总体可望保持稳定的同时，也存在一些政治的不稳定性和脆弱性：一是普京虽然通过担任总理和党主席的方式增加了政治的安全度，但未来俄罗斯政治最大的不确定性仍然来自内部，梅普各自团队的精英发生冲突的可能性依然存在；二是如果梅德韦杰夫寻求政治独立性，要在自己的理念下发展俄罗斯，那么俄罗斯发生政治动荡的可能性极大。

（2）左、中、右三种势力形成俄罗斯新的政治力量格局，中派力量成为俄罗斯政治发展主导力量，俄罗斯政府防右大于防左。研究人员认为，当前俄罗斯已经形成由左、中、右三种势力支配的新的政治力量格局：以俄共为首的代表坚持社会主义发展道路的左派力量；以统俄党为代表的，在很大程度上包括公正俄罗斯党等一些亲政府党派的力量，也被称为俄国本土派的政治力量；亚博卢集团和右翼联盟为代表的亲西方的右翼自由派力量。经过十余年的斗争和较量，左右两翼大大衰弱，中间力量发展壮大，成为当前俄罗斯政治发展的主导政治力量，而普京则是其领袖人物。

（3）普京政府将成为权重较大的高效政府。有的研究员认为，俄罗斯最高权力的更替不应视为普京时代的结束，而应是新普京时代的开始。俄罗斯高层权力结构仍将是以普京团队为基础，由普京亲自掌舵的垂直权力体系。未来一个时期俄罗斯出现双层政权的情况不太可能，普京政府的实际权重将增大，有可能成为高效的政府。

（4）由于普京对强力部门和主要利益集团的控制，梅德韦杰夫在未来相当长时间内无力、也无意挑战普京权威，梅普组合顺利发展的可能性较大。梅德韦杰夫与普京在解决许多问题上的立场政策一致，不存在俄罗斯 1992 年、1993 年双层政权期间两大集团对立对抗的条件，两人最近内政外交的表述虽有不同，但也只是侧重点和策略处理的差异，不存在政策理念的根本分歧。

（5）普京路线有望延续。有的研究员认为，梅德韦杰夫作为普京的继承者，将继续延续普京的既定方针，沿着普京 8 年的方向走下去，原因在于：首先，普京路线本身比较符合俄罗斯国情；其次，梅德韦杰夫是普京政策的制定参与者，认同普京路线；第三，亲普京的政党已经在议会占据大多数，为普京路线的继续执行提供了政治依托。

（四）2012 年俄罗斯总统大选

2012 年 3 月 4 日，俄罗斯第六届总统选举开始，投票于 5 日结束。参选者共 5 人，分别为：普京、米罗诺夫、日里诺夫斯基、久加诺夫、普罗霍罗夫。

5 位参选者具体情况如下：弗拉基米尔·普京所属政党为统一俄罗斯党，时任总理，历任俄罗斯圣彼得堡市第一副市长、联邦总统事务管理局副局长、总统办公厅第一副主任、安全局局长、总理、总统；谢尔盖·米罗诺夫所属政党为公正俄罗斯党，时任公正俄罗斯党党首，历任圣彼得堡市议会议员、市议会第一副主席、俄联邦委员会议员、俄联邦委员会主席、俄罗斯生活党主席、公正俄罗斯党主席；根纳季·久加诺夫所属政党为俄罗斯共产党，时任俄联邦共产党中央执行委员会主席，历任苏共中央宣传部局长、苏共中央意识形态部副部长、俄人民爱国力量委员会主席、俄杜马两主席之一、俄联邦共产党中央执行委员会主席、国家杜马共产党党团领导人；弗拉基米尔·日里诺夫斯基所属政党为自由民主党，时任俄罗斯国家杜马副主席，历任俄国自由民主党党主席；米哈伊尔·普罗霍罗夫无党籍，是俄罗斯第三大富商，2011 年 6 月底以高票当选正义事业党主席，3 个月后因党内分歧被解除该职，后正式退党。

2012 年总统选举登记选民约 1.1 亿，全国设立 9 万个投票站，总投票时间累计 21 小时，总投票率为 65.3%，约 7000 万人参加投票。根据俄罗斯中央选举委员会统计结果，普京获得 4500 万张选票，得票率为 63.75%；久加诺夫获得 1200 万张选票，得票率为 17.19%，位列第二；普罗霍罗夫得票率为 7.82%，日里诺夫斯基得票率为 6.23%，米罗诺夫得票率为 3.85%，分别位列三、四、五名。

选举结束后出现了一些抗议及大规模游行事件。4 月 9 日，俄罗斯 24 名官员进行逾 3 个星期的绝食抗议行动，抗议普京所在政党在选举中舞弊；5 月 6 日，俄罗斯人民阵线为抗议普京就职，在莫斯科俯首山举行集会，约 3 万人参加；同一天，俄罗斯反对派还在莫斯科市中心举行了“百万人大游行”活动，聚集约 8000 人，沿大亚基曼卡街向博洛特纳亚广场方向进发；5 月 7 日晚，反腐败人士纳瓦尔尼和极左翼人士乌达利佐夫率数百示威者在克里姆林宫附近举行深夜静坐，反对普京当选，随后两人于 8 日被俄罗斯警方逮捕。

（五）2018 年俄罗斯总统大选

2018 年 3 月 18 日，俄罗斯进行总统大选，此次总统大选是俄罗斯修改总统任期由 4 年修改为 6 年以及乌克兰危机以来俄罗斯举行的首次总统大选。此前的民调显示，大选的投票率和往年的大选一样，会在 63% 到 67% 之间。

1. 候选人情况

共有 8 名候选人参加此次总统选举，其中包括俄罗斯现任总统普京、格鲁季宁、日里诺夫斯基、普京“恩师”的女儿索布恰克、格里戈里·亚夫林斯基、鲍里斯·季托夫、马克西姆·苏莱金和谢尔盖·巴布林。

根据俄罗斯总统选举规则，在选举中获得 50% 以上选票者当选总统。如果候选人有两名以上，而其中任何一人都未能当选，中央选举委员会将宣布对得票领先的两名候选人进行第二轮投票，在第二轮投票中得票高者当选总统。

（1）要做“全民总统”的独立候选人普京

这一次，来自统一俄罗斯党的普京以独立候选人的身份向中选委递交了参选文件。据界面新闻此前报道，一些分析人士认为，普京以这样的身份参选“全民总统”，有助于得到更广泛的民众支持并加强国家团结。关于参加大选的原因，普京已多次表示，他知道俄罗斯未来的样子，没人能阻挡俄罗斯前进的脚步。他也在年度记者会上直言：“对现政府来说，我没有竞争对手。”普京在候选人中的支持率也确实遥遥领先，俄罗斯民意调查机构“社会舆论”研究中心2月8日公布的调查结果显示，71.4%的人愿意把票投给他。

（2）农场场长帕维尔·格鲁季宁

帕维尔·格鲁季宁，1960年10月20日生于莫斯科市，现任俄罗斯“列宁国营农场”场长。2017年12月23日，俄罗斯联邦共产党代表大会推举格鲁季宁作为该党总统候选人参加选举。格鲁季宁曾在普京首次竞选总统时加入其团队负责宣传工作，并受到普京嘉奖。日里诺夫斯基对他的评价是：一位值得尊敬的候选人，很高兴看到他出现在俄罗斯政治舞台上。“社会舆论”研究中心的民调显示，格鲁季宁以6.9%的支持率排在第二。

（3）政坛“刺头”日里诺夫斯基

弗拉基米尔·日里诺夫斯基，1946年4月25日生于哈萨克斯坦阿拉木图，现任俄罗斯自由民主党主席。日里诺夫斯基出身贫寒，自称“穷人候选人”，但一度没有任何强大人脉关系背景的他，却在苏联解体前夕创建了自由民主党，并争得了五大党派之一的显赫地位。“激进”的日里诺夫斯基从没得到过如他惊人言论一样引人瞩目的战绩。他被视为最老的跑龙套者，从1990年代一路“陪跑”至今，已经古稀之年却仍没有合适的党内接班人，只能自己坚守在一线，为党派发声。他此前共参加过5次总统大选，但从未获得过超过10%的选票。在“社会舆论”研究中心的民调中，他以5.7%的得票率位列第三。

（4）普京“恩师”的女儿索布恰克

克谢尼娅·索布恰克，1981年11月5日生于圣彼得堡，俄罗斯知名电视主持人。2017年11月才满36岁的索布恰克，刚好达到俄罗斯总统参选人最低35岁的年龄要求。这位80后也由此成为俄罗斯大选史上最年轻的总统候选人。作为胜选后的首要举措之一，索布恰克计划释放俄罗斯所有政治犯，改革司法体制并开始向议会制共和国过渡。她的竞选口号是“反对所有人”，她表示，“我可能不是你们（理想的）的候选人，但我加入选举，对于选民有益，对俄罗斯政治体系有利。”索布恰克 2018 年 2 月 6 日在美国出席记者会时，再次称自己可能没有机会赢得大选，普京的胜选概率很大。当被问及普京是否会有意识地实行权力民主过渡时，索布恰克做出了肯定的回答，并表示自己可以帮助普京实现权力民主过渡。

（5）“普京唯一的对手”格里戈里·亚夫林斯基

格里戈里·亚夫林斯基，1952 年 4 月 10 日生于乌克兰利沃夫，俄罗斯“亚博卢”党创始人之一、俄罗斯联邦国家杜马成员。亚夫林斯基作为亲西方经济学家出身的精英分子，在俄罗斯知识分子界声望颇高，此前，他分别于 1996 年和 2000 年参加过两次总统选举，最高获得的支持率将近 8%。2012 年的大选中，俄中选委在检查亚夫林斯基收集的支持者签名后认为，有超过 1/4 的签名不符要求，远超规定的 5%，因此拒绝登记他为候选人。

（6）花了 2400 万卢布却“没想赢得大选”的鲍里斯·季托夫

鲍里斯·季托夫，1960 年 12 月 24 日生于莫斯科，俄罗斯成长党主席、商业监察员。季托夫表示，虽然在竞选活动中已经支出超过 2400 万卢布（约合人民币 270 万元），但自己并不指望赢得大选，他的竞选旨在吸引公众注意经济增长战略。他说：“普京做了一件重要的事，在 1990 年后建立了稳定，这主要应该感谢前财长库德林，建立了金融和社会的稳定。但今天，我们只是为了稳定而稳定。我们目前的任务是要说服社会和企业、俄罗斯政府和新总统，稳定应该是为了进步，为了向前，我们提出了一个前进计划。”

（7）“俄罗斯共产党人”马克西姆·苏莱金

马克西姆·苏莱金，1978 年 8 月 8 日生于莫斯科，“俄罗斯共产党人”党主席。这是苏莱金首次参加总统竞选，他表示，“这是‘十项斯大林式打击’项目的延续，但已经是作为斯大林主义共产党人可能当选总统的候选人行动计划。”“十次斯大林突击”是对 1944 年苏军战略总攻的一种概括，具体指苏军在大纵深作战理论指导下，依靠灵活转用机动兵力，在苏德战线的十个方向先后实施的一系列不间断的战略性进攻战役，这些战役解放了几乎全部沦陷国土，并把战场推到了国境之外。苏莱金的选举纲领主要包括：把所有矿产开采、产业结构性企业归为国有，广泛建设免费住房，医疗教育完全免费，把退休金提高至4万卢布，全国平均工资提高到7至8万卢布。

（8）“救了国家好多年”的谢尔盖·巴布林

谢尔盖·巴布林，1959年1月31日生于哈萨克斯坦，俄罗斯全民联盟创始人和领导人之一，曾为俄罗斯国家杜马副议长。在1991年12月决定苏联正式解体的投票中，他是为数不多投反对票的俄罗斯政界人士之一。1993年的俄罗斯宪政危机中，他也是反对叶利钦的阵营中最敢言的领导人之一。他的观点包括，新自由主义正在破坏俄罗斯，俄罗斯内政是失败的，要与现有问题做斗争，寻求正确的改变道路。用他的话来说，他救了国家好多年。

2. 投票情况

据俄中央选举委员会公布的数字，截至2018年1月1日，共有1.1亿俄公民具有选举权，其中188万人常年居住在国外。俄罗斯国内选民可在实际居住地投票，境外选民可在俄驻外使领馆机构投票。全俄民意研究中心的调查显示，2月初有约80%俄罗斯选民计划参加总统选举投票。调查人员表示，开年至今，表示打算去投票的人数在78.5%－81.3%的小范围内波动。根据最新民调，7.2%的受访者称不打算去投票，11.7%的人摇摆不定，1.8%的人表示难以回答。

3. 选举结果

2018年3月19日，俄中央选举委员会公布的数据显示，在统计了99.84%选票后，普京的得票率为76.66%，赢得本次大选。数据还显示，有5620.6514万选民将选票投给普京。

得票率排在第二位的是俄共候选人格鲁季宁，得票率为11.8%。排在第三位的是俄自民党主席日里诺夫斯基，得票率为5.66%。俄公民倡议党候选人索布恰克居第四位，得票率为1.67%。亚博卢党创始人亚夫林斯基排在第五位，得票率为1.04%。

俄增长党主席季托夫的得票率为0.76%，俄共产党人党候选人苏莱金得票率为0.68%，俄全民联盟党候选人巴布林的得票率为0.65%。

二、21世纪俄罗斯历届国家杜马选举

（一）2003年俄罗斯国家杜马选举

1. 杜马概况：国家杜马是俄常设立法机构，由450名代表组成，每届任期4年。根据俄罗斯法律规定，在选举中得票率超过5%的参选党派将按得票多少分配杜马的225个代表名额，杜马的另一半代表名额由225个选区各选出一名代表产生。

2. 投票情况：有观察家预测，此次选举的投票率将难以超过1999年第三届国家杜马选举时64.75%的投票率。事实证明，这次杜马选举的投票率是相当低的。此次投票率在历次杜马选举中是最低的，1993年投票率是54.81%，2003年是55.75%，2007年是63.78%，2011年是60.21%。

3. 得票情况：2003年12月19日，俄罗斯联邦中央选举委员会公布了俄罗斯第四届国家杜马选举的结果："统一俄罗斯"党获37.57%的选票，位居第一，第二名俄共获12.16%的选票，第三名俄罗斯自由民主党获11.45%的选票，3个月前组建的人民爱国主义联盟"祖国"竞选联盟获得9.02%的选票，成功进入国家杜马，位居第四。俄罗斯右派代表——右翼力量联盟和亚夫林斯基领导的"亚博卢"集团，即"苹果"党未能突破5%的门槛，被排除在国家杜马大门之外。

细节介绍：从2003年9月3日开始，经司法部核准有资格参加本次选举的大多数政党召开了竞选大会，或组建选举联盟。10月6日，俄联邦中央选举委员会主席维什尼亚科夫宣布，在这次杜马选举中，最多有21个政党和5个选举联盟（有12个政党参加选举联盟）提出候选人名单。而且每个党必须交纳3700万卢布的保证金，才能提出该党的候选人名单；在单席位选举中，每位候选人必须交

纳 90 万卢布的保证金。俄罗斯许多媒体认为，在这次选举中能够进入新一届杜马的基本上是一些老党：统一俄罗斯党、俄共与自由民主党等。但也可能出现“黑马”。

据俄罗斯科学院社会综合研究所进行的民意调查，俄罗斯民众对各政党的信任率达到创纪录的低水平，只有 51.7%。当前俄罗斯的整个政治体系基本上仍是以总统为基础，而总统制本身以普京个人为基础。普京最坚定的支持者来自社会中层和上层，这一群体中超过 80% 对他给予积极评价。不仅政党的支持率下降，而且各种意识形态的拥护者也有减少的趋势。“中派主义”的拥护者三年来从 25% 下降到 10%。群众对这次大选的积极性也不是很高。据全俄“社会舆论”研究中心 2003 年 8 月的民意调查，只有 54% 的选民准备参加投票，28% 的选民还没有最后决定是否参加投票。

4. 国际观察团意见

欧洲安全和合作组织秘书处官员表示，有来自 43 个国家的 500 名国际观察员抵达俄罗斯，并监督俄国家杜马选举。最终，共有 1200 名国际观察员在各投票现场监督投票和记票进程。

欧安组织议会大会会长布鲁斯·乔治 8 日称，俄国家杜马选举投票的公平性“没有达到国际标准”。他表示，“统一俄罗斯”党利用政府资源和媒体做大量有利于自己的宣传，使俄罗斯其他党派和候选人“处于不公平的环境中”。

欧安组织负责监督此次俄国家杜马选举的观察员代表团团长阿特金森则说，欧安组织观察员认为这次选举“是自由的，但肯定不是公平的”。

5. 选举过程是否平稳

俄罗斯幅员辽阔，横跨 11 个时区，各地选民都在当地时间 7 日上午 8 时开始投票，在俄罗斯 89 个联邦主体共设有 9.4 万个投票站，整个投票过程将持续 12 个小时。俄罗斯总共登记选民约 1.09 亿，有观察家预测，此次选举的投票率将难以超过 1999 年第三届国家杜马选举时 64.75% 的投票率。

俄罗斯远东地区的楚科奇、科里亚克和堪察加三个地区的选民当地时间7日8时（莫斯科时间6日23时）率先前往各投票站投票，从而正式开始了俄罗斯第四届国家杜马（议会下院）选举。

2003年9月2日普京签署议会选举命令，揭开了国家杜马竞选运动的序幕。有资格参加竞选的44个政党和20个组织经过3个月的紧张角逐，有18个政党和5个竞选联盟进入最后决战。据此间舆论分析，能闯过5%得票率底线而进入杜马的政党有5个左右，其中实力最强的是普京总统支持的“统一俄罗斯”党和当局的反对派俄罗斯共产党。

俄联邦中央为选举拨款35亿卢布（约1.2亿美元），并组织了100万名工作人员。80万俄罗斯人和1200名国际观察员在各投票现场监督投票和记票进程。为确保选举顺利进行，俄罗斯当局还采取了一系列安全措施，动用了37万名民警、内务部军人和军校学生参与维护秩序和安全工作。各投票站有民警昼夜值勤，在投票站周边地区加强了巡逻。

最终，据俄罗斯塔斯社消息，俄罗斯中央选举委员会召开会议，正式公布了12月7日举行的俄罗斯第四届杜马选举的结果，并宣布此次选举公开和有效。同时，中央选举委员会也确认了选票率超过5%的三个政党和一个选举联盟进入下院，它们是“统一俄罗斯”党、俄罗斯共产党、自由民主党和“祖国”竞选联盟。选举过程平稳运行。

6. 是否有反对游行：无反对游行，但此次杜马选举的投票率在历次杜马选举中是相对较低的一次。

7. 其他情况

（1）“统一俄罗斯”党获得了决定性胜利，居于领先位置。“统一俄罗斯”党在选举中独占鳌头。尽管它的得票率与1999年杜马选举中它的前身“团结”联盟（23.32%）与祖国—全俄罗斯（13.33%）的得票率总和相差无几，但是比俄共高出将近25个百分点。另外，该党在单席位选区的选举中获得105个席位。“统一俄罗斯”党在杜马中所占席位总数超过222席，在新杜马中占主导地位。

（2）俄共遭到严重挫折，面临继续下滑的危险。俄共在比例代表制选举中的得票率，比1999年杜马选举中获得的24.29%减少了将近一半。加上在单席位选举中获得的12个席位，它在新杜马中约有50个席位。俄共作为“不妥协的反对派”，曾经得到对现实不满的普通劳动者的支持。

（3）“祖国”竞选联盟异军突起，成为选举中的一匹“黑马”。这个建立不到3个月的联盟在选举中获得了居于第四位的选票，在单席位选举中还得到8个席位，使许多评论家感到十分意外。

（4）自由民主党得票率上升，成为杜马第三大党。自由民主党在这次选举中获得的选票，比在上一届杜马选举中5.98%的得票率高出一倍。

（5）右翼自由主义政党被排除在杜马之外。在这次选举中最大的输家是两个右翼自由主义政党——“右翼力量联盟”和“亚博卢”。它们失去了在杜马中建立议员团的资格。

（二）2007年俄罗斯国家杜马选举

1. 国家杜马选举概况

国家杜马是俄罗斯常设立法机构，由450名代表组成，每届任期4年。新一届国家杜马选举将按照2005年3月通过的新选举法进行选举。新选举法以政党比例代表制完全取代混合选举制，取消单席位选区，国家杜马450个议席全部通过政党在全联邦选区选举产生，依得票率分配席位；将政党进入国家杜马的最低得票率限制由5%提高到7%，政党进入国家杜马的难度加大；政党有权推举杜马议员候选人，但禁止政党建立选举联盟，所有政党必须独立参选。此外，新选举法还对政党提名候选人名单做出新规定。政党提名候选人名单总数不得超过500人，允许推举无党派人士，但其人数不得超过该党提名总数的50%；参选政党的候选人名单必须分布在不少于415个联邦主体内，单个行政选区选民数不得多于300万人，不得少于65万人，但每个政党提名的3个全联邦性候选人不受该限制。

早在国家杜马选举前，就有不少专家预言，此次杜马选举结果不仅决定国家杜马的权力布局，而且作为2008年总统选举的预演，对国家最高权力的交接也将产生重要影响。

2. 各参选政党基本情况

（1）“统一俄罗斯”党。“统一俄罗斯”党作为“政权党”和“总统党”，坚决支持普京提出的“主权民主”治国方略和方针政策，因此吸引了各级政府官员地方领导的积极参加，有着广泛的社会基础。同时，普京对“统一俄罗斯”党的积极评价进一步提高了该党的民众支持率。亲政府党派力压群芳，绝对优势明显。“统一俄罗斯”党作为“政权党”在俄政党中独领风骚，不仅得到了行政当局的极大支持，而且掌控着本届国家杜马2/3以上席位。丰富的行政与立法权力资源、雄厚的资金实力奠定了该党无可匹敌的地位。毋庸置疑，新一届杜马中“统一俄罗斯”党的地位将继续巩固，普京总统的支持和丰富的权力资源是形成这种局面的根本原因。

（2）“公正俄罗斯”党。2006年下半年，在俄罗斯政治舞台上出现了自称“务实反对派”的“公正俄罗斯”党，它是由原先的“祖国党”“退休者党”和“生活党”合并而成的。该党支持普京总统，但反对“统一俄罗斯”党的政治垄断，奉行“社会民主主义”。“公正俄罗斯”党现有376万党员。在国家杜马中，该党拥有29位议员，占全体议员的6.44%。

（3）俄罗斯共产党。俄共主张“俄罗斯社会主义”，“重建苏联”是党的主要目标。俄共自1993年重建以来，曾经在俄罗斯政治舞台上发挥过举足轻重的作用。但是进入21世纪以来，俄共的影响力大幅度下滑，党员数量从最开始的50万人减少到2006年的18万人。目前俄共在杜马中有47位议员，占全体议员的10.4%，是杜马中的第二大党。俄罗斯共产党近年外患内忧并存，外部受到执政当局和亲政府政党的挤压，内部也相继出现吉洪诺夫另立门户、俄青年共产主义者联盟脱离俄共转而支持“公正俄罗斯”党等事件。但得益于坚实的选民基础、尚健全的组织机构及其对社会问题的关注所得支持，俄共完全具备进入新一届国家杜马的实力。

（4）自由民主党。自由民主党鼓吹俄罗斯民族主义和排外主义。党内实行家长制领导。2006 年，该党的党员数量为 11 万，在杜马中的党团有 3 位议员，占全体议员的 7.3%。该党在社会上得到具有民族主义和大国主义情绪的部分群众的支持，特别是在社会的中下阶层有一定影响力。俄罗斯自由民主党作为国家杜马的常客，其纲领得到民族主义倾向选民的大力支持。随着俄罗斯复兴步伐加速、帝国梦重现，俄罗斯自信心的增强导致与西方关系交恶增多，其强硬路线和民族主义纲领会博得不少选民的好感，也有望突破 7% 的大关。

（5）其他右翼党派。近年俄罗斯自由主义陷入低谷，而且右翼党派内部也是矛盾重重，在走向联合的道路上步调不一，仍然坚持单打独斗，前景难以看好。据全俄“社会舆论”中心和列瓦达中心统计，右翼政党的支持率都未能跨越 7%。其中实力相对突出的右翼力量联盟和“亚博卢”党 7 月份在列瓦达中心和 8 月份全俄舆论调查中心的支持率分别为 5% 和 3%，4.4% 和 2.7%，右翼力量联盟党设定的 20 年重返国家杜马的目标恐难实现，“亚博卢”党也可能将面临被边缘化的命运。

3. 杜马选举结果

当地时间 12 月 2 日 21 时，随着俄罗斯加里宁格勒州关闭投票站，俄罗斯第五届国家杜马选举投票宣告顺利结束。据俄罗斯中央选举委员会公布的消息，这次选举的投票率超过了 60%。此次共有四大政党进入俄罗斯国家杜马，“统一俄罗斯”党独占鳌头，取得了压倒性的胜利，获得杜马 450 位议席中的 315 位议席，得票率为 64.30%。除“统一俄罗斯”党外，俄罗斯共产党夺得 57 个席位，得票率为 11.57%；“自由民主”党夺得 40 个席位，得票率为 8.14%；“公正俄罗斯”党夺得 38 席，得票率为 7.74%。其余政党都没有突破进入国家杜马所必需的 7% 的界限。在这四大政党中，只有俄罗斯共产党是真正意义上的反对党，而“自由民主”党和“公正俄罗斯”党都是亲“统一俄罗斯”党的政党派别。

4. 杜马选举后的舆论总汇

早在选举前，俄罗斯舆论就纷纷指出，这是一次“根本没有悬念的选举”或“没有选择的选举”，“统一俄罗斯”党在支持率上的遥遥领先得益于现任总统普京的大力支持。10 月初普京同意亲自领衔该党参加杜马选举，并在各种场合公开呼吁民众投票支持。普京的这一系列动作不仅为“统一俄罗斯”党赢得了选民的支持，而且还争取到了来自其他政党的支持者。选举前，“公正俄罗斯”党数千名党员纷纷退党支持普京。这些临阵退党的举动，无疑将为统一俄罗斯党在选举中获胜铺平道路。与统一俄罗斯党遥遥领先的支持率相对，除俄罗斯共产党支持率超过 7% 之外，其他反对党都未“越过”这条进入杜马的底线。

不少人士指出，“统一俄罗斯”党在杜马选举中胜利的主要原因是“普京路线”成绩斐然。普京自 1999 年入主克里姆林宫以来，执政 8 年，在政治、经济、外交领域都走出了自己的路线。经济上一系列的改革措施，使俄罗斯走上了复兴之路。俄罗斯经济已经保持 7 年的高速增长，重新跨入世界十大经济体之列。俄报称 2007 年俄罗斯的 GDP 将达到 1.2 万亿美元，比 1999 年增长 5 倍。数据显示，自 2000 年以来，俄罗斯 GDP 年均增长率接近 7%。普京于 10 月 18 日表示，俄罗斯 2007 年前 8 个月国内生产总值增长了 7.7%，黄金外汇储备已达 4240 亿美元，居世界第三位。普京当政期间的斐然政绩赢得了民众的普遍信任，一直以来他都保持着 75% 的民众支持率。普京认为“‘统一俄罗斯’党如果能在 12 月份获胜，那么在明年 3 月的总统选举中也会获胜”。

不少专家表示，此次选举结果最重要的政治意义是，普京路线得到民众认可，俄罗斯发展道路的延续性得到确认，这对俄罗斯未来发展的影响是全局性和根本性的。“统一俄罗斯”党大获全胜有利于该党在意识形态领域继续完善，促进自身建设，从而对俄罗斯政局产生积极影响。

（三）2011年俄罗斯国家杜马选举

2011年12月4日，第六届俄罗斯国家杜马选举正式举行，共有7个政党参加，分别是“统一俄罗斯”党、俄罗斯联邦共产党、俄罗斯自由民主党、“公正俄罗斯”党、亚博卢“民主党”、正义事业党和俄罗斯爱国者党。前三者为议会内政党，后三者为议会外政党。

根据2011年12月9日俄罗斯中央选举委员会公布的最后统计数据，新一届国家杜马选举的投票率为60.21%，上届议会中的4个政党在选举中再次获胜。其中，“统一俄罗斯”党获得了49.32%的选票，在新议会中占有238个席位；俄罗斯联邦共产党获得19.19%的选票，占92席；“公正俄罗斯”党获得13.24%的选票，占64席；自由民主党获得11.67%的选票，占59席。参加竞选的其他3个政党，因所获选票均未达到7%的门槛，无法进入议会，其中亚博卢“民主党”获得3.43%的选票，俄罗斯爱国者党获得0.97%的选票，正义事业党仅获得0.6%的选票。

整个选举过程较平稳，但选举后出现了一些抗议集会等反对声音。2011年12月5日晚，莫斯科数千民众冒雨游行示威，指责选举中存在舞弊，当天，圣彼得堡也发生了集会活动，在游行过程中，两地警方先后逮捕了400多人；俄罗斯监督选举的独立组织“声音”称，他们收到了5300多份关于选举舞弊的投诉；俄共领导人久加诺夫发表声明指出选举存在舞弊；俄罗斯国内多家网站发布消息称在选举当天遭到黑客攻击；12月8日，俄罗斯亚博卢“民主党”创始人之一亚夫林斯基公开呼吁政府重新举行杜马选举；12月10日，大约2.5万名示威者在莫斯科博洛特纳亚广场集会，要求中央选举委员会主席丘洛夫辞职，并重新进行选举，同一天，在俄罗斯远东及西伯利亚地区也发生了抗议集会事件；12月13日，议会反对党发表了一个联合声明，指出应该在国家杜马内成立一个专门委员会，就新一届国家杜马选举中的违法违规现象展开调查，并惩戒相关人员；12月24日，大约2.9万人在莫斯科萨哈罗夫院士大街举行示威游行，同一天在圣彼得堡、车里雅宾斯克、托木斯克等城市也举行了类似的游行和集会。

（四）2016 年俄罗斯国家杜马选举

根据普京签署的总统令，俄罗斯联邦于 2016 年 9 月 18 日举行了第七届国家杜马选举，同时选举达吉斯坦、印古什、卡累利阿共和国的立法会议议员，堪察加、克拉斯诺亚尔斯克、彼尔姆等边疆区以及阿穆尔州、列宁格勒州、莫斯科州、斯塔夫罗波尔州等的立法会议议员，莫斯科市和圣彼得堡市的市杜马议员，科米共和国和车臣共和国首脑，楚柯奇自治区杜马议员，等等。俄罗斯共举行了 39 个联邦主体的立法会议选举、7 个地方行政长官选举以及数千个地方的市政选举，选出 3.95 万名各级议员。

1. 参选政党情况

2011 年第六届杜马选举有 7 个政党参选；2016 年获准参选政党数量增加了一倍，达到 14 个，名单如下："统一俄罗斯"党（党主席梅德韦杰夫）、俄罗斯联邦共产党（党主席久加诺夫）、"公正俄罗斯"党（党主席米罗诺夫）、俄罗斯自由民主党（党主席日里诺夫斯基）、俄罗斯爱国者党（党主席谢米金）、公民纲领党（党的联邦政治委员会主席沙伊胡特季诺夫）、"绿色"生态党（党主席潘菲洛夫）、发展党（由"正义事业"党改组而成，党主席季托夫）、人民自由党（由"俄罗斯共和党"改组而成，党主席卡西亚诺夫）、公民力量党（党主席贝卡宁）、俄罗斯共产党人共产党（党主席马·亚·苏莱金）、"亚博卢"党（党的联邦政治委员会主席亚夫林斯基，党主席斯拉布诺娃）、祖国党（党主席茹拉夫廖夫）、俄罗斯退休者争取公正党（党主席阿尔丘赫）。另有 3 个政党（"意志党""伟大祖国党"和"劳动联盟"）由于没有征集到选举法规定的 20 万选民的签名，或由于签名不实而未获准参选。

统一俄罗斯党竞选纲领。统一俄罗斯党（简称"统俄党"）是俄罗斯第一大党，目前约有 210 万党员，俄罗斯总理梅德韦杰夫任党主席。该党自称中派政党，党的意识形态是"俄罗斯保守主义"，坚持俄罗斯爱国主义，强调政治稳定是国家发展的基本保障，在此基础上实施渐进改革，加快经济发展，巩固国防，把俄罗斯建设成为世界强国。竞选纲领题为《每个人的成功就是党的成功》。在前言中强调：国家的主要战略方针是“从保持国家统一和独立”转向使俄罗斯发展成“主权世界强国”（сувереннаямироваядержава）。纲领的基础是建设强大的社会国家，保护民族，贯彻普京总统关于俄罗斯的稳定发展、排除革命和动乱的一贯方针。

俄罗斯联邦共产党（简称“俄共”）是俄罗斯第二大党。到2015年1月1日为止，该党有161569名党员。在第六届杜马中拥有92个议席。在俄联邦各地区有85个地区分部。2016年6月25日，俄共在莫斯科郊区召开了第十六次代表大会第一阶段会议，主要议程是第七届杜马选举问题。大会讨论了当前形势，提出党的竞选纲领，确定候选人名单。久加诺夫提出了俄共的十项竞选纲领：（1）人民是国家主人；（2）俄罗斯拥有经济主权；（3）建立先进、强大、现代化的工业、科学和技术；（4）繁荣的农村——幸福富裕的俄罗斯；（5）信贷资源为国家的复兴服务；（6）对物价和税率进行监督——快速发展；（7）实现公平与效率的税收政策；（8）人是强国的最宝贵财富；（9）建立强大的国家——安全的生活；（10）建立高度文明的国家。

俄罗斯自由民主党是苏联实行多党制后成立的第一个政党。在第六届国家杜马中有56个议席。目前自称有30万名党员。该党是一个领袖型的、带有浓厚民粹主义色彩的政党，宣称党的目标是联合所有爱国主义力量，实现民族复兴，防止俄罗斯沦为西方的半殖民地，恢复俄罗斯的大国地位。党的意识形态是“爱国主义、自由主义、民主主义和公正法制”。在第七届杜马选举之前，日里诺夫斯基于2016年3月9日在塔斯社举行的新闻发布会上介绍了自由民主党竞选纲领的主要内容，声称该党争取在最近几年内把最低工资额提高到2万卢布，免除退休者及穷人欠国家的债务，两年内不向企业家征税，对糖、酒类和烟草实行国家垄断，以增加国库收入。

公正俄罗斯党成立于2006年，信奉社会民主主义，是社会党国际成员党。党员人数最多时达到50万人，之后逐年减少，目前人数不详。在第六届国家杜马中有64个议席。2016年6月27日，公正俄罗斯党第八次代表大会第二阶段会议通过了《25个公正法律》的竞选纲领，声称该党的目标是“建设公正社会”，并且按照“社会公正”“经济公正”“政权公正”三个部分提出25个法案。该党把恢复教育与科学的世界前列地位、消除贫困、实现对所有人的社会公正作为优先目标。

2. 选举投票率及得票率情况，具体情况如表1－3所示：

表1－3 2016年俄罗斯国家杜马大选席位分布表

排名	政党名称	比例代表制得票数（个）	得票率	比例代表制所获席位（个）	单席位选区所获席位（个）	总席位（个）	总席位所占比例
1	统俄党	28523828	54.20%	140	203	343	76.22
2	俄共	7019633	13.34%	35	7	42	9.33%
3	自民党	6917013	13.14%	34	5	39	8.67%
4	公正党	3279019	6.22%	16	7	23	5.11%

9月23日，俄罗斯中央选举委员会正式公布了最终投票统计结果：参加投票的选民数为52700922人，投票率为47.9%，低于第六届杜马选举的60.21%，首都莫斯科的投票率只有35%。

按政党名单选举制的得票率如下：“统一俄罗斯”党54.20%，28523828票；俄罗斯联邦共产党13.34%，7019633票；自由民主党13.14%，6917013票；公正俄罗斯党6.22%，3279019票。其他政党得票率均未超过5%的得票率门槛：俄罗斯共产党人共产党2.27%；亚博卢党1.99%；俄退休者争取公正党1.73%；祖国党1.51%；公民纲领党0.22%；公民力量党0.14%。

在单席位选举中当选的有6个政党的候选人和一名自荐候选人。各党的得票率及获得的单席位议席如下：“统一俄罗斯”党79.6%，

203 席；俄共 2.7%，7 席；公正俄罗斯党 2.7%，7 席；自由民主党 2.0%，5 席；祖国党 0.4%，1 席（党主席茹拉夫廖夫）；公民纲领党 0.4%，1 席（党的领导人沙伊胡特季诺夫）。还有一名自荐候选人弗拉季斯拉夫·列兹尼克（他是第六届杜马议员，目前是统俄党议会党团成员）当选，得票率 0.4%。

各政党在杜马的 450 个议席中所占百分比及议席总数如下："统一俄罗斯"党 76.2%，343 席；俄共 9.3%，42 席；自由民主党 8.7%，39 席；公正俄罗斯党 5.1%，23 席；其他党 0.4%，2 席；无党派人士 0.2%，1 席。

与上一届即 2011 年国家杜马选举结果相比，"统一俄罗斯党"大获全胜，控制了 76% 的席位，而其他 3 个议会政党的席位都有所减少，但依然保持四党基本格局不变。对"统一俄罗斯"党而言，此次选举结果重现了 2003 年和 2007 年的宪法多数局面，而在 2011 年的选举中，统俄党仅获得简单多数席位（238 个）。

俄罗斯中央选举委员会主席艾拉·潘菲洛娃在选举结果正式公布之后表示，虽然有一些舞弊行为，但此次国家杜马选举仍是合法的。俄罗斯总统普京 9 月 19 日表示，在国家和人民生活面临困难的情况下，人民依然选择稳定，支持了统一俄罗斯党，这对于其而言是一场胜利。

3. 国际观察团意见

据俄中央选举委员会网站资料，此次选举共计有 750 名至 800 名国际观察员，主要由欧安组织民主和人权办公室、欧安组织议会联盟、独联体、独联体议会联盟、上海合作组织等国际观察员团构成，同时还包括一些国家或驻俄罗斯外交使团派出的观察员。中国前驻乌克兰和哈萨克斯坦大使周晓沛等人参加了上合组织观察员团。据国际观察员的描述，那场选举表面上秩序井然，但也仍不能排除背后潜藏的一些问题。在新的选举规则下，450 个国家杜马（议会下院的）席位的一半由政党比例代表产生，其他一半则由单一小选区产生。分析人士和反对党普遍认为，总统普京主导下的选举规则改革，给了“统一俄罗斯”党在议会更大的优势。而在整个选举期间，关于选举可能受到操纵或者发生舞弊的消息也不时见报。许多反对派支持者此次选择拒绝投票以示无声抗议，但这进一步扩大了执政党的赢面。

三、梅德韦杰夫政府辞职与俄罗斯新总理

2020年1月15日，普京发表年度国情咨文，提到关于宪法修订的内容。当天，梅德韦杰夫宣布政府全体辞职，一时间成为国际舆论的焦点。梅德韦杰夫在接受记者采访时强调，“在组建政府时，无论是总统还是总理，以及无论是由谁来担任，都要在内阁任命之前就相关议题进行讨论，其中也包括辞职的可能性。这绝对是正常的。”他认为，普京在国情咨文中提到的有关宪法修订等内容，将对权力平衡和行政、立法、司法领域产生重大影响，政府应该给予总统做出一切必要决定的机会。

2020年1月15日当天，普京提名联邦税务局局长米舒斯京担任新总理。1月16日，国家杜马通过提名，普京正式任命米舒斯京担任俄联邦总理。同时，普京提议新设立国家安全会议副主席一职，由梅德韦杰夫担任。辞去总理职务后，梅德韦杰夫仍继续担任“统一俄罗斯”党主席，致力于在2021年国家杜马选举中获胜。

2020年2月20日，普京在接受塔斯社采访时表示，“我与梅德韦杰夫之间有着坦诚、友好、同志般关系”。针对关于“梅普决裂”的传闻，普京表示“梅普组合”仍然存在，并没有分裂，尽管梅德韦杰夫的工作发生了变化，但两人的合作仍在继续。普京强调，“我和梅德韦杰夫的关系一向密切和坦诚。我们是多年的密友，互相之间几乎没有秘密。所以在政府辞职这件事情上，我们早前就讨论过，而他也知道接下来会发生什么事情。”

自普京开启第二个总统任期以来，俄罗斯在政治、外交和军事上都取得了巨大的成就，但是经济发展不佳成为最大的短板，饱受民众和舆论的批评。此次更换总理，一方面梅德韦杰夫离开饱受批

评的“火山口”，在强力部门任职锻炼、丰富履历，还可以有更多的精力从事政党政治，未来仍然可期；另一方面，普京选择米舒斯京，正是看中他的专业素养和实干精神，希望他能把俄罗斯的经济发展起来，进而推动社会问题得到妥善解决，为未来的政治改革提供稳定的基础。

第二章　新世纪俄罗斯经济转型与社会发展

进入 21 世纪后，伴随着国际能源价格的高涨，俄罗斯经济保持了较长时期的快速增长，并不断改革经济体制，力图摆脱经济发展过于依赖能源的局面。随着国民经济的不断发展，俄罗斯的社会政策逐步完善，民众福利水平不断提高，宗教在社会生活中的作用日益明显。作为转型国家，俄罗斯现代化模式面临多样化的选择和挑战，不论是社会创新型发展模式，还是去资源化经济发展模式，如何在内外环境不断变化的背景下实现有效转型，是俄罗斯人面临的重要课题。

第一节　俄罗斯经济发展与体制改革

进入 21 世纪后，借助于稳定的国内局势和良好的外部环境，俄罗斯的经济增速长期保持在 6%—8% 左右，取得了较快的恢复和发展。2014 年后，虽然在西方社会的制裁下，俄罗斯经济面临巨大压力，但是总体上维持了缓慢增长，为国家政策提供了坚实的财政基础。在此基础之上，俄罗斯力图对经济体制进行改革，一方面适时启动私有化进程，另一方面摆脱资源依赖型的发展模式。

一、俄罗斯经济的恢复与发展

普京 2000 年上台之初，其经济政策的核心就是“实现快速增长”，目的就是通过多种手段促进经济快速发展，提高国家财政收入水平，尽快解决叶利钦时代遗留的社会经济问题，进而为强国战略奠定必要的物质基础。他在纲领性文章《千年之交的俄罗斯》中不止一次地强调“速度”问题，要求政府制定的经济发展战略“应保证在比较短的历史时期消除持续已久的危机，为国家经济和社会快速和稳定发展创造条件”，强调“达到应有的增长速度，不仅仅是一个经济问题，这也是一个政治问题”。

2000 年 6 月，俄罗斯政府发布了《俄罗斯社会经济长期发展基本方针》，对未来 10 年的经济发展进行规划。其中明确提出，在此后 10 年内，国内生产总值的年均增长速度不低于 5%，到 2010 年 GDP 累计增长 70%—80%（以 1999 年为基准），固定资产投资增长 1 倍，居民消费增长不少于 70%。

2001 年 2 月 19 日，俄罗斯政府对纳税大户加强税收征管。俄罗斯税务部第一副部长亚历山大·斯米尔诺夫宣布，2001 年将采取新的行政措施，严格对纳税大户的税收征管，以增加财政收入。他说："俄罗斯税务部计划对 260 家纳税大户（其税收额占联邦预算收入的 50%）实行集中化和专业化管理，即在联邦一级成立 3 个行业性税务机关，分别对天然气、石油和电力公司进行税务征管。在地方上也将建立这类税务机关，每个税务机关管理 10—15 个纳税大户。同时，俄税务部还将对纳税大户进行税务巡查。”据税务部官员介绍说：“俄罗斯政府主要对统一电力公司、天然气工业公司、铁路部门和 18 家石油公司进行监督，加强对这些公司经营状况的分析，从海关和供水供电部门获取上述公司的有关经济信息，根据耗电量判断企业的生产情况，根据石油开采量核对出口量、加工量与销售量，发现偷漏税立即督促其补齐税款。”在政府的严格监管下，这些公司当年均依法足额纳税。2000 年俄联邦税收增幅达 80%。

对俄罗斯人民来说，2001 年是 9 年来最乐观的一年。这一年，部分职工与军人的工资得到提高，退休金全部补发并有所增加，美元汇率基本稳定在 30 卢布以下，小企业得到国家支持有了活力，多数居民生活有了改善。尤其是对于教师来说，自 2000 年 12 月 1 日起工资增加一倍，解决了一直困扰教育事业的大问题，用手纸或其他实物代替教师工资的时代也许一去不复返了。民众的看法和期望使俄罗斯政府对未来的经济发展更加充满信心。根据2002年预算草案，计划国内生产总值增长4.3%，国家预算收入将首次超过预算支出，实现俄罗斯历史上第一次财政盈余。俄罗斯副总理兼财政部长库德林乐观地表示，再过一两年，俄罗斯经济就会彻底走出1998年金融危机的阴影，达到金融危机前的水平，而俄罗斯人的生活水平也会在2004年达到1998年金融危机前的水平。预算草案中计划继续增加居民的福利，将居民的收入提高5%，2002年的月平均工资将达到3550卢布（约合110美元）。同时，通货膨胀率将继续降低。国家将大力发展教育事业，教育投资可望增加25%，以便为俄罗斯今后经济的振兴培养更多的人才。

2002年，普京明确提出："俄罗斯如今需要雄心勃勃的目标和更高的经济增长速度……为了使我国公民过上体面的生活，为了使俄罗斯仍然是国际社会中有分量的和名符其实的成员并成为强有力的竞争者，我国经济应当更快速的发展。"

到2004年普京第一任期结束，俄罗斯国内生产总值4年增长38.4%，年均增长6.7%，固定资产投资增长65.6%，外贸总额增长120%，国家外债总额降至1000亿美元以下，黄金外汇储备达1240亿美元，预算连年盈余、通货膨胀率持续下降、汇率基本保持稳定。

在经济取得一定恢复和发展的基础上，普京逐步对第二任期的经济战略进行规划。2003年，普京在国情咨文中提出了到2010年实现国民生产总值翻一番的战略目标，2004年普京在国情咨文中认为"俄罗斯经济增长进入新阶段"，要大幅提高人民生活水平和减少贫困。

在普京任总统的8年期间，俄罗斯经济一直保持着较快增长的势头，年均增长率7%左右，外贸规模不断扩大，2007年达到5800亿美元，外汇储备上升到5000亿美元，人均收入超过7000美元，成为世界第7大经济体。

普京在任职的8年时间内，形成了独有的经济观，主要表现在：把保证经济增长放在国家管理的优先地位；重视民生，让国民分享经济发展的红利；推动经济发展模式转变，强调进口；大力推进远东西伯利亚地区开发建设战略，强调区域经济意识。

2008年，全球性金融危机爆发，俄罗斯经济发展面临严峻挑战，俄罗斯政府提出了实现经济现代化的发展目标。作为世界能源出口大国，俄罗斯在国际金融危机的持续影响下，其维持十年之久的资源依赖型经济模式受到严峻的挑战：一方面，被西方称为第二个中东的中亚地区，近年来与日本、中国、欧洲等国家和地区的能源合作大大加强，在能源领域与俄罗斯展开了激烈的竞争；而俄罗斯能源的主要消费市场——欧洲，从能源安全角度出发，也希望结束对俄罗斯能源依赖，尤其是对天然气能源的依赖，因而实行能源多元化战略和能源自给战略。国际金融危机和石油价格下跌大大削弱了俄罗斯经济发展的动力，具体情况如表2－1所示。

表2－1　2000—2018年俄罗斯GDP统计

年份	GDP总量（亿美元）	名义GDP增长率（亿美元）	实际GDP增长率（以卢布计算）
2000	2597	32.7%	10%
2001	3065	18%	5.09%
2002	3453	12.7%	4.74%
2003	4306	24.7%	7.3%
2004	5910	37.3%	7.18%
2005	7632	29.1%	6.38%
2006	9919	30%	8.15%
2007	13010	31.2%	8.54%
2008	16594	27.5%	5.25%
2009	12216	－26.4%	－7.82%
2010	15244	24.8%	4.5%
2011	20507	34.5%	4.3%

续表

年份	GDP 总量（亿美元）	名义 GDP 增长率（亿美元）	实际 GDP 增长率（以卢布计算）
2012	21935	7.0%	3.66%
2013	22921	4.5%	1.79%
2014	20516	-10.5%	0.74%
2015	13598	-33.7%	-2.5%
2016	12855	-5.5%	-0.22%
2017	13092	1.8%	1.65%
2018	14680	12.1%	2%

数据来源：世界银行、国际货币基金组织、俄罗斯统计局。

经济现代化的核心是摆脱长期过度依赖能源、原材料出口的原料经济模式，转而建立以创新为动力的创新经济发展模式。然而，如何实现俄罗斯的现代化即建立创新经济，是困扰俄罗斯各界的重大难题。

从沙皇俄国到社会主义苏联，再到今天的俄罗斯，其争取实现现代化的进程经历了一个漫长、曲折、独特的历史岁月，既开创过举世瞩目的辉煌，也经历了前所未有的挫败。在当今世界经济危机日益深化、颓势难转的大背景下，以普京和梅德韦杰夫为代表的俄罗斯政府提出了以实现现代化为核心的重振俄罗斯经济的发展战略，并取得了初步成效。

梅德韦杰夫最早提出重振俄罗斯现代化的战略构想是 2008 年 2 月在克拉斯诺雅尔斯克召开的俄罗斯第五次经济论坛上，当时还是总统候选人的他提出了由 и 字母开头的 4 个词组成的现代化纲领，即：制度、基础设施、创新和投资。梅德韦杰夫声称：俄罗斯要构建一个高生活标准并向人们自主施展才华与能力提供平等机会的社会，要发展创新型经济和从根本上提高经济效益，最终形成一个人数众多的中产阶级。在俄罗斯，公民将不仅为自己国家的伟大历史而自豪，而且能够为不凡的今天感到骄傲，并将俄罗斯视为当代世界最宜居之地。

由此可见，梅德韦杰夫所提出的俄罗斯现代化，可称全面现代化，也可称国家现代化，最终目标是要建立一个全新的现代化的俄罗斯。其内容主要包括社会、经济和政治现代化。其中，社会现代化，是要消除贫困，制止有组织的犯罪，建立高效和全面的社会保障体系；经济现代化，是要通过发展创新经济，通过发展高科技，摆脱对资源生产和出口的依赖，增强经济的国际竞争力，使俄罗斯成为世界经济强国；政治现代化，是要实行真正的民主，进行司法改革，发展和完善多党制，提高国家管理效率，根除官僚主义和腐败，建立一个民主和自由的俄罗斯。其中，政治和社会现代化是经济现代化的保障和条件。梅德韦杰夫当选总统后，便以高调唱响了带领俄罗斯应对金融危机、寻求发展机遇、实现经济复兴、社会繁荣的现代化新篇章。

2010 年 11 月 13 日，梅德韦杰夫在向议会两院作国情咨文报告时，正式将俄罗斯实现现代化作为国家在未来十年的发展任务与战略目标，提出俄罗斯经济现代化的目标是要在 2020 年之前将经济的能效提高 40 倍。这充分表明，经过梅氏的全力推动，现代化问题已经进入了俄罗斯的国家议程，也就是说，俄罗斯开始真正重视现代化问题了。2011 年以来，梅德韦杰夫更是在众多场合对俄罗斯的现代化做出进一步的阐释和总结。6 月 18 日，他在圣彼得堡国际经济论坛上，把俄罗斯的现代化归结为一句话，就是要把俄罗斯建设成为全世界的人们力图到此寻求自己理想的有吸引力的国家。

自 2014 年乌克兰危机爆发以来，俄罗斯长期面对西方的多重制裁，再加上国际油价持续低迷，导致经济形势雪上加霜，危机重重。在这一大背景之下，俄罗斯经济的主要任务就是依靠国内收入实现国家收支平衡，确保国家政治稳定。为了达到这一目的，俄罗斯政府综合运用货币政策、财政政策和税收政策工具，稳定国家预算税收，缩减财政赤字，鼓励本国实体经济发展，特别是扶持本国中小企业发展，使其成为俄罗斯经济增长的新动力。

受到美欧经济制裁和国际油价下降的影响，俄罗斯 2017 年经济增长率为 1.7%。尽管数据不高，但是俄罗斯前期采取发展国产商品替代进口等一系列措施积极应对挑战，成功实现了经济发展转跌为升，2018 年的经济形势有望进一步改善。2017 年，通过“大规模替代战略”的实施，俄罗斯国内经济形势好转，2017 年粮食产量达到 1.35 亿吨，2018 年粮食产量达到 1.1 亿吨，预计出口总量可达 3900 万吨。2017 年俄罗斯农产品出口额达到 200 亿美元，2018 年农产品出口继续增长，达到 260 亿美元，同期俄罗斯天然气出口收入约为 399 亿美元。

根据俄罗斯财政部统计，2018 年俄罗斯 GDP 总量达到了 103.63 万亿卢布，约折合 1.468 万亿美元，人均约 1.12 万美元。2018 年俄罗斯政府财政收入 19.455 万亿卢布，财政支出 16.709 万亿卢布，实现财政盈余 2.74 万亿卢布，创 2011 年以来的新高。在工业总产值方面，俄罗斯 2018 年工业生产比 2017 年增加 2.9%；在黄金储备方面，截止到 2018 年底，俄罗斯政府官方黄金储备约为 2066.2 吨，而对外债务比 2017 年减少 12.4%。

2019 年 1 月，俄罗斯经济发展部部长奥列什金表示，近年来俄罗斯经济保持稳步增长态势，2018 年经济增速为 2%。但是受增值税上调和外部环境影响，预计 2019 年俄罗斯经济增速将放缓至 1.3%。2019 年 6 月 20 日，普京在“与普京直播连线”节目中表示，俄罗斯政府采取了将增值税从 18% 提高到 20% 等措施，以增加国家预算收入，发展铁路、桥梁、公路等基础设施。2019 年 12 月 19 日，普京在年度记者会上表示，俄罗斯国内形势稳定，经济中存在非常多问题，但是经济形势发生了根本变化。

俄罗斯经济发展部部长奥列什金在接受记者采访时表示，社会不平等和贫困问题是严重制约俄罗斯经济增长的最重要问题之一，2020 年应该在解决这两个问题方面加力。2019 年俄罗斯 GDP 增长率约为 2.2%，2020 年的目标是经济增长不低于 2%。

二、普京主导下的经济体制改革

除了大力推动经济发展，普京还对俄罗斯的经济体制进行了大刀阔斧的改革，主要是对俄罗斯的所有制和经济管理模式进行全面调整：一方面根据具体经济情况适时推动私有化进程；另一方面建设国内混合市场经济管理模式，并大力推动对外贸易。

（一）所有制改革

进入21世纪，俄罗斯私有化进程仍在继续，可以分为2000—2003年、2004—2009年、2010年至今3个阶段。

俄罗斯私有化的构想是以西方产权理论设计的。西方产权理论的基本观点是，市场经济本质上是一种以私人占有权为主要基础来实现产权交易与重组的机制；私人产权是最有效的产权，它能保证给个人行动提供最大的激励与必要的成本约束；私有产权制度是最具效率的产权制度形式等。

俄罗斯的第一波私有化始于20世纪90年代初。1992年，随着激进转轨政策"休克疗法"的实施，大规模私有化进程全面展开。通过证券私有化、现金私有化以及股权换贷款私有化几个阶段，1996年，俄罗斯以转让国有资产为主要内容的大规模的产权私有化基本结束。私有化企业在俄罗斯企业总数中的比重与其生产的产值占全俄的比重均约为70%，至1998年俄罗斯基本完成了产权的非国有化进程。第一波私有化在俄罗斯一直备受争议，虽然表面上是通过拍卖的形式公开出售，但普遍存在政府官员与企业勾结侵吞国家财产的不正当交易，私有化企业的售价也普遍严重低于其实际价值，因此，要求对私有化的结果进行重新审视的呼声从未停止过。

俄罗斯推行私有化的政策与理论一般有以下几点：所有制改革的基本出发点是，取消国家的直接经济职能，把权力交给企业，改革所有制政策的理论基础。私有化是建立在国家所有制绝对没有效率这个总体想法的基础上的，它是市场化的必由之路。把小型企业，特别是商业、服务行业、饮食业等，通过转让、出售等途径变为私有……实行私有化的形式是多种多样的，但不论何种所有制形式，都必须实行自由经营，不再坚持以公有经济为主体。俄罗斯想通过私有化达到的目标是，使所有制结构符合市场经济的要求，使企业不再受政府的直接控制，使国家摆脱亏损国营企业的包袱。通过减少财政补贴、回收资金以弥补财政赤字，以提高企业经营效益，为整个经济注入活力，建立起以私有制经济为基础的市场经济体制。

普京开启第二任期后，俄罗斯的政治经济发展模式有所调整，政府对经济的干预、管理及规制逐渐加强，特别是2004年“尤科斯石油公司”事件之后，俄罗斯政府加强了对能源等战略性资源部门的控制，除了进行行政干预，比如向天然气工业公司等大企业派驻总统的得力干将之外，还对石油公司、矿产公司等能源原材料部门进行了重新国有化。普京第二任期开始后，在国民经济的一些主要部门也出现了明显的重新国有化现象，俄罗斯也因此被视为走向了“国家资本主义”。

2008年爆发的世界金融危机影响了俄罗斯的私有化进程。一方面，为了挽救危机中的金融部门以及实体经济，俄罗斯政府投入了大量资金，这大大增加了财政支出；另一方面，由于石油价格下跌、能源出口下降等诸多不利因素，俄罗斯财政收入锐减，2009年俄罗斯陷入财政赤字，不仅如此，到2015年之前俄罗斯都将面临财政赤字。为了弥补财政短缺，同时为了解决“经济现代化”任务所需要的资金，俄罗斯政府明显加快了私有化的步伐：首先，私有化的计划收入不断增加，2010年3月出台的私有化计划收入从原来的不到6亿美元增加到30亿美元；2011—2013年的私有化收入则是从600—700亿卢布增加到1万亿卢布（超过300亿美元）。其次，私有化的规模不断扩大，一批著名的大型国有企业乃至战略性资源部门不断进入私有化名录中，如俄罗斯两家最大的银行（俄罗斯储蓄银行和俄罗斯外贸银行），俄罗斯石油公司、俄罗斯铁路公司、俄罗斯航空公司以及一些重要港口的港务局等也都列入了2011—2013年的私有化计划中。

（二）经济管理模式改革

对俄罗斯而言，如何处理国家与市场的关系，何种类型的经济更加符合国家发展需求，是俄罗斯经济改革与体制转型面临的一个重大问题。

2003 年以来，普京将经济政策的重点放在完善经济制度上，使俄罗斯经济由完全自由市场模式向混合市场经济模式转变。通过加强国家对经济的宏观调控，俄罗斯成功摆脱了苏联解体以来的经济危机，逐步实现经济稳定，走上经济增长的正轨。

建立稳定基金，增强国家宏观调控能力。2003 年 12 月 23 日，俄罗斯正式颁布第 184 号联邦法律（该法律以第 13.1 章的形式补充进《俄罗斯预算法典》）。该法律明确规定，联邦预算稳定基金是俄罗斯联邦预算资金的一部分，主要由石油价格超过基准价格所形成的超额税收收入提取形成，通过单独核算和管理，在石油价格低于基准价格的情况下用于保障联邦预算的稳定。依照该法，俄罗斯稳定基金于 2004 年 1 月 1 日建立，当俄罗斯“乌拉尔”牌石油（所有俄罗斯产的石油都是贴乌拉尔牌）的价格超过 20 美元/每桶的时候，由此形成的超额税收收入将被计提入稳定基金中。

稳定基金的收益有几个来源：部分石油和石油产品的出口税、部分矿产资源开采税、以及一部分本财政年度过剩的联邦预算。其最初的基准值定于 20 美元/每桶乌拉尔原油。当油价高于基准值时，真实油价和基准值差价区间内的收入就流向稳定基金；而当石油价格低于基准水平时，政府有权从稳定基金中支取收入垫付预算。所以稳定基金更像是一个政府预算的水库，干旱的时候放水，洪涝的时候蓄水。从 2006 年 1 月 1 日起，该基准值由原来的 20 美元/每桶提高到了 27 美元/每桶，由此空出 7 美元的空间留给日常的财政预算。根据俄新社经济评论员的分析，由于俄罗斯是全世界第一大天然气出口国和第二大石油出口国，这 7 美元差距里就可以装下 100 亿美元的联邦预算。同时稳定基金还规定了一个最低门槛：5000 亿卢布，经过现时汇率折合后约为 18 亿美元。也就是说，当稳定基金总额低于18亿美元的时候，政府无论在何种情况下都不得动用，而超过18亿美元的部分政府是可以用于官方预算以外的开支。稳定基金的这笔钱是最初打算投资于高流动性的外国国家债券，可是根据2006年的政府决议，它们仅仅是转换成了外汇，静静地躺在俄罗斯央行的外币账户里。根据该国财政部的投资公式，稳定基金的45%用来购买美元，45%分配给欧元，10%属于英镑。

2007年12月19日，俄罗斯政府批准将此前的政府稳定基金拆分成后备基金和国家福利基金。按照俄罗斯政府决定，此项分拆计划从2008年2月1日正式施行，两家基金的数额分别为1250亿美元和320亿美元。后备基金的用途是在世界能源价格下跌、国家收入减少时用于补充财政收入，或偿还国家外债。国家福利基金则投资于较高风险的资产包括外国股票，可以用来补充国家退休基金的不足。根据规定，后备基金2008年应达到1428.57亿美元，2009年达到1620.4亿美元，2010年达到1836.73亿美元。国家福利基金的数额没有公布，但路透社报道，其启动资金约为300亿美元。俄罗斯财政部债券部门负责人Dmitry Pankin 12月25日表示：“国家福利基金将在2008年投资评级不低于‘AA’的主权债券。”这一决定意味着，由俄罗斯政府稳定基金拆分出来的倾向高风险的国家福利基金最后仍然没有像中国的中投公司或是新加坡的淡马锡一样走上股权投资路径。而俄罗斯政府最初的计划是在2008年2月1日开始用国家福利基金购买公司证券，但在怎样使用这笔基金，以及是否使用投资收益或基金本身的问题上，政府依然未作决定。9月11日，尽管俄罗斯财政部负责管理石油稳定基金的高级官员Kazakevich在俄罗斯投资峰会上暗示俄罗斯将分出1330亿美元石油稳定基金投资包括股票和公司债的更高风险的资产。

2006年12月7日，俄罗斯总统助理伊戈尔·舒瓦洛夫在华盛顿表示，在世界油价居高不下的情况下，俄罗斯可能将实行减税政策。舒瓦洛夫在新闻吹风会上说，“我们理解，油价的发展存在许多变数。油价如果继续攀升，那我们将实行减税政策”。他表示，在这种情况下，利润税将降低，而增值税将可能彻底被取消。舒瓦洛夫介绍说，当稳定基金总额增至1000亿美元，俄罗斯将减轻税负。他说："现在俄罗斯稳定基金总额大约为700亿美元"。他指出，由此俄罗斯已为居民储备了5年的社会性支出款。其还补充说，"在油价低于每桶25美元时，国家将开始动用稳定基金中的资金"。然而12月26日，俄罗斯稳定基金资产已增加至1592.3亿美元，把1000亿美元的临界点早早地抛在了身后。12月12日，俄罗斯总统普京在一次新闻通气会上反复强调，政府将继续抑制石油出口，阻止政府稳定基金增长太快。普京暗示可能会在石油和天然气行业增加税收，以引导资金流向"真正的经济"，以摆脱对能源部门的过度依赖。

在对外贸易领域，普京制定经济发展战略，积极融入国际经济领域：与白俄罗斯、哈萨克斯坦、乌克兰签署"统一经济空间协议"，恢复与中亚国家的传统经济联系，加强与亚太经合组织合作，积极申请并于2011年12月26日加入世界贸易组织。

在2011年圣彼得堡国际经济论坛上，梅德韦杰夫总统明确了国家未来变革的方向："政府参与的经济模式在1990年代的条件下是必要的，但在现实条件下，这种模式对俄罗斯的未来发展是危险的……在这里我想十分明确地告诉大家，我们不搞国家资本主义。过去为了克服经济失序搞国家资本主义是必要的，但是现在它已经走到尽头。而作为这一模式的遗产——当前经济中存在的大量国有资产，正在对经济产生不利的影响"。他进而指出，"俄罗斯实现现代化的途径即俄罗斯的发展模式不是国家资本主义，这种经济模式的效率是相当有限的，严重依赖于市场行情而且常常导致冒失的、不慎重的行动，其目标只有一个，那就是维持现状，而不去考虑如何提高效率"。按照梅德韦杰夫的设想，俄罗斯应当选择的是一种能够最大限度地调动受法律保护的千百万公民的经济积极性的发展模式。"这一模式的选择是要让俄罗斯在未来10年内形成高质量的经济，并给民众带来舒适、快乐的生活，同时，这种经济模式会使俄罗斯跻身世界强国之列"。时任总理的普京也指出，"梅德韦杰夫总统在圣彼得堡国际经济论坛上提出的私有化规划，是关于政府在经济中的作用的共同观点”。他还强调自己已经多次在不同场合表明，“我们没打算搞国家资本主义”。

2012 年 1 月，普京发表了《我们需要新型经济》一文，作为竞选总统的经济纲领。在这篇文章中，普京认为“俄罗斯经济应当是多元化经济。除了现代燃料能源部门之外，还有其他有竞争力的行业。到 2020 年，高科技产业和知识型产业在国内生产总值中的比重将提高 50%，俄罗斯高技术产品出口将翻一番”；“俄罗斯新型经济应当是就业岗位高效高薪的经济，经济部门的平均收入要实际增长 60%—70%，即按 2011 年价格水平衡量达到近 4 万卢布”；“新型经济应该为每个人——企业家、公职人员、工程师、高级技师——创造实现自我价值的前景”。但是，由于 2014 年克里米亚危机后西方对俄罗斯制裁和封锁，俄罗斯的经济陷入危机，常年处于负增长，2017 年后才恢复至 1%—2% 之间。

2017 年 12 月 20 日，普京宣布了参加 2018 年总统大选的竞选纲领。他表示，“我们应该珍惜所取得的一切成就，哪怕是最微不足道的成就，防止我们的成就和进步出现倒退，让我们把力量用到发展和造福祖国上。俄罗斯有恢复其世界主导地位的一切能力。我们还有很多事情要做，首先是为了公民的福祉，为了克服贫穷和不平等”。

2019 年 6 月 7 日，第二十三届圣彼得堡国际经济论坛开幕，普京出席论坛并发言，他对美国的经济政策进行了批评，他认为“美元在成为国际储备货币后，变成了向世界其他国家施加压力的工具”；“以前提倡自由贸易、公平与公开竞争规则的国家，开始使用贸易战与制裁的语言，明目张胆地进行经济掠夺、施压以及恐吓，用所谓的非市场手段消灭竞争对手”。可以看得出，这是对美国长期以来对俄罗斯经济制裁、干涉俄罗斯与欧洲开展经济合作的回应。在发言中，普京还呼吁免除对俄罗斯急需商品、药品、医疗器械以及住宅公用事业和能源系统的制裁，宣布俄罗斯将加大对西伯利亚开发力度，力争未来几年进入全球经济前五大国家行列，在体现人民生活质量和福祉的各个方面达到并保持在欧洲平均水平。2020年1月15日，梅德韦杰夫带领俄罗斯政府全体辞职。在接受记者采访时，他表示“人们的实际可支配收入（2012—2019年）几乎没有增长，这与整体的经济环境有关，但无论怎么说，还是要增加人们的收入”。时至今日，如何有效改革经济体制，统筹好国内经济发展与外部环境，在脱离资源依赖型经济模式的同时实现经济发展，仍然是俄罗斯政府面临的长期难题。

第二节　俄罗斯社会政策不断完善

一、苏联解体后的社会问题

苏联解体后，在政治动荡和经济凋敝的双重打击下，俄罗斯出现了一系列的社会问题，严重影响国家和社会的发展。

（一）经济因素引起的问题

经济结构失衡是俄罗斯经济中长期存在的问题，除了外贸“能源化”，核心问题是技术知识密集型产业发展滞后。工业结构失衡，工业结构中能源和原材料工业中所占比重过大。整个工业中能源和原材料的开采和加工业的比例约占一半左右。能源和原材料行业产业链条短，所产生的产业关联效应较小。从经济安全的角度，这种畸形的工业结构使俄罗斯经济发展受制于国际市场行情，导致俄罗斯经济具有较强的脆弱性和外部依赖性。俄罗斯政府早已意识到这种畸形的工业结构将成为俄罗斯经济发展的重大阻碍。

服务业结构失衡，劳动密集型服务业所占比重过大。从服务业内部结构看，批发、零售业与维修业、餐馆与旅店业、交通与通讯服务业均属于劳动密集型服务业，这三类服务业增加值在整个服务业中的比重为40%左右。金融、保险、租赁等行业主要以资本要素投入生产过程，体现资本密集型特征；法律、会计、审计、市场调研、商务管理咨询、税务咨询、建筑和工程服务、广告、人力资源等商务服务业，主要以智力和专业知识作为主要投入，体现知识密集型特征，俄罗斯这两类行业在整个服务业中的比重在35%左右。与发达国家相比，俄罗斯服务业发展仍存在巨大差距。

出口商品结构失衡，初级产品所占比重过大。一国的出口商品结构是该国经济发展水平、产业结构、资源禀赋和贸易政策的一种综合反映。俄罗斯出口商品结构，化学品、以材料分类的制成品、机械和运输设备、杂项制品等工业制成品在总出口额中的比例总共还不足20%，属于中等和高等技术水平的化学品、机械和运输设备两类商品占比只有8.6%，而编码为0—4的原材料和初级产品的出口占比则高达76.6%，说明俄罗斯工业制成品的国际竞争力不强，在全球国际分工中仍处于价值链的低端。

传统增长模式失效，企业创新积极性不高，创新投入和激发创新积极性方面不足，用于产品研发创新的销售收入不足。俄罗斯人长期的消费习惯和高通货膨胀率是造成高消费、低储蓄的主要原因，在经济增长时期，工资增长速度高于GDP和劳动生产率的增速，而劳动生产率的提高依赖于投资。俄罗斯实体经济部门以资本密集型产业为主，长期的粗放型发展模式决定生产过程中需要大量资金投入，然而俄罗斯固定资产投资增长率一直处于较低水平。在欧美制裁条件下，企业海外融资能力急剧下降，与此同时，国内投资环境恶化，资本纷纷外逃，俄罗斯经济体系与国际经济体系融合难度增大。

人力资本发展受限。从数量上看，适龄劳动力的减少在增大俄罗斯创造财富价值的难度；从质量上看，教育医疗等社会领域的改革收效仍不明显，高素质人才外流的同时带走了俄罗斯稀缺的资金。此外，技术熟练工人严重短缺，难以找到技术过硬的工人也成为阻碍俄罗斯经济发展的重要因素之一。

贫富分化趋于加深，大致分为地区分布不平衡，城乡分配不均匀，且阶级差距越拉越大三种类型。从刺激消费角度来看，贫富分化加剧导致消费需求难以继续增长，由于边际效用递减，将会成为社会不稳定因素。

中小企业发展缓慢，转型过程中有关支持中小企业的一些机制法规，在实际执行过程中往往不能执行，即形成的各种制度起不到约束作用。政府部门往往把中小企业视为市场经济的副产品，只在需要时加以利用的工具或手段，有时甚至把发展中小企业看作是政府的一种负担，是政府的“受抚养者”。中小企业一直存在着融资难的问题。尽管俄罗斯政府出台了不少解决融资难、税收优惠等服务性政策，但官僚主义的行政审批手续繁多、经营环境不佳，提高了企业开业成本。2008 年俄罗斯的企业经营环境排名处于世界的 120 位。俄罗斯经济垄断程度高，很多重要经济领域如能源、矿产、交通基础设施等，中小企业很难进入。

（二）社会稳定问题

政府部门从上到下贪污腐败盛行，严重损害了法律公信力和政府公信力，人们更相信贿赂能够解决一切麻烦，各级政府官员带有普遍性的腐败行为。腐败与官僚化和低效率形成恶性循环，使国家财产受到严重侵蚀；利用权力与商人企业进行利益交换造成各种税收流失，使国家财产、财政收入受到严重损失，对俄罗斯经济竞争力、投资环境和思想意识的统一造成各种障碍。

人民生产积极性不高，生活状态存在重大问题。酗酒问题一直困扰着俄罗斯，当前普遍酗酒对个人命运、社会民众身心健康所造成的破坏性影响超过以往。事实上，各个指标（酒类消费水平，酗酒诱发的居民发病率、死亡率和犯罪率，青少年和女性饮酒比例）都表明目前酗酒问题的严重程度。酗酒已经威胁到俄罗斯社会和国家保持活力的社会经济、道德基础。

毒品泛滥，俄罗斯毒品问题呈现波浪式发展。俄联邦麻醉药物与精神药物流通监管总局的统计资料显示，独立后的十年间，俄罗斯境内吸毒人数增速较快，以年均 24% 的速度增长。毒品犯罪所带来的巨额经济利益成为俄罗斯毒品屡禁不止的根本原因，“后阿富汗时代”毒品走私日益猖獗成为影响俄罗斯毒品问题的外部诱因，俄罗斯自身需求成为刺激毒品市场“发育”的催化剂。

犯罪率一路高涨，黑社会活动频繁，在俄罗斯，官员、商人与黑帮三位一体，如水银泻地般触及社会及经济的每一个阶层。有组织犯罪及贪污已入侵俄罗斯政府的最高层。有分析家指出，有组织犯罪与政府官员互为一体，难分彼此。据估计，在俄罗斯活动的黑帮组织有 5700 个之多，其中许多组织正向海外扩展。贪官和黑帮分子互相勾结，协助黑帮进行内幕交易、避税甚至暗杀，甚至还渗入俄罗斯国家杜马，出巨资资助一些人参加俄罗斯杜马议员选举，使这些人为他们的犯罪组织或财团服务。

青少年精神萎靡堕落，德育体系的“崩盘”对俄罗斯社会，特别是在青少年群体中产生了很多负面现象。青少年道德水平极速降低，未成年人犯罪现象数量逐年递增，吸烟、酗酒、吸毒等问题凸显。整体来看，解体后俄罗斯青少年的生存状态、道德发展并不理想。

人口减少，生育率低，人口危机是制约俄罗斯经济社会可持续发展的核心。目前俄罗斯人口形势不容乐观，人口数量逐年下降，深陷人口危机之中，人口和劳动力资源潜力受到严重破坏，俄罗斯民族正面临着“无人为继”的生存危机，问题的严重性在于俄罗斯人口出现了危险的“剪刀差”：人口出生率下降的同时伴随着人口死亡率急剧增长，在今后 20 年间人口危机极有可能演变成一场巨大而又难以逆转的民族灾难。随着经济逐渐复苏，劳动力匮乏问题凸显，对西伯利亚、远东地区乃至整个俄罗斯经济和社会的发展构成严重威胁。苏联解体后的十年间，俄罗斯流浪儿童人数猛增，总数约有 100 万人，并以每年 10 万人的速度递增。这些孩子中的许多人以乞讨为生，有的孩子小偷小摸、吸毒贩毒甚至卖淫，走上犯罪的道路，对俄罗斯社会稳定构成严重威胁。据统计，在流浪儿中，只有 10% 是父母双亡、无家可归的真正意义上的孤儿，其余 90% 流浪儿童的父母却都健在，因此被俄罗斯学者称为“社会孤儿”。俄罗斯社会调查结果表明，由于缺乏家庭温暖和父母的漠视等多种原因，导致这些孩子选择了流浪生活。流浪儿问题引起普京总统的高度重视，他警告说，流浪儿问题已严重到了无以复加的地步，责令政府要立即采取措施“高水平、高质量”地解决这一问题。

社会福利保障压力大，难以发挥实际作用。相比于以中国为代表的发展中国家，俄罗斯的社会福利系数和居民的幸福指数要高一些，原因主要是经济因素，毋庸置疑，国家的宏观调控以及政府的政策在一定的时期也起着重要的作用。但是，同欧盟的某些发达国家相比，俄罗斯的社会福利和社会环境呈现的态势不容乐观。俄罗斯目前的房屋价格、生活成本、收入水平、基尼系数不尽如人意，住房条件、教育水平和医疗保障覆盖面广泛全面，却在硬件和质量上略有缺陷，导致这一问题的原因就是俄罗斯居民的大规模贫困。

少数族裔和主体民族人口倒挂趋势明显，民族矛盾尖锐，非法移民抢占就业岗位，且带来社会不稳定因素。如，毒品走私问题、恐怖主义活动问题。主体民族俄罗斯族虽然暂时占据主导地位，但是中下层民众的利益不同程度上被高加索民族和中亚五国非法移民侵害，分散其福利分配和社会资源。

俄罗斯人均学历高，但是学历在国际上认可度低，甚至在自己本国内也无法找到与之匹配的理想工作岗位，缺乏高素质教育人才和国内民众的认可度是直接因素，进而导致俄罗斯对未来缺少基本的人才资本发展期望。

（三）社会安全问题

车臣等分裂主义势力破坏国家统一。俄、车民族结怨很深且由来已久，这使得车臣族人很容易拿起武器，随时准备着用暴力证明自己的正确；冷战结束以后，一部分车臣人谋求政治独立，结果遭受俄军一再打击，受害者转而寻求以武力复仇；车臣地区社会贫困、经济文化发展落后，使得一些车臣人迫于生活压力从事恐怖活动；伊斯兰原教旨主义不断向车臣地区渗透扩张，使部分车臣青年产生了驱逐甚至消灭俄罗斯异教徒的激进思想，包括国际恐怖势力的公开支持以及某些国家的纵容立场，都对车臣问题起到了姑息养奸的作用。如此，俄罗斯国内的分裂主义问题不仅层出不穷，而且成了一个久治难愈的顽症。

恐怖主义势力活动猖獗。俄罗斯与中亚诸国的恐怖主义主要包括民族分裂型恐怖主义、宗教极端型恐怖主义和宗教极端暨民族分裂相融型恐怖主义。俄罗斯外高加索地区及中亚诸国地处欧、亚、非三大洲结合部，自古就存在多种民族和宗教，属于世界上最为复杂的地缘文化带之一，其社会的发展更是伴随着不同民族、宗教文化的冲撞与交流。在地缘上，俄罗斯外高加索地区、中亚诸国更是与阿富汗等国紧密相连，国际恐怖主义势力为俄罗斯和中亚的恐怖主义势力提供了大量的财力、物力、人力的支持，各股势力呈现相互影响、相互渗透的发展趋势。

民粹主义势力抬头。俄罗斯民粹主义是对现代化进程所引发冲突的反应，它声张人民立场，把现代化进程中的“受损”归结于资本主义，用区分“自己人”和“他人”的简单逻辑解释复杂问题，依靠人民力量达到政治目的。俄罗斯民粹主义的这些共性源于俄罗斯现代化发展道路的摇摆性和矛盾性。俄罗斯的现代化进程鼓励追求正义，但现代化和全球化又使俄罗斯的民族独特性受到冲击，非理性、矛盾性和宗教性的俄罗斯文化鼓舞了民粹主义。俄罗斯社会结构变化、知识分子与人民的互动趋于紧密，以及自由主义的巨大影响，使当代俄罗斯民粹主义呈现出新特点，即民粹主义的主体从知识分子变成中产阶级，重视利益政治，淡化道德理想政治。

二、应对社会问题主要政策措施

（一）经济政策

俄罗斯要从能源出口型经济向“社会创新型经济发展模式”过渡。社会创新型发展模式包括以下三方面内容：首先，利用在科学、教育和高技术领域的比较优势，增加俄罗斯经济的竞争潜力，培育新的经济增长点，提高福利水平；其次，使人的智力和创造力转化成经济增长和提高国家竞争力的主导要素，在此基础上提高自然资源和生产性资本的利用效率，从而实现传统经济部门的现代化改造；第三，创新发展道路还会提高社会的稳定性和公正性，分享经济增长成果的不仅是获得地租和出口收入的一小部分人，还有基础设施、农业、工业和人力资本培育等领域的广大社会群体，从而体现经济发展的社会导向性。

强调了作为创新主体的国家、私人经营者和社会三者间互动关系。其应遵循的主要原则为：国家为企业自由经营和竞争创造条件，发展企业的自律机制；降低经济中的行政壁垒，将俄罗斯变成腐败程度较低的国家；为各个经济领域大规模成立新的私营公司创造条件，同时提升私人经营和私人所有权的社会地位和重要性；减少国家对经济的过度干预，在经济活动中国家应以间接调控的方式为主；私有化程序建立在透明和市场估计原则基础上，获得资产的方式应公平合理，增加权力机构行为的公开性，分阶段减少国家对具体经济领域的所有权控制；国家的经营活动应主要集中在与国防保障、国家安全和发展基础设施有关的行业，在国有公司和私营公司同时运营的部门，应该保障它们具有平等的竞争条件。

六个主要工作方向：

1. 充分发挥俄罗斯的人力资本潜力，促进人力资本发展，使国家发展人力资本主要体现在保障民生和社会稳定上。国家从联邦预算支出中拨款用于实施社会政策和发放养老金。计划从养老金、养老保险、医疗卫生、就业、住房等方面着手支援和救助：参照通货膨胀率，将部分社会性开支和补助指数化；完善养老保险制度；采取综合措施培育健康的生活方式，加强药品保障等；提高失业人员的最高补助，追加拨款，用于对失业人员实施社会救助；从联邦预算中拨款用于住房保障。

2. 形成高度竞争的制度环境、鼓励经营积极性、吸纳经济发展所需资本、完善市场制度、消除企业经营壁垒竞争机制是提高俄罗斯经济效益和竞争力的关键。为培育竞争机制需要进行以下制度改革：完善市场经济制度，取消不合理的经营壁垒；采取措施抑制关系民生的产品的价格上涨；加大反腐败力度，严禁官员从经营活动中收取贿赂；对有偿发放经营许可证和质量认证的机构的定价权进行监督；简化权力机关和地方自治机构的审批程序；减少国家对经营活动的干预等。

3. 在技术创新的基础上实现经济结构多样化，建立国家创新体系，加强金融体系建设。扩大资金来源和加强流动性是应对危机的首要措施。其他措施还包括：为缓解银行贷款动力不足的问题，简化国家担保程序，增加担保金额；对问题银行进行整顿等。

4. 巩固和增强俄罗斯在传统领域（能源、交通、农业、自然资源加工业）中的全球竞争优势，提高工业和技术的增长潜力，支持实体经济。希望通过国家的资金支持拉动企业尽快恢复正常经营运转，为实体经济注入活力。支持的对象主要为国家选取的重点行业，其中，包括产业关联度高的行业（汽车制造业和住房建设）、关系民生和社会稳定的行业（如农业、渔业、林业和商业）、保障国防和国家安全的行业如国防工业综合体、基础性行业（如能源、交通运输业），拨款主要用于为企业贷款提供补贴。此外，国家还对经营效益较好，但因需求不足和贷款限制等原因陷入困境的联邦级大企业和地区级骨干企业给予资金支持。对中小企业的支持力度也大大加强。

5. 巩固和增强俄罗斯的对外经济地位，提高其参与国际分工的效率，保持宏观经济的稳定。具体措施包括：提高预算支出效率；持续降低通货膨胀率；增加贷款，降低利率等。

6. 构建俄罗斯地区经济发展新模式。提出了三大优先方向：一是维持社会稳定，保证对居民的全面社会保障；二是支持经济复苏；三是启动现代化。

（二）社会福利政策

成立国家社会福利基金，并在当地政府的指导下运作，因此，社保工作人员这一职业应运而生。在各地方政府倡议下开展的所有社会计划，不仅使联邦统一的政策内容得到具体化，还根据各地自身情况进行了补充和发展。可以说，几乎俄罗斯联邦的每个地区（共和国、州、莫斯科和圣彼得堡等等）都拥有自己独特的社会政策实施方案。它们通常与中央政府所实行的社会政策保持一致，且是在社会法确立下在全国施行的。但又有其自身的特殊性，这取决于各地区不同人口特点、社会问题、经济形势、民众意识。对于俄罗斯这样拥有广阔领土的国家而言，制定社会政策，因地制宜很重要。

国家保证在应有的水平上为人民提供支持，继续在社会生活、卫生和教育、保障性住房和保证就业领域，全面推进大型国家项目的实施。根据联合国有关决议，确立《家庭支持》和《针对弱势群体支持》的项目计划，有关残疾人权利法案的批准也在进程中。

俄罗斯采取各种努力来克服人口领域的严峻问题，已经制定并通过各项社会政策。国家社会政策包括一系列社会基础设施的发展方案。在俄罗斯所有紧急社会经济方案中，提高“人民资本”被列入国家优先项目计划。作为优先方针“投资于人”被应用于各个领域：健康、教育、住房、农业。稳定人口数量，为俄罗斯人口增长创造先决条件，明确延长居民寿命的道路，为提高人口出生率、全面巩固家庭制度创造条件。在实现社会计划的过程中，国家给予养育孩子（包括幼儿园事业）家庭的津贴在显著提高，提高医疗水平，提倡健康的生活方式并加强体育锻炼，反对酗酒和吸烟。

俄罗斯政府为保障居民生活水平制定了一系列反危机措施，通过特别决议，明确财政主要任务和财政支出的主要方式，各地方政府也根据自身情况实行各区域计划来帮助就业。在大规模的裁员危机下，共制定 82 个区域计划，及时给予居民帮助。全面集中落实四大主要方针：第一，为曾经失业和正在失业员工提供能力培养和再培训机会；第二，为非全职员工提供兼职和进修机会；第三，为遭遇经济危机的员工提供新落脚点；第四，为打算再创业的失业人员提供帮助。

为了遏制社会主要商品，尤其是食品价格上涨，政府加强了对贸易领域的反垄断控制，与各区域和市政当局共同采取措施，促进贸易领域的竞争（包括推广周末市集，为“家门口”便利商店、农产品市场和小商品发展创造有利条件）。允许处在困境、没有还债能力的借款人进行贷款重组。为目标人口的基本生活成本提供补助。俄罗斯是唯一一个在危机中大幅增加养老金的国家。

为了实现医疗保健现代化，国家拟出资4600亿卢布用于帮助改善国家卫生条件，积极促进区域医疗体系的现代化，计划将从2011年1月1日起实施，各地区领导要对项目实施负责。现代化的目的不只是“不断在全行业进行大整修”，而是“建立最佳的卫生组织体系”。因此，医疗质量和水准是区域现代化发展的重要指标，这其中包括人口出生率、死亡率和人口寿命的数据。政府计划第一步出资9亿卢布，由各地区主体成立17家医疗机构。同时采用新技术和方法，为居民提供紧急医疗救助和重大疾病治疗。为了保障居民可以获得必需的高品质药品，政府计划为药品生产单位提供先进设备。国家每年花费超过1000亿卢布用于保障退伍军人、残疾人和贫困居民免费用药，以及400万退休人员获取特惠药品。

根据国家建设委员会的数据，全国现有约440万户家庭期待改善住房条件。这种期待已经拖延了18年，当然这些数据并不能完全反映国家缺少15亿平方米的住房，但根据各不同社会组织的看法，仍有2500万—3800万家庭住房条件较差。考虑到广大家庭收入低、楼市价格高昂，国家实行住房政策，帮助公民有房可住，免费私有化住房，并有针对性地提供住房补贴和公共服务，甚至提供盖房和买房补贴。

俄罗斯总统普京提倡实行养老制改革，涵盖所有劳动力人口的利益。随后国家杜马发布并生效一系列联邦法《关于俄罗斯联邦养老保险》《关于俄罗斯联邦劳动退休金》《关于俄罗斯联邦退休保障》。所有因素导致国家需要调整整体养老制度。新制度要解决的主要任务：一是退休保障水平；二是保证平均养老金和劳动力平均工资比例平衡；三是在社会制度下为人口提供稳定的额外收入源。

号召从俄罗斯高等院校毕业的外国高水平专家在俄罗斯永久居住，以及提供给各国年轻人（独联体国家、拉脱维亚共和国、立陶宛共和国和爱沙尼亚共和国优先）在俄罗斯学习深造的机会，毕业后还可以得到俄罗斯国籍。促进移民增长的主要群体是20世纪90年代出生的年轻人，吸引他们在俄罗斯高等院校学习，日后可以更好地适应俄罗斯社会。合理的移民政策，可以帮助管理国家内部人口迁移，吸引更多劳动力，并解决未来大规模的区域社会经济发展问题。独联体国家签署政府间协议，完善移民管理系统，包括采取措施驱逐非法移民。依靠联邦财政资金和俄罗斯联邦各主体资金给予被迫迁徙民众财政支持，为其建立临时收容中心、居民聚集点，提供新就业机会等等。

进一步加强爱国主义教育，以培养俄罗斯人的爱国精神。普京总统认为爱国主义是俄罗斯未来的坚实基础，爱国主义教育对增强俄罗斯国家实力具有重要意义。因此，他多次表示要构建新型爱国主义，培养俄罗斯人的爱国精神，特别要对年轻人加强教育，帮助他们树立正确的价值观。2016年1月2日，俄罗斯政府宣布，俄罗斯总理梅德韦杰夫签署决议，批准2016—2020年爱国主义教育国家计划。该计划旨在创造条件加强社会团结，以保证俄罗斯稳定发展和国家安全。它在保持对青少年进行爱国主义教育优先方向的同时，面向所有社会阶层和年龄群体。

人口问题是当今俄罗斯面临的最严峻的挑战。普京在2006年国情咨文中把人口问题称作当代俄罗斯最尖锐的问题。俄罗斯现在总人口为1.43亿。由于出生率低于死亡率，平均每年人口净减少70万，这影响到经济发展和国家稳定。为鼓励夫妇多生孩子，提高出生率，普京宣布，国家将大大提高家庭的补贴金额，完善移民政策，吸引国外的俄罗斯人回国，鼓励有专业技能的移民以及受过良好教育和守法的人到俄罗斯来。

2000年，俄罗斯人家庭用于支付体育运动的费用只占0.3%，而用来支付烟草和酒精制品费用为3.7%，是体育费用的12倍。

2002年，俄联邦委员会建议成立总统体育运动委员会，建立以总统为牵头人的体育管理架构。2002年4月，俄罗斯体旅委改组为俄联邦国家体育运动委员会，2004年3月改组为俄联邦体育运动和旅游署。2004年11月，再次进行改革，剥离旅游职能，组建体育运动署，作为专门的体育运动管理机构。2002年，俄罗斯发布《关于提高体育运动在形成俄罗斯人健康生活方式中的作用》的报告，其中强调：俄罗斯人力资源状况不佳趋势一直在蔓延，国家应该在关于居民身体、道德及精神等方面制定制度，应该将公民学习知识、增强健康以及包括高度责任感及爱国主义在内的价值取向等等纳入国家政策范围之内。国家要参与其中，不能光顾发展经济，而忽略了人们健康，在人力资源上不能等已经着火了才想去解决问题。国家要从根本上改变体育运动在社会上的地位，形成人们的健康生活方式，并且将其作为国家思想。国家应将体育运动作为全民的运动，应将其摆到保障国家安全和公民生活的高度。作为社会利益的持有者，国家应该形成体育运动的全民模式，唤起公民新的运动动机——追求健康和高质量的生活方式。国家需要在法规上颁布积极的经济措施，呼唤对健康身体、健康精神、健康传统和健康生活的崇尚。

三、宗教与俄罗斯复兴

1997年，俄罗斯国家杜马通过了《信仰自由和宗教组织法》，强调“东正教在俄罗斯历史上、俄罗斯精神和文化形成与发展中的特殊作用”。公元9世纪中期拜占庭帝国的东正教开始影响基辅罗斯，公元988年，弗拉基米尔大公接受东正教，从此俄罗斯成为一个传统意义上的宗教国家。弗拉基米尔大公接受东正教深深改变了俄罗斯人的社会精神生活，给俄罗斯带来了新的文学、艺术形式及生活方式，东正教成为俄罗斯社会生活中不可缺少的一部分。

苏联的解体使人们长期奉行和遵守的行为规则及价值观念骤然过时，俄罗斯国民信仰出现危机。作为信仰真空的填充物，东正教在俄罗斯急剧升温。目前，东正教已经是俄罗斯联邦最大的宗教组织。从文化动因上看，它蕴含着俄罗斯民族对其传统文化的重要组成部分——民族信仰的怀恋与回归。东正教对俄罗斯的复兴产生了直接或间接的影响。

（一）俄罗斯宗教的基本情况

俄罗斯属于一个多民族的国家，在俄罗斯境内生活着很多不同民族的居民，他们在各自生存的历程中也都形成了自己独有的文化与宗教传统。因为受到社会发展过程中人口流动以及历史因素的影响，俄罗斯民族的区域划分及其民族宗教信仰的布局并不是完全相同的。有时候在同一民族中，由于生活地点的传统文化和环境的差异常常会导致他们的宗教信仰不同。在俄罗斯诸多的宗教派系中，东正教在规模上以及对俄罗斯社会的影响上，都当之无愧是第一大宗教。

目前，在俄罗斯境内大约有 7000 万（或者更多）的东正教教徒，几乎占据俄罗斯全国人口的一半。俄罗斯国内的第二大宗教是伊斯兰教，在历史上，大约有 40 多个民族信奉伊斯兰教，该教的教徒在苏联晚期进行宗教复兴的过程中陡然递增，现阶段这些教徒通常都居住于伏尔加河到乌拉尔河附近的达吉斯坦共和国或者高加索地区的一些共和国。俄罗斯的第三大宗教应该是佛教，俄罗斯境内人民通常信仰的是藏传佛教，信徒主要分布在布里亚特、图瓦和卡尔梅克共和国，主要是由于这些地区的国家基本是在佛教传播此地之后逐渐产生的。此外，圣彼得堡、莫斯科等城市也有很多佛教区。

（二）宗教对俄罗斯复兴的影响

1. 坚定了俄罗斯的民族自信心，影响了俄罗斯人的性格

别尔嘉尔夫曾经提出，东正教中的救世主意识与弥赛亚情结在俄罗斯民族意识的形成和发展过程中，已经渐渐超过了宗教范围，最终产生了一种俄罗斯民族自身特有的优越感。东正教的起始时期基督教信仰内的整体性、帝国崇拜思想以及内省性的特征也是其产生的重要因素。作为俄罗斯民族思想的底色，东正教在很多方面影

响了俄罗斯民族意识的发展，对俄罗斯民族性格的形成产生了十分重要的作用。俄罗斯民族意识和东正教的有机融合，说明了东正教的宗教信仰逐渐成为了俄罗斯的历史躯体。第三罗马帝国也成为了俄罗斯文明发展史中的关键内容，在此时也开始让俄罗斯民族潜意识中的弥赛亚精神得以形成，这种精神在后来逐渐对俄罗斯国内不同民族也产生了影响。俄罗斯人希望利用弥赛亚精神的力量重建俄罗斯的理想。

2. 增强了俄罗斯的政治凝聚力

苏联解体后，在追溯本民族文化传统的过程中，俄罗斯决策层意识到信仰的凝聚力对国家振兴的重大意义。于是，官方有意同教会接近，政教之间重新建立起一种较默契的协作关系。俄罗斯现行的宗教法的实施表明，东正教会对国家事务的参与意识也比苏联时期明显加强。教会机关刊物的舆论导向一直与国家政权的大致方针保持一致。东正教牧首频频出现于外交场合，参加政府召开的一些重要会议，为国家的内政和外交出谋划策。俄罗斯两任总统的就职仪式都是在牧首出席的情况下举行的。2000 年 5 月末，普金总统颁令设立行政专区，改组政府各职能机构，以加强中央的垂直领导。俄罗斯东正教牧首立即发表声明，阐述了支持俄罗斯总统的立场和态度。可见俄罗斯东正教是俄罗斯联邦集权的忠实维护者。

3. 填补了苏联解体后俄罗斯主题价值观缺失的空白

俄罗斯正在打造新的意识形态，一个以宗教信仰作支撑的民族主义、爱国主义、忠诚祖国的混合体。很多从苏联时期走过来的老教授也重新捡起了东正教的信仰，而且现在在俄罗斯几乎找不到不信教的人。就俄罗斯当今的现状来讲，东正教在很大程度上凝聚了俄罗斯民族，增强了民族自信心，在一定程度上降低了俄罗斯再次分裂的风险。

（三）抵御了其他宗教文明的入侵，复兴了俄罗斯的传统文化

今天的俄罗斯面对大量的穆斯林移民和外国的竞争对手，精神信念主要靠东正教会的存在。同时，宗教教会还是远远比政府效率

高得多的宣传机构、慈善机构和教育机构，对缓解解体后社会动荡，收养孤儿，同时复兴俄罗斯传统文化起到了巨大的作用。面对穆斯林移民的传教工作也很成功，奥赛梯人本来信奉伊斯兰教，与俄罗斯人接触后改信东正教，成为俄罗斯稳定北高加索地区的重要盟友。中亚穆斯林移民来到俄罗斯举目无亲，生活艰难，教会为他们提供食宿，帮助他们讨薪和融入社会，使部分穆斯林对东正教颇具好感，一定程度上增强了东正教的影响力。

第三节　俄罗斯的现代化模式

进入21世纪至今，俄罗斯作为一个转型国家，提出过多种发展模式，最主要为两种，即社会创新型发展模式和去资源化经济发展模式。

一、社会创新型发展模式改革

普京第一任期内俄罗斯的经济增长，在物质要素方面主要是靠利用自然资源和现有生产能力，在环境要素方面主要是靠国际市场的有利行情和卢布贬值的效应，同时与政府政策的调整也有很大关系。如今这些要素的潜力，有的已经丧失，有的已经接近极限。例如，金融危机后出现的卢布贬值的效应已经被通货膨胀所抵消，国际市场石油价格已经升至最高点，今后若干年油价可能趋于逐步下降，自然资源开采和出口基础设施的约束加重，资源导向发展模式的潜力已经耗尽。闲置生产能力的储备减少，提高现有生产能力利用率的可能性越来越小，固定资产报废率和投产率的对比表明生产能力的扩大缓慢，改变这种局面必须过渡到资本密集型的发展道路，而俄罗斯的投资率至今较低。居民收入增长的限界在接近，因为主要就业群体集中于服务和加工工业部门，而这些部门仍不发达。同时，俄罗斯经济长期存在的老大难问题依然如故。经济结构畸形的问题尚未根本解决，能源和原材料工业比重大，加工工业比重小，高新技术产业微弱，农业严重落后、出口的商品结构保持原料性质。企业设备老化，技术落后，竞争能力低，中小企业的发展水平和资本集中程度低。投资率和投资增长速度只相当于经济快速发展国家的一半，引进外资规模小、资本长期净流出，外债负担依然较重，人口总数减少，劳动力严重短缺。一系列问题使俄罗斯经济增长方式的转变困难重重。

鉴于以上情况，普京主持制定了《俄罗斯2005—2008年社会经济发展中期纲要》，并提出了三种发展模式。

第一种方案为基础方案，即继续奉行现行的发展模式，走资源型和主要利用现有生产能力的道路。投资的增长主要靠市场机制，国家不实行积极财政政策，投资增长缓慢，较少实施新的大规模的全国性建设和发展项目。预算约束硬化，通货膨胀率降低，卢布的实际有效汇率较低。经济结构保持原料部门占优势，对外经贸从加紧扩大能源出口转为稳定能源出口的政策。

第二种方案为投资和出口导向发展模式。启动石油天然气综合体发展战略，实施一系列资本耗量大的项目，以便大大增加能源和原材料的产量和出口量，打开运输基础设施的瓶颈。同时，实施保障居民需要的经济适用房计划，并大力改造农业部门，使其成为经济增长的重要源泉之一。这要求在石油天然气部门和运输基础设施方面加大投资，实施一系列大规模的国家方案，通过对主导产业的扶植推动经济发展。

第三种方案为创新导向发展模式。特点是使经济结构向有利于加工工业和服务部门，特别是向有利于高新技术产业的方向变动。在石油天然气综合体和运输基础设施领域，集中资金的程度比第二方案低，把更多财政资金用于实现传统工业现代化和发展后工业化的新经济部门。此方案中石油天然气产量和出口量的增长不如第二方案，需要通过能源和资源的节约来补偿。国家要实行积极的财政政策，加大对信息产业和高技术部门的投资。

俄罗斯要从能源出口型经济向“社会创新型经济发展模式”过

渡。社会创新型发展模式包括以下三方面内容：首先，利用在科学、教育和高技术领域的比较优势，增加俄罗斯经济的竞争潜力，培育新的经济增长点，提高福利水平。其次，使人的智力和创造力转化成经济增长和提高国家竞争力的主导要素，在此基础上提高自然资源和生产性资本的利用效率，从而实现传统经济部门的现代化改造。第三，创新发展道路还会提高社会的稳定性和公正性，分享经济增长成果的不仅是获得地租和出口收入的一小部分人，还有基础设施、农业、工业和人力资本培育等领域的广大社会群体，从而体现经济发展的社会导向性。

新模式强调作为创新主体的国家、私人经营者和社会三者间互动关系。其应遵循的主要原则为：国家为企业自由经营和竞争创造条件，发展企业的自律机制；降低经济中的行政壁垒，将俄罗斯变成腐败程度较低的国家；为各个经济领域大规模成立新的私营公司创造条件，同时提升私人经营和私人所有权的社会地位和重要性，减少国家对经济的过度干预，在经济活动中国家应以间接调控的方式为主；私有化程序建立在透明和市场估计原则基础上，获得资产的方式应公平合理，增加权力机构行为的公开性，分阶段减少国家对具体经济领域的所有权控制；国家的经营活动应主要集中在与国防保障、国家安全和发展基础设施有关的行业，在国有公司和私营公司同时运营的部门，应该保障它们具有平等的竞争条件。具体主要从以下六个主要方向着手：

第一，充分发挥俄罗斯的人力资本潜力，促进人力资本发展，使国家发展人力资本主要体现在保障民生和社会稳定上。国家从联邦预算支出中拨款用于实施社会政策和发放养老金。计划从养老金、养老保险、医疗卫生、就业、住房等方面着手支援和救助：参照通货膨胀率，将部分社会性开支和补助指数化；完善养老保险制度；采取综合措施培育健康的生活方式，加强药品保障等；提高失业人员的最高补助，追加拨款，用于对失业人员实施社会救助；从联邦预算中拨款用于住房保障。

第二，形成高度竞争的制度环境，鼓励经营积极性，吸纳经济发展所需资本，完善市场制度，消除企业经营壁垒竞争机制是提高俄罗斯经济效益和竞争力的关键。为培育竞争机制需要进行以下制度改革：完善市场经济制度，取消不合理的经营壁垒；采取措施抑制关系民生的产品的价格上涨；加大反腐败力度，严禁官员从经营活动中收取贿赂；对有偿发放经营许可证和质量认证的机构的定价权进行监督；简化权力机关和地方自治机构的审批程序；减少国家对经营活动的干预等。

第三，在技术创新的基础上实现经济结构多样化，建立国家创新体系，加强金融体系建设。扩大资金来源和加强流动性是应对危机的首要措施，其他措施还包括：为缓解银行贷款动力不足的问题，简化国家担保程序，增加担保金额；整顿问题银行等。

第四，巩固和增强俄罗斯在传统领域（能源、交通、农业、自然资源加工业）中的全球竞争优势，提高工业和技术的增长潜力，支持实体经济。希望通过国家的资金支持拉动企业尽快恢复正常经营运转，为实体经济注入活力。支持的对象主要为国家选取的重点行业，其中，包括产业关联度高的行业（汽车制造业和住房建设）、关系民生和社会稳定的行业（如农业、渔业、林业和商业）、保障国防和国家安全的行业（如国防工业综合体）、基础性行业（如能源、交通运输业），拨款主要用于为企业贷款提供补贴。此外，国家还对经营效益较好，但因需求不足和贷款限制等原因陷入困境的联邦级大企业和地区级骨干企业给予资金支持。对中小企业的支持力度也大大加强。

第五，巩固和增强俄罗斯的对外经济地位，提高其参与国际分工的效率，保持宏观经济的稳定。具体措施包括：提高预算支出效率；持续降低通货膨胀率；增加贷款，降低利率等。

第六，构建俄罗斯地区经济发展新模式。在地区经济发展新模式方面，主要包括三项内容：一是维持社会稳定，保证对居民的全面社会保障，二是支持经济复苏；三是启动现代化进程。

2004 年 4 月，俄总理弗拉德科夫在俄罗斯联邦会议上的讲话和俄罗斯政府《2008 年前工作的基本方针》提出，俄罗斯经济必须实现突破，必须加快从地租经济向发展经济的转变。这种经济应该建立在创新、人力资本、高技术和自由经营的基础上。显然，政府倾向于实行第三种方案，即创新导向发展模式。

根据政府规划，整个经济战略包括三个部分：一是发展传统经济部门的战略，或者提高属于现代经济增长基础和生活保障基础的那些部门的竞争能力的战略，包括发展石油天然气综合体、运输基础设施和农工综合体的战略。二是发展创新部门的战略，或者发展新经济的战略，包括发展信息产业、高技术部门和军工综合体的战略。这是从资源型发展转变为创新型发展和形成经济增长新发动机的战略。三是发展人力资本的战略，包括发展住房建设和住房公用设施，发展教育、卫生保健和社会劳动保健的战略。

二、去资源化经济发展模式改革

在普京执政期间，虽然经济增长主要是靠出口资源性产品拉动的，但普京非常清醒地认识到，这种“资源依赖型”经济是不可持续的，而且受国际市场价格波动的影响很大，因此也是不可控制的。2008 年 2 月普京在谈到《俄罗斯 2020 年前发展战略》时指出：“尽管近年来取得了一些成绩，我们还是未能摆脱资源型的经济发展模式。为避免事态继续发展，国家创新发展战略是唯一现实的选择。”推动俄罗斯经济从资源依赖型向创新型转变，已成为普京管理和发展经济的重要理念。

普京主持制定的《俄罗斯 2020 年前发展战略》既充分体现了经济发展模式转换的基本方向，也包含了经济发展模式转换的具体内容和政策措施。从 2008 年普京向俄联邦议会发表的国情咨文及《俄罗斯 2020 年前发展战略》的内容看，从资源型经济转向创新型经济是俄罗斯经济发展模式转换的主体战略方针，但俄罗斯经济发展模式的转型同时也包括以下三方面重要内容：一是由注重追求经济增长规模和速度转向追求增长质量，特别是把实现经济增长与提高人们的生活质量和社会福利密切联系在一起；二是从进口依赖型转向进口替代型；三是从主要注重俄罗斯欧洲部分经济发展转向区域经济均衡发展。

从目前的情况来看，俄罗斯经济现代化模式可以概况为：第一，俄罗斯目前的经济现代化是在国家资本主义条件下，靠国家推行的，以建立市场自由与政府有效监管调控体制和创新经济为目标的经济现代化模式。第二，形成创新经济，使知识和人的创造潜力转化为经济发展和国家竞争力的主要因素，使新思想、技术和社会创新生产成为高收入的源泉；以传统经济部门——石油、原料、农业和交通运输为依托，把创新作为各经济领域发展的主导因素。第三，实施新工业化，最大限度地摆脱对外国进口商品的依赖，实现产品生产的差别化，平衡国民经济，同时扩大国家福利、增强国家实力。第四，形成社会导向型的经济现代化模式，使国家、私营企业和社会都参与到经济现代化过程中，形成国家创新体系；形成经济增长新中心，从而降低地区不平衡性，减少经济资源在首都集群的高度集中；国家多极化发展，形成新的超越发展区；实现空间发展布局的多样化，不再拘泥于已经形成的能源原料地区和金融中心。

这些经济转型与发展的制约因素主要表现在：第一，市场经济制度不完善、制度效率低下，包括商业环境不稳定、不透明，财产权不能受到有效保护，制度薄弱，行政机构不遵守市场经济规则，官员以权谋私、寻租等。第二，经济运行机制存在大量问题，缺少经济现代化所必须的商业化系统，以及专门的创新基础设施。这些问题包括居民购买力低下、中产阶级落后、银行和保障体系衰弱等，都限制了私人部门消费能力的提升，从而限制了高技术产品的销售，使得很多具有巨大商业潜力、世界领先的创新型技术成果无法投入市场。第三，俄罗斯国内创新能力低下，对创新不敏感、对新技术不信任的思想观念，以及行政力量对市场的干预、对资源配置的垄断、对中小企业的排斥等都束缚了创新能力的提升。第四，缺少研发资金，一方面企业对研发的投入较少，另一方面国家对研发的投入也有限，俄罗斯研发投入每年60亿美元，而美国是2800亿美元、日本是1000亿美元、中国是600亿美元、德国是540亿美元。同时，难以吸引大量外部投资，经济形势受到外交局势和国际油价影响比较大。

三、俄罗斯现代化路径之争

总的来看，各种观点的差异主要体现在以下四个方面。第一，部分人主张以利用市场机制为主，国家给予必要支持的方式发展创新经济；另一部分人则主张以国家集团公司为龙头发展创新经济，在国家行政和预算的直接支持下，国家公司强势重组国内优质科技资产，成了国内相关行业的超级航母。第二，部分人主张积极利用外部力量，通过发展与欧美的现代化伙伴关系，加强科技合作，引进先进技术和人才，尽快实现经济现代化；另一部分人不拒绝与欧美科技合作，但更相信有能力依靠自己的力量实现经济现代化。第三，部分人主张同时实现政治现代化和社会现代化，根除官僚主义、垄断和腐败，以保障实现经济现代化；另一部分人也主张反腐败和反官僚主义，但更倾向于在社会和政治稳定的条件下，逐步实现经济现代化。第四，部分人倾向于调动科技界精英和知识青年的创新积极性，使其成为经济现代化的生力军；另一部分人则倾向于更多利用行政官僚和技术官僚去领导和推动实现经济现代化。虽然俄罗斯在实现经济现代化的方式上存在观点差异，但这些差异不表明在现代化的目标上有价值上的根本对立。他们有着一个共同的目标，即富民强国。所以，在现代化实现方式上，俄罗斯十分有可能采取折中的办法，即结合俄罗斯的特点，采取上述各种方式的优势。

第三章　新世纪俄罗斯对外政策与欧美外交

进入21世纪后，随着俄罗斯国内政局趋于稳定，国民经济不断恢复，以及外部环境的变化，俄罗斯对外政策不断调整，通过一系列政策文件，逐步确立了以“恢复俄罗斯大国地位”为目标的外交政策。在俄罗斯外交政策中，俄美关系始终是检验其外部环境的“晴雨表”。进入新世纪后，俄罗斯在外交领域强调现实主义和灵活性，在坚定维护俄罗斯大国地位和利益的同时，努力改善与美国关系。但是俄罗斯与美国关系总体上时好时坏，明显呈现出波浪式的特征，自普京第三个任期以来，整体的对抗性日趋明显，且难以在短期内实现全面缓和。受到地缘政治的影响，俄罗斯与欧洲国家既有对抗、又有合作，双方在战略互信层面程度较低，但是欧洲各国在能源与地区安全问题上离不开俄罗斯的合作，形成了俄欧关系对抗与合作相统一的双重模式。

第一节　新世纪俄罗斯对外政策

进入新世纪后，俄罗斯先后出台了4部《俄罗斯联邦对外政策构想》，形成了系统的对外政策。新世纪俄罗斯对外政策的主要内容是，把发展与后苏联空间国家关系为第一战略优先，全力构建“欧亚联盟”，在重点发展与以美国为首的西方国家关系的同时，致力于全面深化中俄战略协作伙伴关系；主要战略取向就是，依托欧亚、平衡欧美，欧亚地区是战略依托和战略后方，欧美地区是战略竞争与战略合作，最终服务于俄罗斯大国地位的全面复兴。

一、新世纪俄罗斯对外政策的演变

《俄罗斯联邦对外政策构想》是俄罗斯政府外交政策的纲领性文件。从普京上台至今，俄罗斯共出台4部《俄罗斯联邦对外政策构想》，分别于2000年、2008年、2013年、2016年正式对外公布。通过全面分析俄罗斯不同时期出台的对外政策文件，可以清晰地梳理出俄罗斯对外政策演变的过程，明确其外交战略的基本取向。

（一）2008年版《俄罗斯联邦对外政策构想》

这部《构想》是对2000年普京主持制订的《俄罗斯外交政策构想》的“补充”和“发展”，既体现了梅、普外交战略和政策的连续性，也展现出俄罗斯在国力增强和国际形势急剧变化背景下的对外政策新思路。与2000年版《构想》相比，新《构想》既强调延续性和继承性，也突出创新和发展。

1.《构想》继承了旧版《构想》的外交方针和多项政策原则

（1）在俄罗斯对外政策的基本目标上，《构想》继承了以下内容：保障国家安全，维护主权和领土完整，巩固俄罗斯在国际社会中的地位，并使之符合俄罗斯作为一个大国、当今世界的一个权力中心的利益；对世界的进程发挥影响，争取建立一个以公认的国际法准则和平等的伙伴式国际关系为基础的稳定、公正和民主的国际秩序；为俄罗斯的社会经济发展创造有利的外部条件；在俄罗斯周边建立睦邻关系地带，促进邻近地区现有冲突策源地的消除，并防止出现新的冲突；同外国和国际组织寻求共识和共同利益，建立有利于改善国际合作条件与规模的伙伴和同盟关系体系；全面保护俄罗斯公民和侨胞的权利与利益；帮助世界正面认识俄罗斯，推动俄语和俄罗斯文化在外国的传播。

（2）在对当前国际形势的判断上，《构想》继承了以下观点：第一，由于拥有重要的国际政治地位、巨大的潜力和丰富的资源，俄罗斯对世界新秩序的形成发挥着重大的影响；国际关系的转变、对抗的停止、“冷战”后果的逐步消除以及俄罗斯改革的推进等等，显著增加了国际舞台上进行合作的机会；美国建立单极世界的趋势正在加强，联合国安理会在解决重大的国际安全问题方面的作用受到削弱，美国绕过现行的国际法机制使用武力等等，对俄罗斯的国家利益提出了新的挑战，构成了新的威胁。俄罗斯将致力于建立能够真实反映当今世界及其利益多样性的多极国际关系体系，这种国际秩序应该建立在集体解决关键问题机制、国际关系法优先和国际关系广泛民主化的基础之上。第二，在参与经济全球化的过程中，俄罗斯的经济体系和信息空间依赖外部影响的危险性加剧；“八国集团”和国际货币基金组织等国际机构在世界经济和政治中的作用得到加强。俄罗斯必须全面和平等地参与制定有关当今世界金融和经济体系运作的基本原则。第三，地区大国的军事政治竞争以及分离主义、民族主义和宗教极端主义加剧；欧洲和大西洋地区的一体化进程具有选择性和局限性；贬低主权国家作用的企图造成了肆意干涉他国内政的威胁；大规模杀伤性武器扩散问题已达到危险程度；未解决的或潜在的地区和局部武装冲突威胁着国际和平与安全；国际恐怖主义、跨国有组织犯罪、毒品贩卖和武器走私的加剧已经开始对全球和地区稳定产生重大影响。

（3）在外交政策的总体特征上，《构想》继承了以下内容：俄罗斯奉行独立自主和建设性的外交政策，这一政策是以连贯性、可预测性和互利的务实性为基础的；俄罗斯外交政策的特点在于其平衡性，俄罗斯作为一个欧亚大国的地缘政治地位要求最合理地分配在各个方面的努力，发展和加强双边和多边基础上的外交活动。

（4）在对全球问题的政策方面，《构想》继承了以下内容：第一，建立世界新秩序。俄罗斯主张建立基于平等、相互尊重和互利合作原则之上的稳定的国际关系体系，这种体系应当保证国际社会每个成员在政治、军事、经济、人文及其他领域享有可靠的安全。联合国应当继续充当国际关系的调解中心，应当加强联合国在世界上的凝聚作用。第二，加强国际安全。俄罗斯主张在巩固战略和地区稳定的情况下，进一步降低武力因素在国际关系中的作用。为此，俄罗斯将履行现行裁军条约和协定所规定的各项义务，并准备签署符合俄罗斯和其他国家利益的新协议；在同美国达成的双边协议基础上，以及在有其他国家参与并保证核战略稳定不受破坏的多边框架内，进一步削减本国核潜力；与其他国家共同参与防止核武器和其他大规模杀伤武器、这类武器的运载工具及有关材料和工艺的扩散；通过参与削减和限制常规武器的进程以及采取军事信任措施等途径进一步加强地区安全；主张通过国际调解途径解决武装冲突，加强联合国应对危机的能力；反对绕开联合国安理会采取单方面武力行动；主张加强各国在打击恐怖主义问题上的合作。第三，开展国际经济合作。俄罗斯将创造有利的外部条件，确保在国际分工中获得最大的经济效益；使俄罗斯与世界经济一体化的同时，将风险降低到最低限度；促进建立公正的国际贸易体系；促进扩大本国出口、国内进口合理化以及俄罗斯的国外经营活动，维护俄罗斯在国外市场的利益；促进外资引进。第四，尊重人权，发展国际人文合作。

（5）在地区与国别政策上，《构想》继承了旧版《构想》所规定的优先次序，即独联体、欧洲、美国、亚洲、非洲和拉丁美洲。《构想》重申了旧版《构想》所确定的至今仍然适用的政策原则：俄罗斯重视发展与独联体国家的友好关系以及俄白联盟国家、欧亚经济共同体和集体安全条约组织，致力于同欧洲国家建立民主的全欧集体安全与合作体系，维护俄美合作的基础，加强同中国和印度的友好与合作，扩大同非洲和拉美国家的政治对话与经济合作。

2.《构想》在对若干问题的政策上更加积极主动

（1）俄罗斯参与制定国际议事日程、改造现行国际体系和恢复大国地位的愿望更加强烈。《构想》指出，21 世纪初国际关系的演化和俄罗斯地位的增强要求重新确定俄罗斯对外政策的优先方向，同时要考虑到俄罗斯在国际事务中的作用已然大增、责任更加重大，考虑到俄罗斯参与落实甚至制定国际议程的能力显著增强。促进旨在建立公正民主的世界秩序的全球进程是俄罗斯对外政策的基本目标之一，这种新的世界秩序的基础应该是解决国际问题的集体原则、至高无上的国际法、具有中心地位和协调作用的联合国以及国家间平等的伙伴关系。它的主要机制是多边外交。俄罗斯主张在完全尊重联合国的中心和协调作用的条件下，建立一个由大国集体领导的具有自我调节功能的国际体系。《构想》虽然没有直接指出由哪些大国来领导这样一个国际体系，但是根据上下文，可以认为，俄罗斯所指的大国就是“八国集团”和“金砖四国”所包括的国家。此外，《构想》还提出俄罗斯将通过加入世界贸易组织和经济合作与发展组织等方式，积极促进建立公正而民主的全球经贸和金融体系。

（2）在加强国际安全方面，俄罗斯提出一些新的主张，包括：所有核大国进行谈判，以期将进攻性战略武器削减至维持战略稳定的最低水平；禁止在太空部署武器，在平等基础上建立集体反导弹防御系统，反对在战略反导领域采取扰乱国际局势的单边行动；战略稳定问题不可能只在俄美关系层面解决，应该使 1987 年苏美签署的《中程导弹条约》成为全球性机制；反对制造和部署破坏稳定的新式武器，比如战略导弹防御系统等等。

（3）在国际人文合作和人权方面，《构想》主张摒弃双重标准，尊重各国在民主改革进程中的民族和历史特点，不把外来价值观体系强加于人。

（4）在对独联体政策上，《构想》放弃了发展与独联体所有国家的睦邻关系和战略伙伴关系的目标，提出俄罗斯将在平等互利的基础上调整与独联体每个国家的友好关系，与表现出意愿的国家发展战略伙伴关系和同盟关系。《构想》不再把发展同俄白联盟国家的关系作为对独联体政策的首要任务，而代之以进一步发展欧亚经济共同体和集体安全条约组织。

（5）在对欧洲政策上，《构想》呼吁通过缔结旨在消除分界线和集团政治思维的《欧洲安全条约》，建立开放、民主的全欧集体安全与合作体系。新版《构想》将原先寄予欧安组织的期望转向《欧洲安全条约》。八年前，英国、德国、意大利和法国是俄罗斯最重要的欧洲伙伴，而现在这个名单变成了德国、法国、意大利、西班牙、芬兰、希腊、荷兰、挪威。旧版《构想》反对北约向东欧，特别是波罗的海三国的扩大，而新版《构想》反对的是北约接纳乌克兰和格鲁吉亚的计划以及北约军事设施向俄罗斯边界的全线推进。

（6）在对美政策上，《构想》没有停留在保持同美国的对话与合作基础之上，而是主张使俄美关系达到战略伙伴关系的状态，跨越昔日战略原则的障碍，把精力集中在现实的威胁上。为此，两国要本着彼此尊重的精神弥合分歧，寻求共识。

（7）在对中国和印度政策上，俄罗斯重视发展与中国和印度在“中俄印三角”框架下的外交和经济合作，拓展与中国、印度、巴西在“金砖四国”框架下的对话与合作，并赋予上述合作以促进世界新秩序建设的战略含义。在对外政策的实施方面，《构想》规定，俄罗斯联邦政府实施国家对外政策的落实措施，而旧版《构想》根本没有提及联邦政府在对外政策方面的任何作用。

（二）2013 年版《俄罗斯联邦对外政策构想》

2013 年版《构想》系统阐述了俄罗斯外交政策的目标和优先方向，表明了俄罗斯对世界形势以及国际重大问题的看法。与 21 世纪普京上台以来俄罗斯政府分别于 2000 年 6 月 28 日和 2008 年 7 月 12 日通过的《俄罗斯联邦对外政策构想》（以下简称旧《构想》）相比，新《构想》既有继承与延续，又有发展和创新。正如俄罗斯外长拉夫罗夫所言，新的“《俄罗斯联邦对外政策构想》反映了俄罗斯在地缘政治生态发生重大变化的背景下对一系列重大问题的重新思考……这既包括全球经济危机所带来的出乎意料的深刻后果，也包括中东及北非地区所发生的重大变化”。

1. 新《构想》对国际形势发展趋势的判断更加悲观

虽然 2000 年版与 2008 年版《构想》也对美国的单极企图以及恐怖主义、大规模杀伤性武器扩散等，表达了一些担忧。但从总体上看，旧《构想》对世界形势发展趋势的判断还是比较平和的。而新版《构想》则始终以一个命题为基调，即“世界充满了威胁”，

"俄罗斯的对外政策环境从未如此复杂，也从来没有像今天这样隐含着这么多的挑战与威胁"，"一个多中心的国际体系形成进程不会一帆风顺，必将伴随着不断加剧的全球及地区经济与政治动荡"。所有这些都"反映了俄罗斯精英对于愈发糟糕的国际环境的深刻焦虑"。

2. 新《构想》更加强调独联体地区一体化的迫切性

在对独联体政策上，不论是2000年版还是2008年版的《俄罗斯联邦对外政策构想》，都将独联体国家置于俄罗斯外交的最优先方向。但从普京总统八年任期以及"梅普共治"时期的俄罗斯外交实践来看，俄罗斯实际上是把与西方的外交放到了最优先方向。不论是普京作为第一个打电话给小布什表达对美国遭受"9·11"恐怖袭击的慰问及对反恐的支持的领导人，还是梅氏积极响应奥巴马总统"重启"俄美关系的号召，都证明了这一点。从新版《俄罗斯联邦对外政策构想》的相关内容来看，俄罗斯外交的最优先方向仍然是巩固俄罗斯在后苏联空间的势力范围。不过新《构想》的新意在于，它更加强调独联体地区一体化的迫切性，并指明了具体的任务，即"将构建欧亚经济联盟作为最优先的外交任务"。同时，在2009年亚努科维奇就任乌克兰新一届总统以及俄乌关系"重启"的背景下，新《构想》明确把乌克兰称作是后苏联空间一体化过程中的一个优先发展的伙伴。"在独联体内俄罗斯优先发展与乌克兰的伙伴关系，促使其加入独联体日益深化的一体化进程。"此外，俄罗斯对于以政治手段解决后苏联空间的冲突展示了更加积极的姿态："俄罗斯将继续积极致力于通过政治外交手段解决独联体的内部冲突，包括与欧安组织明斯克小组其他国家一道，在俄罗斯、美国及法国总统2009—2011年所发表的联合声明的原则基础上，促进解决纳戈尔诺—卡拉巴赫冲突。"而对于俄格关系以及阿布哈兹及南奥塞梯两个共和国问题的论述，也是旧《构想》所没有的内容："推动阿布哈兹及南奥塞梯共和国成为现代民主国家，巩固两国的国际地位，保障其安全和促进其社会经济重建，是俄罗斯外交的优先任务，俄罗斯希望与格鲁吉亚在考虑南高加索既有政治现实的条件下，实现关系正常化。”

3. 第一次从文明同根性的层面论述与西方关系

“发展与欧洲—大西洋地区国家的关系具有优先性质，将俄罗斯与这些国家联系在一起的不仅有地理、经济及历史因素，而且是双方共有的深刻的文明之根。”同时，新《构想》对俄欧关系发展目标的勾勒更加远大，即创建统一市场和安全合作机制（这一点虽然不是一个新思想，但却是第一次在这种规格的正式文件中进行表述）。

需要特别注意的是，与旧版《构想》相比，新版《构想》对与美国关系的表述已经发生重大变化。2000 年版《构想》声称，“俄罗斯致力于消除与美国关系中出现的重大困难，维护花了将近 10 年时间建立起来的俄美合作的基础……俄美的相互配合是国际形势好转和保障全球战略稳定的必要条件。”“只有与美国进行积极对话，才能够解决限制和削减战略核武器问题。为了相互利益，要保持各个级别的经常性双边接触，不允许双边关系中出现停顿，不允许有关政治、军事和经济的主要问题的谈判中止。”2008 年版《构想》也明确指出，“必须把俄美关系调整到战略伙伴状态，跳过以往双方战略原则的障碍，集中精力应对现实的威胁，而对于俄美之间有分歧的方面，努力在相互尊重的气氛中进行协调。”而在新版《构想》中，旧版《构想》中有关“与美国构建战略伙伴关系”的愿望已经消失得无影无踪。这说明，俄罗斯对今后俄美关系发展的期望值已经大大降低，双边关系的重点从战略与政治事务转向了商业性业务，目的是为俄美关系建立一个所谓“坚实”的经济基础——“俄罗斯对美外交政策的一个具有长期性的优先方面，就是通过对话建立俄美关系坚实的经济基础，密切两国在所有领域的联系，稳步地实质性地提升双方平等的非歧视性经贸合作，并在务实和保持利益均衡的基础上共同确定各种分歧的管控技巧。”此外，俄罗斯主张在平等的基础上与美国共同建立应对导弹威胁的集体反应体系，反对美国单方面加强反导系统的无节制行为：“俄罗斯坚定不移地要求美国提供其导弹防御系统不针对俄罗斯核遏制力的法律保证。”

4. 新《构想》第一次引入“软实力”概念

“‘软实力’正在成为当今国际政治不可分割的组成部分。俄罗斯要积极塑造与其文化、教育、科学、体育影响力以及公民社会发展水平相适应的国际形象，完善‘软实力’运用体系并探寻最优的活动方式。”这里俄罗斯所谓的“软实力”，是指“基于信息、人文与通讯技术基础上的非军事与非经济影响力，它将成为俄罗斯外交政策的主要手段之一，俄罗斯应当通过‘软实力’、其中包括利用‘成百上千万’俄罗斯侨胞的潜力，改善自己在其他国家中的形象。”普京在2013年2月11日接见俄罗斯外交部荣获国家勋章的工作人员，以及新任命的高级外交官时强调指出，世界在发生变化，保护国家利益的手段也在变化，“古典式外交正在过去，需要更加积极地利用‘软实力’和以超前的视野开展外交工作，加强俄罗斯的地位，积极提升俄罗斯的国际形象，并善于和谐地融入到全球信息潮流中去。”

长期以来，俄罗斯外交一直强调所谓“意识形态说教尽可能少，而具体的实事和利益尽可能多”的实用主义理念。现在，这一立场正在发生某种变化。“实用主义自然很重要，但是如果没有某种价值与思想作为基础，外交政策是不可能成熟起来的……。新《构想》引入并突出有关‘软实力’的理念，实际上反映了俄罗斯对于其他国家与世界的认知。它表明，俄罗斯打算建构一套自己的思想体系，并使之成为世界‘价值观市场’上的一种替代性选择。”实际上，构建强大的软实力也是俄罗斯成为地区乃至世界大国的必然要求。正如莫斯科卡内基和平基金会主任特列宁所说，“如果想成为一个地区的领导者，俄罗斯需要发挥软实力的作用，学会‘造福于国际社会’……‘也为其他人生活’的意愿或能力的缺失，与对领导者的追求是不相容的，绝对的利己主义与领导角色也是格格不入的。”同时，“‘软实力’——这不是什么政治说教，而是提高全球竞争力的手段，因为经济、精神以及思想沟通领域的竞争力（而不是战争），才是21世纪取得胜利的主要手段。”此外，新《构想》在大谈特谈“软实力”的同时，也表达了对某些国家利用其来干涉他国内政的深刻忧虑，“有些国家非法利用所谓的‘软实力’及人权保护理念向主权国家施加政治压力，干涉其内政和破坏当地局势稳定并操纵这些国家民意的风险也在增加。”

（三）2016年版《俄罗斯联邦对外政策构想》

2016年11月30日，普京批准通过了新版《俄罗斯联邦对外政策构想》，对俄罗斯外交政策的基本目标、俄罗斯对当今世界发展态势与国际关系重大问题的基本判断和立场以及俄罗斯外交政策的地区优先方向等问题进行了明确的阐述。与之前的《构想》相比，新《构想》明确提出了俄罗斯对外政策的地区优先方向顺序，依次是：独联体—欧洲与大西洋地区—美国—北极地区—亚太地区—中东与北非地区—拉丁美洲—非洲等地区。

1. 发展与独联体国家关系是俄罗斯对外政策的最优先方向

20世纪90年代初，俄罗斯奉行“亲西方”外交，把融入所谓“西方民主国家大家庭”作为对外政策的最重要目标，但这一“浪漫有余”却严重脱离俄罗斯现实的政策，很快便因在实践中严重受挫而“寿终正寝”；此后一直到现在，独联体、后苏联空间就一直被定位为俄罗斯外交政策的最优先方向和独享的势力范围，其他任何势力对后苏联空间的任何渗透都无一例外地被俄罗斯看作是一种“零和游戏”。俄罗斯之所以一以贯之地将该地区置于其对外政策的最优先地区，除了独联体空间是俄罗斯战略依托及实现大国复兴的基础等地缘政治的考量之外，还有情感因素在里面。不仅因为苏联时期独联体国家曾经是俄罗斯的“自家兄弟”，即便今天它们与俄罗斯依然保持着“剪不断、理还乱”的文化联系，当前仍有2000多万俄罗斯族人散居在这些国家之中。

从《构想》的文本内容来看，俄罗斯对独联体政策又细分为几个层次或范围：第一层次是扩大与白俄罗斯在联盟国家框架内的战略协作，推进各领域的一体化进程；第二层次是深化和扩大在欧亚经济联盟框架内与亚美尼亚、白俄罗斯、哈萨克斯坦以及吉尔吉斯斯坦的一体化；第三层次是希望在平等、互利、相互尊重及关切对方利益的基础上发展与每一个独联体成员国的友好关系。在军事层面，俄罗斯把集体安全条约组织视为后苏联空间安全保障体系的一个最重要环节，主张将该组织转变成为一个有能力应对当代威胁与挑战的权威多功能国际组织。

20 多年来，俄罗斯为了实现其在独联体的“独占地位”可谓“费尽心机”，不过从实践来看，其推动后苏联空间一体化的各种地区机制大多呈现“虚拟化”的趋势，原因除了俄罗斯自身孱弱的经济缺乏吸引力以外，重要的因素还在于，独立后的独联体国家对苏联时期的历史记忆犹新，对自己曾经遭受的“帝国控制”仍心有余悸，对俄罗斯是否仍然具有帝国“意图”心存疑惧。为了自身的安全和发展，它们主动把目光投向其他大国或者力量中心，并试图通过发展与后者的关系来平衡来自俄罗斯的压力，通过多元化外交实现国家利益的最大化。

2. 在欧洲与大西洋地区建立共同和平、安全及稳定空间

《构想》指出，“近 1/4 世纪以来，北约与欧盟大肆进行地缘政治扩张而不是落实有关构建全欧安全与合作体系的政治声明，让欧洲大西洋地区累积了诸多系统性问题，进而引发俄罗斯与西方国家关系的严重危机”。俄方认为，美国及其盟友所推行的遏俄政策及其对俄罗斯所施加的政治、经济、信息及其他压力破坏了地区及全球稳定，损害了有关各方的长期利益，并与当今条件下合作和共同应对跨国威胁与挑战的时代需求背道而驰。

但俄罗斯认为欧盟依然是其重要的经贸及外交伙伴，俄罗斯希望在平等及相互尊重利益的基础上与欧盟构建建设性的、稳定的、可预见的合作关系；俄罗斯与欧盟关系中的一个战略任务，是在欧洲与欧亚一体化进程对接与协调发展的基础上形成从太平洋到大西洋的共同经济与人文空间，以避免在欧亚大陆出现新的分界线；同时，俄罗斯与欧盟在共同打击恐怖主义、非法移民、有组织犯罪等

领域的合作潜力巨大。

对于将如何构建与北约的关系，《构想》明确指出：这将取决于北约对构建平等伙伴关系和严格遵守国际法原则及准则的意愿；取决于北约会在多大程度上准备在相互信任、透明及可预见性原则基础上采取切实步骤确保欧洲大西洋地区共同的和平、安全与稳定空间；取决于其所有成员国是否准备履行在俄罗斯—北约理事会框架内所担负的不以牺牲他国安全来保障自身安全的相关义务，并按照1997年5月27日《俄罗斯与北约相互关系、合作与安全基本文件》的要求保持军事克制。俄罗斯反对北约东扩，反对北约向俄罗斯边界推进建设军事基础设施并在俄罗斯边界地区增加军事活动。

欧洲作为俄罗斯外交第二优先方向，主要原因是：第一，从历史来说，欧洲是其文明的发源地，俄罗斯历来将自己视为欧洲国家，欧洲情结根深蒂固；第二，从现实来说，俄罗斯发达及核心地带仍然处于欧洲，欧盟是其传统经贸伙伴；第三，出于制衡和分解美国战略压力的考虑，俄罗斯积极发展同欧洲国家的双边关系，特别是发展与法国、德国、意大利等国的双边关系，推动缓解甚至消除西方对俄罗斯的制裁。

3. 发展与美国的关系是俄罗斯外交的第三战略优先

冷战结束以来，俄美关系的发展可谓“一波三折”，双方既有冷战结束之初的短暂“蜜月期”，也经历过2007年前后的所谓“新冷战”；既有奥巴马上台初期的俄美关系“重启”，也有乌克兰危机爆发以来的“制裁与反制裁”。目前俄美关系基本处于“冰冻”状态，但“鉴于俄美两国对于全球战略稳定与国际安全状况所肩负的特殊责任，以及两国之间所存在的巨大贸易投资、科技及其他合作潜力”，俄罗斯还是非常希望与美国构建互利关系。实际上，20多年来在俄罗斯的外交图谱中，美国始终占据一个至关重要的位置，与美国“交好”可谓是俄罗斯外交的一贯目标，只是未得到后者的正向回应而“频频流产”而已。特朗普当选美国总统后，俄罗斯总统普京第一时间发贺电并表达改善俄美关系的希望，其心态再次“昭然于天下”。就此而言，2017 年是否会出现俄美关系的二次“重启”值得关注。

然而，《构想》在强调发展对美关系的同时也指出，“只有以平等、相互尊重利益以及互不干涉内政为基础，俄罗斯才可能与美国无论是就双边关系问题还是世界性问题展开渐进性的、可预见性的对话”。俄罗斯不承认美国在国际法框架之外的域外司法权，不接受美国施加军事、政治、经济或者其他压力的企图；只有在全盘考虑影响全球战略稳定的所有因素的情况下，俄罗斯才可能与美国就进一步削减进攻性战略武器问题展开谈判，俄罗斯认为美国构建全球导弹防御系统的做法是对俄罗斯国家安全的威胁，并且俄罗斯保留采取相应反击措施的权利；俄罗斯希望美国在国际舞台上严格遵守国际法准则。

4. 发展与亚太地区国家关系是俄罗斯外交的重要方向

俄罗斯积极参加亚太地区的一体化进程并利用亚太地区资源落实西伯利亚及远东地区发展计划，俄罗斯愿意在集体原则基础上与亚太地区建立全面的、公开透明的平等安全与合作机制。

对于中俄关系，《构想》也进行了明确的阐述：俄罗斯将继续发展与中国的全面、平等、信任伙伴关系与战略协作，积极发展与中国在所有领域的合作。俄罗斯认为，中俄两国在解决世界政治中的关键问题上保持立场的一致性是保障地区及全球稳定的一个基础性因素。在此基础上俄罗斯将与中国在各个方面发展关系，共同应对新挑战与新威胁，解决尖锐的地区及全球问题。

目前，中国是俄罗斯在亚太地区乃至全球最重要的合作伙伴，20 世纪后期以来，鉴于两国相似的战略处境，即两国都被美国主导的西方战略挤压与遏制，以及两国经济社会发展的相互需求，中俄关系出现了逐步深化、不断提升的趋势。对于两国关系的发展状态，两国官方的一致表述是：目前中俄全面战略协作伙伴关系是两国关系史上的最高点。只要美国的遏华、遏俄战略不变，中俄关系的发展就是稳定而可靠的。

二、当代俄罗斯对外政策转型

自2008年国际金融危机爆发以来，国际秩序和世界经济的发展遇到了新问题，很多国家的政策都处于调整期，俄罗斯也不例外。2000年—2008年普京执政期间所奉行的是欧亚平衡的外交政策。2010年，俄罗斯推出了现代化外交方略。俄罗斯现代化外交秉承强国富民宗旨，紧紧围绕经济现代化全面展开。现代化外交将提升俄罗斯同欧盟、美国关系列为重点，以全面改善同独联体国家关系、促进独联体经济一体化为核心，把巩固加强在亚太地区的地位和影响作为中心任务。自现代化外交实施以来，俄罗斯外交取得一定进展和突破，但借助现代化外交实现强国梦想仍受到内外消极因素的制约。

自2012年5月，普京开启新的总统任期以来，俄罗斯仍然奉行欧亚平衡外交政策。在欧洲经济不景气的情况下，俄罗斯打出“经济外交”这张牌，希望能够搭上亚太经济发展的快车。俄罗斯传统的欧亚平衡外交并没有发生本质上的改变，所谓俄罗斯外交的“亚太转向”本质上是俄罗斯经济外交的“亚太转向”。俄罗斯希望深化与亚太经济的一体化，并借此推动俄罗斯在西伯利亚和远东地区的发展。俄罗斯一直试图在亚太构建以自己为主导的“网状外交”关系，例如“俄印中”“俄越中”“俄日中”关系，努力实现其“亚太地区外交平衡”的战略。

普京从其第三任期开始，日益强调某种基于俄罗斯历史和文明共同体的保守主义价值观。在外交和安全领域，也开始逐渐显露出与美国主导的后冷战秩序分离乃至对抗的迹象——乌克兰危机强化了这一转向。2018年3月19日，普京会见2018年总统大选的候选人，在谈及对外关系时，他表示“我们将尽力与我们的外国伙伴通过政治外交手段调解所有争议问题。当然，我们将永远为保障自己的国家利益而斗争。我们将在互惠互利的基础上与我们的伙伴展开工作，相互尊重对方。”

总的来看，对外政策是俄罗斯大国复兴战略架构中的主要环节之一，主要目标是恢复俄罗斯大国地位；主要内容是把发展与后苏联空间国家关系作为第一战略优先，全力构建“欧亚联盟”，在重点发展与以美国为首的西方国家关系的同时，致力于全面深化中俄战略协作伙伴关系；主要战略取向就是，依托欧亚、平衡欧美，欧亚地区是战略依托和战略后方，欧美地区是战略竞争与战略合作，最终服务于俄罗斯大国地位的全面复兴。

第二节　俄罗斯与美国的关系

尽管俄罗斯把对独联体外交作为对外政策的首要优先方向，但是在俄罗斯的外交体系中，美国与西方始终居于核心位置。从彼得大帝改革开始，与西方主流国家的关系就成为俄罗斯外部环境的晴雨表。二战后至今，俄罗斯与美国和西方的关系成为影响俄罗斯外部环境的最重要因素和检验俄罗斯外交政策的最主要标志。叶利钦执政时期，俄罗斯的外交政策经历了较大的转折，由完全的亲西方变为东西方兼顾的双头鹰外交。普京上台以后，在外交领域强调现实主义和灵活性，在坚定维护俄罗斯大国地位和利益的同时，努力改善与美国关系。但是俄罗斯与美国关系总体上时好时坏，明显呈现出波浪式的特征，自普京第三个任期以来，整体的对抗性日趋明显，且难以在短期内实现全面缓和。俄罗斯与美国关系的变化和紧张，根源在于双方对俄罗斯国际地位的认定出现偏差。这导致在应对国际事务与国际关系现实中，双方均采取了进攻性较强的政策，难以实现有效沟通和妥协，进而引发全面对抗。

一、新世纪俄美关系的发展历程

总体上看，新世纪至今，俄罗斯与美国的关系呈“U”字型循环重复，在缓和与对抗之间不断演变，具体可以分为以下三个阶段。

（一）第一轮缓和与对抗（1992—1999—2002）

总体上讲，叶利钦时期俄美关系的开局比较友好，但是随着俄罗斯的利益和诉求在国际事务中一再被无视，同时，俄罗斯也采取了一些措施以维护自身利益，双方关系经历了由缓和到适当对抗的基本过程。

在叶利钦执政初期，俄罗斯的对外政策完全倒向美国和西方。俄罗斯独立后，叶利钦政府按照西方的模式进行政治经济改革，把融入西方文明世界作为国家发展战略，为此确定了向西方“一边倒”的外交战略。在此期间，俄罗斯的政治领导人不仅同意北约东扩，而且表示愿意加入北约；在地区热点问题和对待前苏联盟国及非西方大国的问题上，迎合西方的意愿，配合西方的行动。这一时期俄美关系的特点是一头热，即俄罗斯对美国热，美国对俄罗斯并不太热。俄罗斯对美国热，是因为对美国存在幻想，满以为美国会解囊相助，并接纳它进入西方民主大家庭。但是，俄罗斯对外政策明显的亲西方倾向并没有持续多长时间，因为西方并没有给予俄罗斯希望的回报，反而一再压制俄罗斯战略空间、侵犯俄罗斯国家利益。俄罗斯外交很快就从中汲取了应有的教训。1994 年，俄罗斯开始提出全方位外交理念。随着 1996 年亲西方代表人物科济列夫的下台，俄罗斯全方位外交政策正式形成。在普里马科夫时期，由于北约试图开展东扩，俄罗斯对美政策进行了适当抗争，直到 1999 年达到顶点。

1999 年 3 月，科索沃战争爆发，美国不顾俄罗斯的强烈反对，对南联盟进行大规模轰炸，标志着俄美关系第一次出现转折。由于当时俄罗斯实力过于孱弱，所以除了出动小规模空降兵占领科索沃普里什蒂纳机场外，并没有更大的反制行动。但是这一出兵行动，已经表明了俄罗斯的态度，即在面对西方的压力时，俄罗斯会采取包括军事力量在内的一切手段维护国家利益。随着后期俄罗斯综合国力的提升，这一态度在后来的俄格冲突、乌克兰危机、叙利亚战争等问题上得到了充分的体现。

（二）第二轮缓和与对抗（2002—2007—2009）

2000年5月，普京正式担任俄罗斯总统后，众多西方领导人最初对他的新颖做法以及表达的寻求合作和共识的意愿表示欢迎，俄罗斯与西方的关系出现缓和的契机。俄罗斯总统、政府官员及知识界都强调俄罗斯是西方国家。其中，2000年5月普京在会见欧盟领导人时指出，从地理、文化和经济统一的观点来说，俄罗斯和以往一样是西方的一员，与西方的关系今后仍将摆在最重要的位置上；第二，俄罗斯与欧美奉行同样的价值观，是战略伙伴，这一观点叶利钦总统曾多次强调过。

2001年11月13—16日，俄罗斯总统普京访问美国，在华盛顿与美国总统布什举行会谈；2002年5月23—26日，美国总统布什访问俄罗斯，在莫斯科与普京总统进行会谈。俄美首脑互访对俄美关系产生了重大影响。以首脑互访为契机，在短短几个月时间里，俄美关系发生了重大变化。

普京访美后不久，北约秘书长罗伯逊即表示，可能给予俄罗斯在某些北约事务上的否决权，将俄罗斯与北约关系的“19+1”机制发展为20国机制。与美国有特殊关系的英国态度则更为彻底，英国首相布莱尔建议给俄罗斯以其他北约成员国同样的权利。俄罗斯与北约外长会议原则上同意建立北约—俄罗斯理事会，以代替原来的北约—俄罗斯常设联合理事会。此后，双方加紧谈判。2002年5月23—26日，在俄罗斯访问的美国总统布什与俄总统普京着重讨论了俄罗斯与北约的关系问题。随着两国新条约的签署和俄美关系改善，俄罗斯同北约的关系也被推动前进。布什访俄的最终成功无疑给北约与俄罗斯的合作打了强心剂。5月28日结束访俄的布什与普京及北约其他成员国的领导人在罗马西南20多千米处的北约空军基地举行会晤，并正式签署了关于建立北约—俄罗斯理事会的《罗马宣言》。宣言的签署标志着北约和俄罗斯20国机制的正式建立和生效，同时也意味着北约同俄罗斯关系进入一个新的发展阶段。北约—俄罗斯理事会的建立是双方相互靠拢、寻求战略合作的结果，按照宣言的说法，它标志着俄罗斯与北约间冷战思维的真正结束。

但是，随着2003年美国不顾俄罗斯反对发动伊拉克战争、2007年美国在波兰和捷克部署导弹防御系统等事件的发生，俄罗斯对美政策开始趋于强硬。2007年2月，普京在慕尼黑安全会议上发表讲话，明确宣示俄罗斯拥有独立自主的对外政策，应当考虑到俄罗斯的利益。但是固执高傲的西方不愿意放弃自己的原则，始终秉承“只有他的利益是正确的，他人的利益都是错误的”的观点。随后，俄罗斯采取了一系列应对美国的措施，直到2008年俄格冲突，两国矛盾在这一前苏联国家以战争的形式爆发。

（三）第三轮缓和与对抗（2009—2014—2016）

2009年3月，新上台的奥巴马政府决定重启俄美关系。3月6日，希拉里与拉夫罗夫在日内瓦举行会谈，标志着俄美关系的重启。为了表示友好，希拉里向拉夫罗夫赠送了一个红色按钮状礼物，按钮的下方标注英文“RESET”，意为“重启”，象征着两国关系出现新的开端。但同时还闹了一个笑话，可能是美方工作人员俄语水平不够，按钮的上方为俄方标注的是单词“PEREGRUZKA”，翻译成俄语就是“ПЕРЕГРУЗКА”，意思为“负荷过重，过载”，而非俄语重启一词“РЕЗАГРУЗКА”，这也从某种程度了映射出了俄罗斯在俄美关系中的状态。2010年，俄罗斯与美国签署《第三阶段削减进攻性战略武器条约》，标志着两国关系缓和的一次高峰。

2014年，随着乌克兰局势的日益紧张，俄罗斯与西方国家关系再次出现危机。2014年3月16日，克里米亚举行公投，3月18日，普京批准克里米亚加入俄罗斯的条约，3月24日，八国集团宣布暂停俄罗斯成员国地位，G8集团变为G7集团。随着以美国为首的西方国家对俄罗斯展开一系列制裁，俄美关系再次陷入冰冻状态。

2017年特朗普上台，曾试图开展新一轮战略试探。但是由于特朗普与国会对立，2017年6月国会通过了一项针对俄罗斯施加制裁的法案，并且规定，当美国总统试图放松或终止对俄罗斯已有制裁措施时，国会可根据法案启动审议程序。这一法案标志着，美俄关系的缓和权不仅仅在总统手中，同时需要国会的批准和支持，实现的难度进一步加大。

2017 年 9 月 19 日，在第七十二届联合国大会一般性辩论中，美国总统特朗普发表演讲。在演讲中，特朗普一边强调国家主权，尊重本国人民利益和他国主权，不寻求把自己的生活方式强加给任何人，一边抱怨美国加入了不公平的协议，美国被人占了便宜，而且全球化使美国中产阶层被遗忘。特朗普演讲之后，俄罗斯外长拉夫罗夫对此评价是“我们将会听其言观其行，看美国如何把这些话变成行动。”

与特朗普不同，美国副总统彭斯 9 月 20 日在联合国大会上的演讲直接把矛头指向了俄罗斯。彭斯认为：“在东欧，俄罗斯继续损害邻国主权，试图以强权重绘国际边界；在中东，支持恐怖主义的国家继续违反伊核协议、破坏地区稳定并威胁主权国家的安全；朝鲜邪恶政权正在不懈追求核武器和弹道导弹，威胁着全世界的安全。”事实上，彭斯的演讲已经将俄美在国际事务中的主要矛盾点挑明：俄罗斯支持伊朗破坏伊核协议、支持叙利亚破坏地区稳定、支持中东地区的恐怖主义组织肆虐全球、支持朝鲜威胁世界安全。最后，彭斯得出的结论是：俄罗斯现在与世界上最糟糕的国家和角色站在一条船上，它们是企图破坏主权、繁荣和安全的国家以及恐怖组织。目前，俄罗斯与美国的关系整体上处于全面敌视局部对抗的状态。

二、俄美关系长期对抗分析

对于同样的国际关系现实，不同的角度得出的结论是完全不一致的。美国人和西方眼里看到的是：俄罗斯对政治反对派的打压、车臣的血腥战争及对记者的谋杀、腐败和与日俱增的好战，直至出兵格鲁吉亚并与乌克兰爆发了天然气之争。而俄罗斯眼里看到的是：美国人在世界上的霸道行径，包括它的导弹防御计划、入侵伊拉克、北约的扩大、俄罗斯做出的积极姿态受到冷落以及格鲁吉亚和乌克兰的革命蔓延到俄罗斯的危险。

总体来看，美俄关系一直处于对峙的状态，在适当的机遇之下进行逐步缓和与战略试探。长期对峙的根本原因在于对双方俄罗斯国际地位定位的不同。

新世纪美国成为世界上唯一的超级大国，不论综合国力还是全球话语权都居于首位；而俄罗斯历经十年动荡，虽然经过普京长期治理，国力大大增强，但是综合国力绝对值不到美国的1/10。处于这一背景之下，在对俄罗斯进行国家定位时，美国把俄罗斯定位成地区性国家，其战略需求只能限于本国内部，不允许俄罗斯破坏美国主导下的地区局势和世界局势，并且要逐步扩大对俄罗斯的战略优势。而随着长期稳定的发展和国力的恢复，俄罗斯将自身定位为与美国平等的世界大国，其国家安全需求、周边地区战略缓冲需求、世界其他地区盟友安全需求都被俄罗斯定义为国家战略利益的正当需求。

因此，在国际层面、地区层面和双边关系中，美国与俄罗斯的观点立场高度对立，发生了近乎全面的政策对峙。在俄罗斯看来，美国不断推进北约东扩，挤压俄罗斯战略空间，而且直接渗入俄罗斯周围的前苏联国家，对俄罗斯形成全面遏制；在美国看来，俄罗斯深度介入中东事务、公然收留斯诺登、强力接纳克里米亚等一系列外交行为，是对其全球霸权和价值理念的公开挑衅。持续炒作的俄罗斯涉嫌干涉美国2016大选和特朗普“通俄门”事件，彻底摧毁美俄之间的政治互信。

2016年版《俄罗斯对外政策构想》在强调发展对美关系的同时也指出，“只有以平等、相互尊重利益以及互不干涉内政为基础，俄罗斯才可能与美国无论是就双边关系问题还是世界性问题展开渐进性的、可预见性的对话”。在对美政策方面，俄罗斯不承认美国在国际法框架之外的域外司法权，不接受美国施加军事、政治、经济或者其他压力的企图；只有在全盘考虑影响全球战略稳定的所有因素的情况下，俄罗斯才可能与美国就进一步削减进攻性战略武器问题展开谈判。俄罗斯认为美国构建全球导弹防御系统的做法是对俄罗斯国家安全的威胁，同时俄罗斯保留采取相应反击措施的权利；俄罗斯希望美国在国际舞台上严格遵守国际法准则。

第三节　俄罗斯与欧洲的关系

21 世纪以来，俄欧关系转入危机与合作并存甚而危机多于合作的状态。2012 年至今，一方面，2013 年乌克兰危机和 2014 年俄罗斯归并克里米亚，使得俄欧关系不断恶化，陷入更深层次的危机。2018 年，前俄罗斯间谍斯特里帕尔“中毒”事件引发俄罗斯与西方的严重矛盾，其后欧洲多国参与美国主导的对叙利亚联合空袭和制裁，标志着俄欧关系全面恶化；另一方面，特朗普就任美国总统之后，美国退出气候变化的《巴黎协定》、伊朗核协议等一系列多边机制以及将驻以色列大使馆迁往耶路撒冷，又给俄欧接近与合作提供了新的空间。这一连串的事件，使得俄欧关系的双重性质在多个领域得以体现。

一、新世纪俄欧关系的发展历程

（一）叶利钦时期俄欧关系——从理想主义到现实主义的转变

叶利钦是一位有经验、有抱负，但又被戈尔巴乔夫赶出决策层的政治家。他充分利用了民众的情绪，通过使俄罗斯脱离苏联、成为一个独立国家来实现自己的政治抱负。这样的履历决定了叶利钦上台后必然一方面迎合内部“民主”右倾势力的需求，另一方面对外谋求西方国家的承认与支持。而在其发现路线失败后，又急剧转变政策方向。因此，在其对外政策上经历了从“一边倒”到“全方位”的过程，其外交思维也经历了从理想主义到现实主义的转变。

1. “一边倒”阶段（1991—1992）

在俄罗斯独立初期的外交事务中，以外长科济列夫为代表的“大西洋主义”占据上风。科济列夫于 1992 年 2 月在外交部的一次会议上说，俄罗斯要实行“民主”和“市场经济”，就要同西方各国及其组织建立同盟关系，就要与西方在政治、经济和安全体制上实现一体化。因此，俄罗斯实行向西方“一边倒”的外交政策，对西方言听计从。1992 年上半年，叶利钦几乎如旋风一般出访了英、法、德、意等西欧国家。

1992 年 3 月俄罗斯外交部国际问题研究所撰写的一份报告认为，“新的世界秩序是按圆周形构建的，其圆心首先是七国集团”，从而在国际舞台力量配置方面肯定了欧洲的重要地位。叶利钦认为俄罗斯自古以来就和欧洲是一体，应该与欧洲经济共同体等欧洲机构连成一体，应该加入其政治和经济同盟。作为回报，欧洲各国在不同程度上对俄罗斯表达了接受与赞许的态度，英国承诺提供 2.8 亿英镑的低息贷款，法国也与俄罗斯签订了 40 亿法郎低息贷款援助的协定。

但是经过实践的检验，“一边倒”的政策被证明是错误的。其错误在于俄罗斯外交政策脱离俄罗斯国情实际需要，盲目追随西方，指望西方特别是美国能够给俄罗斯巨额援助，帮助俄罗斯走上“自由市场经济”和强盛之路。俄罗斯为得到西方援助，在包括制裁伊拉克等热点问题上与美国保持一致，在削减核武器和从波罗的海撤军等问题上向西方做出了让步。但西方在给俄罗斯提供经济援助方面往往口惠而实不至，如 1992 年西方提出的给俄罗斯 240 亿美元援助实际只兑现了一半。最主要的是，这种政策使俄罗斯自我矮化，给西方欺凌俄罗斯提供了借口。俄罗斯越想得到西方援助，西方予以援助的政治经济条件就越苛刻，很快这一政策就难以为继，只好做出调整。这一时期俄罗斯希望与欧盟国家交好的想法只是俄罗斯单方面的想法，而非欧盟国家的本意。

2. “双头鹰”时期（1993—1996）

在“一边倒”的政策失败之后，俄罗斯开始奉行“双头鹰”战略。在 1992 年年底，俄罗斯确立了以西方为主、兼顾东方的全方位外交原则，也就是我们通常所说的“双头鹰”外交。以 1993 年 4 月叶利钦批准《俄罗斯对外政策构想》为标志，俄罗斯完成了这次调整。

实际上，全方位外交是老俄罗斯的传统外交原则，俄罗斯国徽上的双头鹰就象征着俄罗斯兼顾东西方的外交传统。这一时期，俄欧关系依然是俄罗斯对外关系的重点，但是与先前的“一边倒”不同，俄罗斯改变了一味追随的态度开始提出自己的利益诉求。由于北约的步步紧逼，叶利钦在 1993 年致电英、法、德等国家，反对其接纳东欧国家进入北约。这一时期，“双头鹰”战略与北约推出的“和平伙伴”计划发生对冲。这个意在吸纳并保障东欧国家安全的计划，为了平息俄罗斯的反对只允许“参加国组成‘联合特遣部队’，在西欧联盟的领导下，不直接隶属于北约，北约可提供必要的指挥，后勤及情报保障”。1994 年，俄罗斯为避免孤立于欧洲之外也参加了这一计划。1993 年以来，东欧国家抓紧了向欧盟靠拢的进程，但是出于俄方压力以及硬性条件的不足，许多东欧国家的申请都暂时没有得到批准。俄欧的蜜月期仍未结束，西欧在许多问题上保持了克制的态度。“双头鹰”外交仍然处于科济列夫的“欧洲—大西洋思想”之下。欧洲仍然是俄罗斯发展对外关系的主要方向。由于传统派势力和民族主义势力兴起，他们对于俄罗斯外交现状的不满日益增高，在多方压力下，科济列夫下台，这也标志着对欧外交的理想主义阶段彻底结束，俄欧关系走向新的更加务实的阶段。

3. 多极化阶段（1996—1999）

这一时期，俄欧关系经历了从升温到冷淡的过程。1996 年现实主义政治家普里马科夫替换科济列夫上任。出于对世界多极化趋势的判断，不再依赖美国核保护伞的西欧各国在外交上呈现出更高的独立性。俄罗斯也积极努力与西欧国家建立和加强合作伙伴关系。为了加强抗衡美国的力量，俄罗斯大力开展对在欧洲问题上立场相近的法国、德国、意大利、英国的外交。其中俄罗斯特别重视同法国和德国等欧洲大国发展“特殊的”伙伴关系。叶利钦也希望通过积极对法、德外交和确立莫斯科—波恩—巴黎“地缘政治轴心”，来提高俄罗斯在欧洲的地位。

1996 年 9 月—1997 年 10 月，叶利钦先后会见了法国总统希拉克、意大利总理普罗迪、英国首相布莱尔并出席了欧盟首脑会议，就双边关系、欧洲安全和国际问题交换了意见。并于 1996 年和 1997 年分别建立了俄法特殊伙伴关系及俄德高级领导人定期磋商机制。1997 年，叶利钦提出了欧洲人自己管理欧洲的“大欧洲”设想以对抗美国的控制，但是并未获得西欧国家的明确支持。1998 年，俄德法三方领导人在莫斯科会晤，强调相互信任关系的重要性。1999 年，受到科索沃战争的影响，俄欧关系急转直下，彻底走出了蜜月期，趋于冷淡。由于要清除东南欧的米洛舍维奇政权这个西方眼中的异己，西欧参与了北约对于南联盟的军事行动，这严重损害了俄罗斯的地缘政治利益，南联盟的解体也让俄罗斯的势力彻底退出了这一地区。期间发生了俄罗斯军队占领南联盟机场对抗北约军队的事件。俄罗斯彻底认清西方的面目，从合作转而走向了对抗。

从蜜月期到戛然而止，俄欧关系经历了一系列的起起伏伏。最终，理想主义的外交路线不得不走回现实主义上来，也使得之后俄欧关系发展中出现更多的阻碍和疑虑。一直到将近十年之后的梅德韦杰夫时期，俄欧关系才迎来了第二轮升温。

（二）普京上台以来的俄欧关系

1999 年底普京上台后，积极发展和改善与西方的关系，缓解自科索沃战争后俄罗斯与西方的关系陷入停滞和对峙态势。2000 年 5 月普京在会见欧盟领导人时指出，第一，从地理、文化和经济统一的观点来说，俄罗斯和以往一样是西方的一员，与西方的关系今后仍将摆在最重要的位置上；第二，俄罗斯与欧美奉行同样的价值观，是战略伙伴。这一观点叶利钦总统曾多次强调过。

2001 年 9 月，普京访问德国并在德国联邦议会上发表演讲。他认为西方文化“一直都是我们共同的财富”，勾勒出俄罗斯与西方一体共荣的命运愿景。时任德国总理施罗德是著名的“亲俄派”领导人，他曾公开称普京为“完美的民主人士”并淡化车臣战争的影响。

2002年7月他在接受法国《费加罗报》记者的采访时说，美国为解决能源需求，在“9·11”事件之后转向了“奉行同样价值准则的反恐联盟伙伴国。在解决现在面临的所有问题（包括能源方面的问题）中，俄罗斯、美国和欧盟是战略伙伴”。2005年默克尔上台后，处理对俄关系更加谨慎，寻求德国与俄罗斯建立“现代化伙伴关系”。2005年，俄罗斯与德国签署“北溪”天然气管道协议。

进入21世纪，俄罗斯对自己的国家发展战略做出调整，确立“融入欧洲”的发展道路。外交上，利用欧美矛盾，促进俄欧关系的改善；经济上，俄罗斯与欧盟的合作成为振兴经济的外部关键；安全方面，俄罗斯加强和欧盟以及北约开展对话而不是对抗，增进安全互信，营造良好的周边环境；科技文化方面，扩大俄罗斯和欧盟的人文交流，想要“回归欧洲”的价值体系。

1. 政治方面

在政治领域，主要围绕反对单极世界，建立多极世界，以及建立“大欧洲”的理想等方面展开合作。

从俄罗斯角度来看，美国所推行的霸权主义和强权政治如北约东扩、科索沃战争、发展国家导弹防御体系等都严重损害了俄罗斯的国家利益。欧盟现正致力于在国际事务中寻求越来越多的发言权，发挥重要的战略作用，成为多极化世界中的强大一极。2003年，在伊拉克战争和伊朗核问题上，美国同俄欧之间的争执便折射出两种世界秩序观的大冲撞——“是坚持单极世界，还是走向多极世界；是接受强权政治，还是推动国际关系的民主化；是丛林法则统治下的世界和平，还是文明规则制约下的世界和平。”

建立“统一的大欧洲”，结束千百年来欧洲的分裂，实现内部统一，是历代欧洲人的梦想。2005年5月俄欧莫斯科峰会上，双方批准了建立4个统一空间的“路线图”一揽子文件。俄欧领导人通过的“路线图”规定了发展俄欧关系的具体目标和双方应为此采取的行动计划。

2010年梅德韦杰夫任俄罗斯总统时，双方一度进入蜜月期。欧洲提出“现代化伙伴关系计划”，希望俄罗斯在经济上更认同并接受欧洲模式，进而在政治上向欧洲倾斜。

但是后来俄欧关系又开始陷入冷淡期。面对欧盟以经济扩张方式向俄罗斯进行挤压，以及来自北约战略和安全方面的压力，普京再次当选总统后改变了对欧洲的态度，俄欧双方的政治互信也越来越低。

2. 经济方面

进入新世纪以来，俄罗斯的经济实力不断下滑，与此同时，中国、第三世界国家以及美日经济发展迅速，俄罗斯把与欧盟的经济合作看作俄罗斯经济发展的重要依托。在此背景下，俄罗斯把欧盟视为重要的战略伙伴，积极发展经济贸易领域的合作。

欧盟也十分重视与俄罗斯的关系。俄罗斯是欧盟的重要贸易伙伴，双方经济上的依赖性和互补性越来越强。欧盟的经济发展对石油依赖程度很深，在海湾局势不稳、高油价的不断冲击之下，欧盟非常希望实现能源供应渠道多元化，获得俄罗斯长期稳定的石油供应。

俄罗斯与欧盟的经济结构有很大的差异。俄罗斯的重工业基础较好，原材料加工工业和能源、电力工业对欧盟形成了比较优势；欧盟的高新技术产业、轻工和农产品加工业具有传统的优势，而上述产业恰好是俄罗斯的弱项。欧盟还是俄罗斯最重要的投资者，俄罗斯巨大的市场对欧洲投资者具有很大的吸引力。总体来看，俄欧之间的经济虽然存在一定的冲突，但是合作仍然是双方关系的中心。2000 年 10 月，俄罗斯与欧盟首脑举行会晤。欧盟表示将在经济领域进一步加强与俄罗斯的合作，继续向俄罗斯提供技术援助，促进对俄罗斯投资，帮助俄罗斯尽快加入世界贸易组织。

2002 年 5 月，美国总统布什访问俄罗斯，这一成功访问也推动了俄罗斯与欧盟关系的发展。欧盟表示要承认俄罗斯为市场经济国家。对此，普京指出，俄罗斯和欧盟进行经济合作的主要目的是实行“经济一体化”，他对欧盟决定在近期承认俄罗斯为市场经济国家表示欢迎。普京表示，目前在欧盟有 14 项对俄产品的反倾销调查，每年给俄方造成的经济损失达 2.5 亿美元；全世界对俄罗斯产品的反倾销调查有 100 项，使俄方损失 15 亿美元。如果俄罗斯与欧美的经济合作加强，这些问题将有望得到解决。此后，俄罗斯与欧盟之间加强了经济对话，尤其是能源对话发展迅速，其中包括向西方供应俄罗斯石油的长期计划。布什在同普京通电话时说，美国商务部已决定承认俄罗斯为市场经济国家。欧盟和美国承认俄罗斯为市场经济国家标志着它们实际上承认了俄罗斯的改革，这将为俄罗斯企业在欧美市场上赢得平等工作权，并将为俄罗斯吸引外资提供新的机遇。俄罗斯与美国及欧盟之间的经济合作有望取得突破。

俄罗斯与欧洲的能源合作是俄欧经济合作较为成功的领域，欧盟目前是俄罗斯最重要的能源合作伙伴。具体来说，欧盟市场是俄罗斯能源最大的传统市场。与此同时，欧盟还是俄罗斯能源设备更新和工艺提高与改进的来源。俄罗斯丰富的油气资源和欧盟广阔的市场是双方能源合作的物质基础。

俄欧经济的发展建立在俄罗斯与欧盟的一些主要成员国密切的经济合作基础上。其中德国是俄罗斯第一大贸易伙伴国，意大利是俄罗斯在欧盟的第二大贸易伙伴国。英国首相布莱尔在参加圣彼得堡 300 周年庆典活动时表示，欧盟应该与俄罗斯进行更多的贸易，建立更密切的政治和经济关系。随后，英国加大对俄罗斯的投资力度，目前英国是俄罗斯第二大投资国。俄罗斯与德、法、英、意等欧洲大国保持了良好的双边关系。

总之，经贸合作是俄欧战略合作各领域中最富有成效的方面。经过多年努力，俄欧经济合作制度框架已基本形成，俄罗斯与欧盟的贸易保持良好的发展势头。但目前，俄欧经济仍存在较大推进的潜力和提升的空间，俄罗斯自身经济只能使它有限地参与欧洲地区的经济合作，而欧盟则更多地关注一体化进程。因此，俄欧经贸合作的步伐可能不会太快，但是，双方之间的相互需求以及存在的发展空间会使俄欧经贸合作稳步推进。

3. 安全合作

梅普时期的俄罗斯与欧盟的安全关系主要表现在两个方面：一是欧洲安全结构；二是北约东扩。

在构建何种欧洲安全结构方面，俄罗斯与欧盟以及美国之间存在严重分歧：因为俄罗斯是欧安组织的奠基人和主要参与者，俄罗斯参与制订了欧安组织的所有规则，所以俄罗斯主张建立以欧洲安全与合作组织为中心框架的安全结构；但是欧盟主张建立以欧盟和北约为中介的欧洲安全结构；而美国则主张建立以美国为主导、以改造后的北约为中心框架的欧洲新安全结构。

北约作为保护欧盟国家的主要力量，其存在和活动都会引起俄罗斯与欧盟国家关系的波动。21 世纪以来，俄罗斯重视与北约的合作，以遏制北约对其的影响。2001 年，普京访问布鲁塞尔北约总部，成为俄罗斯历史上第一位访问北约总部的领导人。俄罗斯与北约积极响应成立“20 国机制”以代替“19 +1 机制”，并且成立了俄北理事会，以代替俄北常设联合理事，这增强了俄罗斯在欧洲安全领域的地位，俄欧关系进入蜜月期。但是随之而来的北约第二次东扩引起了俄罗斯的不满，俄罗斯与欧盟的关系陷入一定的冷淡期。虽然双方关系仍然在稳步推进，但不可否认的是，北约东扩正在压缩俄罗斯在欧洲的势力范围，俄罗斯对北约国家保持一个警惕和战略怀疑是必然的。此外，俄欧之间的安全对话频繁，不仅有半年一次的峰会，而且在国际反恐、军事技术合作、核裁军领域内都有合作。

二、俄欧关系的主要内容

俄罗斯和以欧盟为代表的欧洲作为国际社会中两个重要的国际行为体，其双边关系的发展不仅是一个长期对接的过程，而且也是世界多极化趋势下大国关系分化与重组的有力反映。俄欧关系发展至今的主要内容集中在以下几个方面：

（一）安全是俄欧关系的核心议题

新世纪，随着国际政治形势的变化，俄罗斯的外交政策也发生了相应的变化，由亲西方的“蜜月外交”转向到“东西方兼顾的双头鹰政策”，因而对西欧的政策也采取了灵活的应对方式。1993 年，俄罗斯在《俄罗斯联邦外交构想》中明确提出，“俄罗斯同欧洲国家的关系，无论是双边关系还是在不同的国际组织和论坛中的合作关系，对于俄罗斯加入民主国家共同体和保证新条件下的安全都有着优先的意义”，这反映出俄罗斯要与欧洲国家建立良好关系的愿望。1994 年 6 月，俄欧双方签署了《建立伙伴关系与合作协定》。1999 年 6 月，欧盟为加强与俄罗斯的合作关系，制定了《欧盟与俄罗斯关系共同战略》，同年 10 月，俄罗斯发表了《俄罗斯联邦与欧盟关系中期发展战略（2000—2010）》。2002 年 5 月，在俄罗斯—欧盟峰会上，俄欧签署了有关俄欧关系、能源对话、政治对话、调解地区冲突和保证欧洲安全的联合声明，欧盟也宣布承认俄罗斯的市场地位。为促进俄欧关系的深入发展，欧盟于 2004 年 5 月在莫斯科与俄罗斯签署了支持俄罗斯加入世贸组织的议定书。2005 年 5 月，俄罗斯和欧盟签署了建立统一经济空间，统一外部安全空间，统一自由、安全和司法空间以及统一科教文化空间的系列文件。

由于欧洲国家对苏联的冷战思维没有完全排除，因而在关系俄欧各自利益时双方发生了争论甚至冲突，包括北约东扩和欧盟向东欧的推进，这导致俄欧关系出现紧张，呈现波动性发展。在北约东扩问题上，欧洲国家反对俄罗斯阻挠东欧国家加入北约。另外，在格鲁吉亚和乌克兰入欧问题上，俄欧之间产生了较大分歧，这使双方的关系出现降温。同时，随着欧盟成员国的不断扩大和延伸范围向东部的深入推进，欧盟的这一做法遭到了俄罗斯的强烈反对和抵制。

2014 年 3 月，克里米亚宣布脱离乌克兰而归属俄罗斯联邦，这是俄欧在东欧地缘政治板块中相互纷争的激烈反映。因此，俄欧双方围绕北约东扩和欧盟向东推进两个关键问题产生的矛盾和分歧成为俄欧关系发展不顺利的主导因素，使俄欧关系在碰撞中缓慢发展。

随着欧盟一体化进程的加速和欧盟成员国的不断扩大，包括独联体在内的许多国家都被纳入到欧盟成员国的扩展计划中，这与俄罗斯传统的地缘政治格局产生了极大的碰撞。因为不论从历史还是从现实上看，东欧和中亚地区都是俄罗斯地缘政治的核心地带，因而日益崛起的俄罗斯不希望北约和欧盟蚕食俄罗斯周边地缘政治空间。所以，无论是俄罗斯还是欧盟，都力图争夺欧亚地缘政治的主导权，而且这将是一个长期的过程，使俄欧之间产生了摩擦和碰撞。

（二）经贸作为俄欧关系的主要内容

具体有以下三个方面的表现：

首先是俄欧经贸往来历史悠久，影响深刻。1991 年 12 月，欧盟承认俄罗斯是苏联的合法继承人。此后，欧盟与俄罗斯双边关系以 1989 年欧盟与苏联签订的经贸合作协议作为协调的基础，直到 1992 年启动《俄欧伙伴合作协议》（PCA 协议）谈判并于 1995 年最后签署。从 1993 年开始，俄罗斯与欧盟之间的贸易稳步增长。据俄罗斯海关统计数据显示，1993 年俄欧进出口总额仅为 308 亿欧元，而到 1996 年则增长到 479 亿欧元，增幅为 55.5%。1998—1999 年间，由于俄罗斯爆发了严重的金融危机，俄欧贸易增长有所减缓。但是 2000 年后随着俄罗斯国内政局的稳定、经济的复苏，俄欧贸易重新出现大幅增长，该年贸易总额为 658 亿欧元。2002 年贸易额高达 778 亿欧元，达到历史最高水平，10 年间增长了近 152.6%。随后受地区政治形势变化的影响，特别是受格鲁吉亚战争和乌克兰危机等一系列外部因素影响，欧盟对俄罗斯进行了长期的制裁，但即使在此背景下，俄欧经贸依然得到相当程度的发展。

其次是俄欧经贸关系呈现“不对称”“不平衡”的特点。俄欧贸易关系具有“不对称”的显著特点，这种“不对称”表现在贸易额和贸易结构两个方面。贸易额不对称表现在俄方保持巨额顺差。欧盟是俄罗斯最大的贸易伙伴，而俄罗斯在欧盟的贸易进口国和出口国中仅名列第 5、6 位。俄罗斯对欧盟的贸易顺差由 1993 年的 44

亿欧元增加到2003年的158亿欧元，增幅达到近260%。贸易结构不对称表现在欧盟成员国主要从俄罗斯进口能源和其他原材料等低附加值的初级产品，其中以石油和天然气为主的矿物燃料产品呈快速增长的态势；俄罗斯从欧盟进口的产品以工业制成品和技术密集型产品为主。俄欧贸易关系“不平衡”主要体现在欧盟对俄投资结构、投资领域和投资区域上。在对俄投资的结构上，以借贷资金为主的间接投资占据了欧盟投资的主要部分，直接投资和证券投资所占的比例非常小。对俄投资的领域不平衡指的是欧盟对俄投资具有明显的集中化倾向，欧盟对俄投资主要集中在风险性较小、见效快、成本回收快的非技术溢出型部门。对俄投资的地区分布不平衡，欧盟对俄罗斯的投资具有较为明显的地域分布特点，欧盟对俄投资集中于人口密集的西部，对南部和东部投资较少。

最后是俄欧经贸关系存在不稳定性。俄罗斯与欧盟的经贸合作近些年来虽然得到了一定的发展，但仍存在局限性。其中一个重要的原因是欧盟对俄罗斯国内的政治、经济形势感到不安。俄罗斯新政开始时，国内经济衰退、政局不稳，石油等原料价格波动明显，加上俄罗斯对车臣的军事行动等都对俄欧经贸合作产生了不利影响。受制于美国和北约的影响，俄欧经贸关系经常陷入对抗，欧盟各国不得不对俄罗斯实行制裁。但双方由于地理位置、历史因素、合作前景等又不得不合作，这也造成了双边经贸关系“藕断丝连”。因而，在地区因素影响下，双边贸易关系保持一定的稳步增长却又得不到很好的发展。

（三）能源是俄欧关系的重要保障

能源是俄罗斯融入欧洲经济一体化的重要杠杆，是俄罗斯保障自己在欧洲地缘政治的影响力和创建有利的国际环境的重要武器，是其经济外交的重要内容和手段。目前，“石油已经取代了军事力量成为俄罗斯的权力之源”，普京正在利用石油，一方面在国际舞台上彰显自己的力量，另一方面在国内主宰着谁输谁赢。因此，能源外交成为俄罗斯经济战略乃至整个国家发展战略以及对外战略的重要组成部分。俄罗斯与欧洲的能源合作是俄欧经济合作较为成功的领域，欧盟目前是俄罗斯最重要的能源合作伙伴。具体地说，欧盟市场是俄罗斯能源最大的传统市场，俄罗斯石油出口的87%以上面向欧洲，其中近70%出口到欧盟；天然气出口中有65%出口到欧盟。

（四）能源是俄罗斯与欧盟合作的基础

首先，俄罗斯丰富的油气资源和欧盟广阔的市场是双方能源合作的物质基础。据统计数据，截至2005年1月1日，俄罗斯的探明石油储量居世界第八位，天然气探明储量居世界第一位。同时自20世纪90年代以来，随着欧洲一体化的不断深入，欧盟作为世界上主要的能源消费地区，对能源的需求也在不断增长。因此俄罗斯与欧盟之间存在紧密的供求关系。其次，稳定的合作机制是双方能源合作的制度性保障。叶利钦时期，俄欧能源合作是在“伙伴关系与合作协议”的整体框架下进行的，但是缺乏定期的磋商途径和机制。能源合作的主角是双方的能源企业，政府没有在能源合作中发挥出更多的宏观调控作用。普京执政后，随着国际油价一路飙升和中东地区的动荡，能源安全被双方提升到战略高度。2000年10月在巴黎举行的俄欧第六次首脑峰会上，普京与欧盟主席普罗迪签署了“俄欧战略性能源伙伴关系协议”，决定在能源领域建立稳定的伙伴关系。自此俄罗斯与欧盟能源合作走上了快车道，奠定了俄欧能源合作的制度框架。第三，能源合作符合俄欧双方的总体战略需求，为俄欧能源合作提供了战略性长远保障。俄罗斯意图通过开展与欧盟的能源合作赚取大量外汇促使俄罗斯经济快速复苏；而欧盟方面，为了减少对动荡不安的中东地区的能源依赖、维护本地区的能源安全，欧盟也有意加强与俄罗斯的能源合作。俄罗斯是欧盟传统的能源供应国，双方合作有运输便利、地缘相近、供应稳定、价格合理等优势。

此外，俄罗斯与欧盟能源合作的成果是显著的，但仍存在一些不可忽视的问题。这些问题大多来自俄罗斯方面。首先，俄罗斯油气工业本身存在一些结构性问题，如石油生产已达到极限、基本运输设施不足、设备老化等，这些限制了俄欧能源合作的进一步推进。其次，俄罗斯在能源法规和政府管理体制方面也存在诸多问题。在制订能源法规方面，俄罗斯政府朝令夕改，致使外商不敢把资金投向俄罗斯。以旨在吸引外资的《产量分成协议法》为例，自 1995 年颁布实施以来已修改了 4 次。第三，俄罗斯出口到欧盟的能源大多以原油和半成品为主，深加工产品所占出口份额少之又少，使俄罗斯蒙受不必要的损失。第四，俄罗斯的能源企业与欧盟国家能源领域投资不对称。与欧盟对俄罗斯能源企业的投资相比，俄罗斯的投资范围和规模都很小。

来自于外部的影响因素也不容忽视。首先是欧洲经济与美国和亚太经济的竞争将可能导致国际能源格局的变动。如今有关东北亚地区能源合作的议题备受世人关注，而议题的核心就是中、日、韩等国如何在保持能源进口多元化的前提下，最大限度地开展与俄罗斯的能源合作。今后，如何平衡与亚欧的能源合作关系将成为未来俄罗斯面临的一个主要问题。其次，里海能源进入欧洲市场是大势所趋，这将在一定程度上削减俄罗斯在欧洲的份额。苏联解体后，里海为俄罗斯、伊朗、哈萨克斯坦、土库曼斯坦和阿塞拜疆五国共管，俄罗斯已经丧失了对里海石油天然气的绝对控制权，与此同时，扩大对欧洲市场的出口份额成为这些国家能源战略的主要目标。与俄罗斯乌拉尔等地的石油相比，里海石油具有油质好、开发成本低等特点，因此里海石油向欧洲市场的出口量呈增长之势。将来如何在环里海的能源博弈中占到上风，对俄罗斯的能源外交又是一个重要的考验。

三、俄欧关系的影响因素及其发展趋势

（一）积极因素

1. 政治领域

一方面，俄欧在后冷战时代的欧洲发展问题上立场相近。冷战的结束顷刻间改变了欧洲的政治地图，欧洲人开始独立掌握自己的

命运，希望抓住东欧国家政治转轨和苏联解体的机会，巩固欧洲民主的历史胜利，进而实现欧洲人几个世纪的梦想——建设没有分界线的大欧洲。而俄罗斯认同欧盟主张的欧洲人治理欧洲的立场，在多极化战略的指导下，和欧盟的关系迅速升温并得到改善。另一方面，俄欧在全欧安全体系上存在合作的潜质。未来的全欧安全体系上，欧盟主张发挥自己的主导作用，积极参与欧洲事务的解决，不再追随美国的脚步。俄罗斯是欧洲安全事务不可或缺的决定性因素之一，也迫切渴望在安全问题上提高自身地位。欧盟希望同俄罗斯一道共同建设安全稳定体系，既能够有效防止欧洲不稳定地区的冲突，应对俄罗斯潜在威胁，又能克服依赖美国维护欧洲安全的尴尬局面。第三，俄欧在多极化的世界观上主张相似。21 世纪，美国推行单边主义，世界战略力量的平衡被打破，冲击着相对稳定的国际格局。欧盟主张多极化是世界政治发展的趋势，通过协商合作实现世界的善治。俄罗斯同样主张世界多极化，倡导在联合国等国际组织框架下解决争端，各国共同参与解决全球化进程中出现的各种问题。

2. 经济领域

第一，欧盟东扩推动合作步伐。对于欧盟来说，欧盟东扩能够促进中东欧国家的政治经济稳定，从而保证欧洲的安全和发展；对于俄罗斯来说，欧盟东扩能够进一步为俄欧经济合作提供良好的条件。欧盟东扩有利于俄欧之间建立一种相对平衡的关系，加快俄欧间的合作步伐的进程。第二，俄罗斯向欧盟提供能源使双方获利。能源合作是俄欧之间的最大利益契合点，是俄欧关系稳定发展的物质基础。欧盟是俄罗斯能源出口的最大市场，俄罗斯也是欧盟保证自身能源安全的重要选择。

3. 安全领域

第一，俄罗斯通过建立西部睦邻地带保障国家安全。通过构筑西部睦邻地带，俄罗斯改变了在自身实力相对下降时期的不利局面，巩固和维护了国家的安全环境，在增强俄罗斯在国际舞台上的伸展能力，抗衡美欧对俄罗斯的打压等方面成效显著。第二，俄罗斯妥善处理邻土变更消除邻国敌意。俄罗斯和新加入欧盟的中东欧各国有深刻的历史和现实领土纠纷，这成为打开与欧盟成员关系的突破口之一。通过妥善处理这些问题，俄罗斯降低欧洲各国对俄罗斯“融入欧洲”的担忧，增进欧洲各国对俄罗斯的好感。第三，积极化解由反导问题导致的紧张态势。俄罗斯积极与欧洲有关国家进行对话，提议组建包括俄罗斯在内的欧洲集体反导系统，共同使用俄罗斯南部的雷达系统以取代美国在东欧部署的反导系统。通过这些举措，俄罗斯分化瓦解欧洲国家反对俄罗斯的行为，维护国家利益。

（二）消极因素

1. 在北约扩大问题上俄欧存在利益冲突

随着后冷战时代的到来，北约的使命从联合抗苏转变为维护欧洲和平与稳定，避免地区冲突外溢和扩大。为了增强内部凝聚力、扩大自身影响力，并将中东欧诸国打造成为遏制俄罗斯的跳板，北约倾向于向东扩张。这使得原来属于俄罗斯对抗西方世界的缓冲地带转化为西方对付俄罗斯的前沿阵地，如此一来，导致了俄罗斯处于一种孤立无援的境地，它的周边安全受到严重威胁。俄罗斯和欧盟的军事安全互信大为降低，阻碍双方合作水平的提升。

2. 双方价值观不同导致俄欧矛盾

欧洲社会自 17 世纪便形成了以权利、民主和自由为基础的社会制度和价值观念。近年来，欧盟从西方价值观出发，认为俄罗斯自从普京上台以来，国内不断加强中央集权，包括俄罗斯对寡头的打击、对车臣问题的处理、对新闻媒体的控制等等不符合民主国家的标准，违背了真正的民主价值，正在向威权社会演变，而且一旦俄罗斯的国家领导人在未来治理国家中出现错误，将给国家带来重大损失，这导致俄罗斯政治决策的脆弱性，所以欧盟一再抵制俄罗斯融入欧洲。然而鉴于俄罗斯的历史特性、大国心态以及俄罗斯的逐渐复兴，俄罗斯不愿意简单地引进西方的民主价值观。相反，俄罗斯要建立自己的民主价值观，对西方的指手划脚也多次表示强烈抗议。

3. 俄罗斯经济结构的硬伤增加了双方合作的脆弱性

当前，俄罗斯的经济发展出现过度依赖原材料出口的趋势，国家经济结构扭曲和畸形化，能源原材料化的倾向在加强，经济增长缺乏后劲。这些为俄罗斯的经济能否延续十年的繁荣、国家能否崛起增加了不确定因素，也使得欧盟在考虑对俄罗斯合作的过程中心怀疑虑。

4. 美国在欧洲的介入影响俄欧合作

目前，美国已经在欧亚大陆的重要国家建立了战略支点，利用军事同盟构筑军事安全体系，来加强对欧洲事务的干涉力度，防止俄罗斯重新恢复在欧亚大陆的霸权，确保欧亚大陆未来走势掌握在美国手中。尽管俄罗斯已经与欧洲国家建立了伙伴关系，但欧洲担心俄罗斯的强大将损害自身利益，并促成美欧进行更加紧密的合作以对抗咄咄逼人的俄罗斯，这与欧盟追求独立的渴望背道而驰，所以在同俄罗斯的关系上欧盟倾向于采取非合作的方式来维护自身利益。

（三）俄罗斯与欧洲关系发展趋势

2016 年 11 月 30 日，普京批准通过了新版《俄罗斯联邦对外政策构想》，对俄罗斯外交政策的基本目标、俄罗斯对当今世界发展态势与国际关系重大问题的基本判断和立场以及俄罗斯外交政策的地区优先方向等问题进行了明确的阐述。对外政策的地区优先方向依次为：独联体—欧洲与大西洋地区—美国—北极地区—亚太地区—中东与北非地区—拉丁美洲—非洲等。

欧洲地区作为俄罗斯外交第二优先方向，双方在政治方面和经济方面的联系较为紧密。首先，从经济方面来看，在经济危机的冲击下，俄罗斯的资源型经济严重受挫，因此俄罗斯经济急需走上创新型发展之路，欧洲也自然成为重中之重。

在俄欧经贸关系中，俄罗斯正试图借助欧洲的资本、技术、市场和管理经验，寻求经济转型的外部推动力，以摆脱危机带来的冲击。普京提出，“到2020年，高科技和知识型产业在GDP中所占份额要增加50%，高科技产品出口要增加一倍，采用技术创新的企业要从10.5%增加到25%，达到欧洲平均水平。”并且，在2008年和2013年的《俄联邦对外政策构想》中均强调，发展与欧盟国家互利互惠关系是推动俄罗斯经济转向创新之路的重要手段。

在俄欧能源合作中，俄罗斯是世界油气生产与出口大国，能源产业作为核心支柱产业，在出口总额中的比重达到70%。根据俄联邦2030年前能源战略规划，油气生产和出口还将继续增长，自然资源开采仍将是国家预算的主要来源。而欧盟国家消耗的能源需要从俄罗斯通过管道运输进口，从而形成了对俄罗斯能源的严重依赖。由此，能源合作自然成为普京所规划的俄欧经济合作新“路线图”的重中之重。

其次，从政治方面来看，俄罗斯主张建立多极世界，增强欧盟政策的独立性。俄罗斯与欧盟在国际秩序观上比较接近，都主张建立多极世界，而自己作为其中的重要一极发挥作用。随着共同外交及防务一体化的发展，欧盟政策的独立性日益增强。虽然没有明确要求摆脱北约对欧洲安全的控制，但欧盟独立的战略需求已经非常明确，并试图与俄罗斯互相借力来实现其多极世界一极的地位。俄罗斯要想发挥作用，最好的方式就是通过与其他各方，特别是与欧盟协调立场，以制止冲突，恢复平静，同时彰显俄罗斯的大国地位和国际影响力。

俄罗斯在安全方面重视欧盟防务政策，促使欧盟制衡北约。随着欧盟防务建设的全面启动，北约、俄罗斯和欧盟三足鼎立的欧洲安全格局愈发清晰。在俄罗斯看来，欧盟与北约不同，美国不是其成员，一定程度上其有同北约在欧洲安全领域抗衡的潜力。而在法德等国的积极推动下，欧盟的独立防务建设无论是在武装力量还是在机构上都取得了较大进展，已经成为欧洲安全的重要角色。因此，欧盟独立防务建设将部分取代北约的职能，对北约在欧洲安全上的主导权形成一定的平衡和制约。

2019 年 6 月 G20 大阪峰会上，特蕾莎希望在自己的继任者上位前与俄罗斯关系“破冰”，缓和一下自乌克兰危机、双面间谍案、军机军舰拦截事件以来“剑拔弩张”的两国关系，但“破釜沉舟”的特蕾莎的言行反而激怒了普京。大阪峰会上，特蕾莎对普京放话，如果俄方不停止不负责任和破坏稳定的行动，那么英俄两国的关系就不可能有进一步的发展，她对普京提出“三个应该”：应该将投毒案的两位嫌疑人绳之以法，应该限制叙利亚军队在伊德利卜的攻击，应该停止破坏乌克兰局势的稳定。更甚者，峰会当天，北约联合王国远征军的 9 个国家国防部长聚集在立陶宛，纪念这一国际军事结构战斗任务开始一周年，讨论在俄罗斯军事影响日益增长的情况下，远征军如何发挥一些建设性的作用。甚至还以波罗的海为例，要加强在此处的军事存在，从而向外界释放信号，展现远征军能够击退任何威胁的能力和决心。虽然俄罗斯未做出任何回应，但显而易见的是，英国示好俄罗斯确实有和解的打算，只不过由于历史的积怨和近些年的诸多事件，想要建立友好关系绝非朝夕能够完成。由于战略互信的缺失，在未来 10—15 年，俄欧关系仍难以迈出实质性步伐，而且不可避免地还要经历一定的起伏，其发展方向也仍将以经贸、能源和技术合作为主。

第四章　新世纪俄罗斯周边外交与亚太外交

受地缘政治与历史传统的影响，独联体是俄罗斯国家利益的根本所在，是复兴大国地位和确保国家安全的战略依托，在俄罗斯对外政策的演变过程中，独联体国家始终处于首要的优先位置，与独联体国家的政治经济安全一体化成为俄罗斯外交的主要目标之一。进入21世纪后，亚太地区经济迅速发展，世界政治经济重心不断东移，俄罗斯作为横跨欧亚大陆的国家，广泛参与亚太地区事务，积极融入亚太地区一体化进程，日益重视发展与亚太地区国家的关系，与印度、日本、越南的双边关系成为俄罗斯对外政策的重要组成部分。

第一节　俄罗斯与独联体国家间关系

进入21世纪后，对独联体外交成为俄罗斯整体外交战略的首要一环，二者关系随着国际环境的变化不断调整。在经济领域，以关税同盟为基础，致力于最终形成欧亚经济联盟；在安全领域，以国家安全和反恐为目标，发挥集体安全条约组织的作用，建立集体防御体系并组建快速反应部队；在政治领域，努力加强独联体区域内各方力量整合，推动政治一体化进程，最终目标是建立欧亚联盟。

一、新世纪俄罗斯与独联体国家关系发展历程

（一）普京执政第一时期（2000—2012）

1. 独联体一体化的“推进”时期：2000—2001 年

1999 年以来独联体国家中出现明显的离心倾向甚至可以说是反俄倾向，引起了俄罗斯政府对独联体命运的深刻担忧。为了改变独联体日趋严重的分裂倾向和空转现象，在 2000 年普京上台到“9·11”事件发生这段时期内，俄罗斯将独联体国家仍旧排在对外活动“优先地区”的第一位，不放弃在独联体范围内进行多种形式的合作和一体化。2000 年 7 月，俄罗斯政府出台了第二部《俄罗斯外交政策构想》，对俄罗斯今后一段时间内对外政策的根本目标和活动方向做了规定。

2000 年，普京出访白俄罗斯、乌克兰和中亚国家。在 2001 年 1 月 18 日，俄罗斯与乌克兰签订了一项新的军事合作协议，使两国在军事领域的合作水平超过了乌克兰与北约的关系。普京于 2 月中旬再次访问乌克兰，要求东道国在铺设通往欧洲的石油天然气管道方面与俄罗斯合作。同时普京还访问了与俄罗斯一向关系不够融洽的阿塞拜疆，双方达成了一个关于里海划分问题的协议。

另外，于 2000 年 11 月末和 12 月初召开的独联体国家最高级会晤还开创了在独联体框架内各成员国元首进行双边会谈的机制。2001 年 2 月 4 日，俄罗斯国家安全会议秘书谢·伊万诺夫在慕尼黑第 37 届国际安全会议上针对俄罗斯对独联体政策的这一新态势做了清晰的说明，表明首先是要通过发展与独联体国家的双边关系来保障俄罗斯的国家安全利益。

2. 独联体一体化的“调整”时期：2001—2004 年

自从“9·11”事件后，美俄外交关系出现了里程碑式的发展。为了在独联体地区尤其是中亚地区扩大影响，美国对中亚各国也投入了大量的资金和援助。并且随着以美国为首的北约步步渗透和独联体明显两极分化，俄罗斯不再坚持推行多年的独联体一体化政策，

而推出了更为务实的新独联体政策。这项政策不仅针对独联体国家，而且涉及美国和欧盟。它所追求的目标不是恢复俄罗斯在独联体地区因“颜色革命”而丧失的影响，而是使俄罗斯、美国、欧盟在独联体地区的关系“具有文明的性质”。故而，2004 年既是俄罗斯对独联体政策的危机年，也是这一政策的调整年。

在2001 年的上海亚太经合组织峰会上，美国总统布什与俄罗斯总统普京相谈甚欢。此次峰会为双边关系发展埋下了注脚，美俄政治关系迈入了前所未有的友好阶段。2002 年 7 月，哈、美签署备忘录。美国向哈萨克斯坦提供了 500 万美元的军事援助。2003 年初，美国计划为哈萨克斯坦军队军事教育和训练项目提供 100 万美元的资金援助。此后，美哈双方还讨论了两国未来 5 年军事合作的计划草案。2003 年塔吉克斯坦和土库曼斯坦军队的军事训练项目也获得美国国防部 35 万美元的援助。2002 年美国副国务卿琼斯访问中亚时便较为系统地提出对该地区实行“民主化改造”的理论。2003 年 5 月美国参议院通过一项关于中亚国家政治制度的决议案。该决议案涉及到中亚国家的人权状况，表达对中亚国家尤其是乌兹别克斯坦和哈萨克斯坦两国必须深入民主化改革的关注。

为应对北约步步紧逼，普京采取了主动参与合作的政策。2002 年 5 月 14 日，俄罗斯与北约就新合作形式“G20 机制”达成协议。俄罗斯与北约在反恐、防止核扩散、军控和海上搜救等九个方面取得了平等地位，并获得了否决权。

普京在 2004 年 5 月 26 日发表的《国情咨文》和在同年 7 月召开的俄罗斯国家安全会议上的讲话向外界传达了俄罗斯对独联体政策的思路，其核心是“改革独联体的合作模式”和“加快独联体国家一体化进程”。

3. “俄退独进”时期：2004—2008 年

面对俄罗斯的让步，出于防范和改造俄罗斯的目的，西方国家加强在独联体的经济、政治乃至军事存在，大力扶植各国的亲西方势力，推动它们对俄罗斯的离心倾向。西方势力在独联体的广泛存在已是不可更改的现实，俄罗斯承认美国的存在权利和不反对欧盟东扩，只是对这一现实的被迫认可。除了俄罗斯和西方国家外，独联体国家是参与这场斗争的第三方，也是极为重要的一方。

2004 年 3 月，爱沙尼亚、拉脱维亚、立陶宛、斯洛伐克、斯洛文尼亚、罗马尼亚和保加利亚 7 国正式递交各自国家加入北约的法律文本，从而成为北约的新成员，使北约成员国从 21 世纪初的 19 个扩大到 27 个。

在 2004 年 7 月俄罗斯外交部举行的使节会议上，普京总统正视独联体地区的政治现实，俄罗斯已不再着眼于阻止美国和欧盟势力进入独联体地区，而是更看重掌握制定游戏规则的权力。同时，俄罗斯外长拉夫罗夫称："不反对美国势力在独联体的存在，只要这种存在对地区安全有利。"

2005 年，乌克兰、摩尔多瓦等国成立"民主选择共同体"。为摆脱对俄罗斯的能源依赖，乌克兰等国已开始策划"巴库—杰伊汉 2 号"输油管线，即一条从阿塞拜疆首都巴库经格鲁吉亚、乌克兰到波兰边境的油管。

2005 年 1 月，俄罗斯国防部长伊万诺夫强烈谴责西方向独联体输出革命的做法。同年 6 月，伊万诺夫对俄罗斯《侧面》周刊的谈话，可以视之为俄罗斯对独联体新政策的表述。2005 年 5 月，普京总统警告北约不得吸收独联体国家入约。截止到 2005 年 5 月，在美国势力进入独联体和欧盟向独联体扩大这两点上，俄罗斯做出了让步，但仍坚持反对北约东扩。2005 年 6 月，英国首相布莱尔访问俄罗斯时，普京明确表示希望"八国集团"与俄罗斯共同制定一项旨在促进独联体国家经济发展的共同计划。俄罗斯试图改变西方独立援助独联体国家的行动计划，希望以有俄罗斯参与的国际合作形式展开对独联体国家的援助计划。

2005 年 8 月举行独联体喀山首脑峰会之前，俄罗斯首次明确提出了与欧美国家在独联体地区的竞争规则，大致内容如下：第一，俄罗斯明确指出，不会努力恢复其在乌克兰的影响。第二，"要使俄罗斯与美国、欧盟在原苏联空间内的关系具有文明的性质”，俄罗斯要力保本国制定独联体地区游戏规则的权力。第三，俄罗斯不会放弃在独联体地区生死攸关的利益。第四，俄罗斯对独联体国家进行国际援助，希望独联体地区成为合作的场所。

2006 年 1 月 1 日，自乌克兰被俄罗斯停止输送天然气后，另一独联体国家摩尔多瓦 2 日对外宣布也已被俄罗斯停止输送天然气。

4. 政治划线，经济合作时期：2008—2012 年

2008 年以后，俄格战争的爆发导致独联体内部的分化愈加明显，突出表现为格鲁吉亚的离俄倾向和白俄罗斯等国的亲俄倾向。

2008 年以来，俄罗斯一改之前隐忍退让的态度，选择了强硬的方式，加强了在高加索地区、独联体中亚地区的军事存在。8 月俄罗斯对被视为西方急先锋和“马前卒”的格鲁吉亚动用军事手段，短时间内给格鲁吉亚以沉重的打击，扭转了局势。2008 年 8 月 8 日，俄罗斯承认南奥塞梯和阿布哈兹为独立国家，与之建立外交关系，同时建立大使馆，并签订共同保卫边界协议，计划在阿布哈兹的黑海沿岸建立一个海军基地。

控制中亚能源价格以及独联体内部的石油天然气管道，是俄罗斯主导独联体的重要手段。俄罗斯向对其友好的哈萨克斯坦纳扎尔巴耶夫政府、白俄罗斯卢卡申科政府等提供价格优惠的天然气，而对俄罗斯不友好的乌克兰尤先科政府、格鲁吉亚萨卡什维利政府则不提供优惠。

尽管双方在政治上存在一定的分歧乃至矛盾，但是俄罗斯与独联体国家间的经济联系仍然很密切。俄罗斯不仅向独联体国家出口能源，而且在 2008 年经济危机时，慷慨支援其他独联体国家。在 2008 年 12 月举行的独联体非正式会议上，俄罗斯与哈萨克斯坦、亚美尼亚、吉尔吉斯斯坦、塔吉克斯坦达成建立 100 亿美元共同基金的协议，并确定组建俄、白、哈关税同盟。2008 年俄斥资 1300 亿美元救市，并分别向吉尔吉斯斯坦（20 亿美元）、白俄罗斯（20 亿美元）、亚美尼亚（5 亿美元）和摩尔多瓦（5 亿美元）提供贷款。

（二）普京执政第二时期（2012 年至今）

从 2012 年至今，在普京的第三个任期内，俄罗斯与独联体国家的关系可划分为两个阶段：第一阶段为 2012 年至 2014 年，俄罗斯在新外交政策构想的指导下，着力同独联体国家发展合作关系，打造欧亚地区共同体，开展了许多合作与交流；第二阶段为 2014 年乌克兰危机爆发至今，以乌克兰、摩尔多瓦等国为代表的部分独联体国家出现亲西方的倾向，俄罗斯加大了对这些国家的控制力度，国家间友好合作关系出现不利态势。

1. 俄罗斯主导下的区域一体化

普京多次谈到俄罗斯是“欧亚国家”“欧亚大国”。2012 年 5 月 7 日，普京签署《关于俄罗斯联邦对外方针的实施措施》。该措施明确指出：“把发展独联体空间的多边合作和一体化进程，作为俄罗斯对外政策的关键方向。在俄罗斯、白俄罗斯和哈萨克斯坦关税同盟和统一经济空间范围内，加深欧亚一体化，并在 2015 年建立欧亚经济联盟。”俄罗斯于 2013 年颁布《俄罗斯联邦对外政策构想》，明确提出：独联体区域的一体化是俄罗斯对外政策的优先目标。在俄、白、哈三国关税同盟的基础上，三国于 2012 年开始启动统一经济空间，2015 年三国经济联盟启动。

在区域一体化稳步发展的进程中，俄罗斯与欧亚联盟国家开展了密切的交流往来。2011 年 6 月 7 日，在莫斯科会晤时，俄罗斯总统普京就经济合作问题与乌克兰总理阿扎罗夫签署了《乌俄 2011 年至 2020 年经济合作计划》。此计划为两国未来十年在经济领域互利合作的发展前景明确了发展目标，促进了两国经济的友好合作。2012 年俄罗斯总统大选结束、政权平稳过渡后，俄罗斯高层随即对独联体重点伙伴国展开了密集访问，首访的国家定为独联体内的白俄罗斯。5 月 31 日至 6 月 1 日，俄罗斯与白俄罗斯两国总统在明斯克着重讨论了两国经济关系。俄罗斯决定向白俄罗斯提供第三批欧亚经济共同体抗危机基金贷款，并启动关于提供第四批贷款的谈判。白俄罗斯获得贷款的条件是：三年内拿出 75 亿美元推动经济改革和大规模私有化。5 月 28 日，梅德韦杰夫以新总理身份首访哈萨克斯坦，强调俄哈战略伙伴关系的重要性。6 月初，普京总统在参加上合组织北京峰会前夕访问了乌兹别克斯坦。峰会结束后，普京在回国途中访问哈萨克斯坦。9 月 19—20 日，普京分别访问了哈萨克斯坦、吉尔吉斯斯坦，10 月 4—5 日，访问了塔吉克斯坦。这一系列的交流互访促进了俄罗斯与独联体国家的合作和友好关系的发展。

2014 年 5 月 29 日，在哈萨克斯坦首都阿斯塔纳举行了欧亚经济委员会最高理事会会议。俄罗斯总统普京、白俄罗斯总统卢卡申科、哈萨克斯坦总统纳扎尔巴耶夫在会上正式签署《欧亚经济联盟条约》，条约自 2015 年 1 月 1 日起生效。2015 年 1 月 2 日，亚美尼亚宣布加入欧亚经济联盟；2015 年 8 月 12 日，吉尔吉斯斯坦宣布加入欧亚经济联盟。

2015 年 5 月，中国与俄罗斯签署《关于丝绸之路经济带和欧亚经济联盟建设对接合作的联合声明》，同时正式启动中国和欧亚经济联盟在经贸合作领域相关协定的谈判。经过 3 年的正式协商，2018 年 5 月 17 日，中国商务部国际贸易谈判代表兼副部长傅自应与欧亚经济委员会执委会主席萨尔基相、欧亚经济联盟各国代表在阿斯塔纳签署合作协定，中国“一带一路”倡议与俄罗斯主导的欧亚经济联盟对接取得实质性进展。

2. 独联体国家的离心和俄罗斯的控制

2013 年 11 月，由于亚努科维奇政府拒绝签署欧盟联系国协定，乌克兰国内爆发政治危机，反对派全面夺取了政权，亚努科维奇被迫下台。乌克兰“去俄罗斯化”政策出台后，引燃了克里米亚地区早已涌动的分裂情绪。2014 年 3 月，克里米亚和塞瓦斯托波尔并入俄罗斯联邦，成为俄罗斯联邦的一部分。乌克兰总统大选后，实行欧洲一体化方针，政府军与东部民间武装之间的冲突持续。乌克兰新政府宣布要退出独联体。2014 年 3 月，俄罗斯与乌克兰爆发军事冲突，俄罗斯军队进入克里米亚地区并占领克里米亚半岛。俄乌关系全面恶化。双方经济合作几近停滞，相互制裁日益升温，之前达成的一系列经济合作协议沦为一纸空文。

2016 年后，普京推行“转向东方”的政策。在独联体问题上，俄罗斯着力维护其在独联体地区的传统影响。俄罗斯加强了独联体内建立欧亚经济共同体的努力，致力于改善与格鲁吉亚的关系，反对外来势力干预摩尔多瓦。俄罗斯在推动欧亚经济联盟框架下的经济一体化方面取得显著的成就：2018 年 1 月欧亚经济联盟新版海关法典开始生效，大大提高了海关效率；5 月该联盟给予摩尔多瓦观察员国地位；联盟已经建立起统一的医药品市场，正在形成统一的服务市场；成员国间贸易持续增长；联盟同中国签署经贸合作协定，同伊朗签署建立自由贸易区临时协定，分别与东盟、南方共同市场签署合作备忘录，等等。当前，欧亚经济联盟正在建设统一的电力、天然气、石油和石油产品及金融服务市场。

与此同时，乌克兰危机所导致的独联体国家对俄罗斯的离心倾向持续发展：乌克兰加入欧盟自贸区并宣布退出独联体，格鲁吉亚、摩尔多瓦签署《欧盟联系国协定》，哈萨克斯坦进行字母改革，白俄罗斯要改国名为白罗斯。俄罗斯整合独联体国家的能力受到削弱，俄罗斯试图加强对独联体国家控制的努力也造成了其与独联体国家间的冲突，地区形势趋向紧张。

二、俄罗斯与独联体国家关系的主要影响因素

俄罗斯与独联体国家间关系，具有得天独厚的有利因素，主要体现在三个方面：

1. 地理地缘因素

独联体的稳定为俄罗斯的发展提供安全的周边环境，维持同独联体国家的良好关系，既有利于俄罗斯的周边安全需要，也能为独联体国家提供安全上的保证。

俄罗斯与独联体地区地缘接近，独联体国家作为俄罗斯的“近邻外国”，在历史上就是保障俄罗斯免受来自欧洲以及土耳其等伊斯兰国家侵袭的天然屏障。其地区的稳定程度，以及俄罗斯对其执行

何种外交政策，将直接关系到俄罗斯自身的稳定与发展，而且还有2500万俄罗斯族人生活在除俄罗斯以外的独联体各国，保障境外俄罗斯族人的合法权益，也是俄罗斯对外政策的重要任务。这就要求俄罗斯务必保持同独联体各国的友好关系，将“独联体外交”摆在一个相当重要的位置。同时，对于独联体国家来说，在面对不稳定的阿富汗输入伊斯兰极端势力影响以及毒品、枪支走私等犯罪活动时，会获得来自于俄罗斯的帮助与保护。在打击恐怖主义及其他形式的极端主义，打击犯罪、非法移民、非法买卖毒品方面，独联体伙伴国之间的合作依然十分活跃。这是各国共同面临的威胁与挑战。

2. 发展经济因素

独联体是俄罗斯的原料产地和传统市场，独联体需要俄罗斯带动经济，在能源、科技方面依赖俄罗斯。

虽然独联体各国都已成为主权国家，但是毕竟曾经长期存在于同一个国家内部，拥有相当类似的政治文化与经济生活。前苏联地区经济具有很强的互补性，各国都是某一项资源或产品的主要生产国，通过独联体这一组织可以重新起动前苏联的经济结合体。换句话说，所有近邻国家和俄罗斯有许多扯不断的经济联系。俄罗斯为了重振其国家经济，也必须保证作为其原料基地和商品市场的独联体的长期稳定。因此，俄罗斯外交决策层逐渐把建立独联体统一经济空间的构想纳入了其战略轨道，而且这种理念仍将在未来俄罗斯对外政策中持续运行。“今天的独联体，是一个有着重要经济发展潜力的巨大的共同市场。而且是真正按照现代市场基础发展的市场。俄罗斯的经济伙伴关系，从一开始就不仅决定于共同的历史，还决定于统一的基础设施、共同的技术规范基础和标准、共同的动力系统和交通运输系统。

3. 政治因素

独联体在俄罗斯恢复大国地位中起重要作用。主要体现在保证现有战略空间。随着俄罗斯地缘安全空间受到极大挤压，其世界大国地位也已发生动摇，因而俄罗斯力图加深与独联体国家的合作，谋划独联体集体安全体系，构建包括独联体各国在内的共同安全空间，对当代俄罗斯外交思想根源深入探析，并努力保证俄罗斯在传统势力范围内享有特殊利益和承担特殊责任，从而以独联体为依托，巩固俄罗斯的世界大国地位。俄罗斯军事学家强调，在独联体内部与其他成员国在解决集体防御和安全问题方面以及协商军事政策和国防建设问题方面进行合作。这一合作方面是俄罗斯联邦优先考虑的。俄罗斯现实的国家利益决定了“独联体外交”仍将成为俄罗斯对外政策最为关注的优先方向，正如2001 年 4 月 3 日，普京总统在致俄罗斯联邦会议的国情咨文中指出的那样：“由于历史上的亲近关系，加上明确的务实考虑，我们必须在独联体内积极行动。俄罗斯依然是独联体一体化进程的核心，而对于处于经济振兴期间的俄罗斯来说，它在这里将大有作为。”

俄罗斯与独联体国家间也存在一些双边关系的不利因素，具体表现为以下六组矛盾：

一是历史纠葛。波罗的海三国近来坚决要求俄罗斯就苏联“侵占”三国做出道歉和赔偿。波兰也要求俄罗斯为“苏军屠杀”道歉。俄罗斯对这股历史“翻案风”大加指责，声称绝不容许东欧国家“亵渎历史”。

二是领土争端。俄罗斯与爱沙尼亚和拉脱维亚边界谈判取得共识后，因两国坚持单方面增加“苏军占领”的附件被俄罗斯拒绝。欧盟在关键时刻插手，发表声明支持两国立场，使俄罗斯与东欧国家的边界和领土纠纷更趋复杂。另外，东欧国家针对俄罗斯的欧洲飞地加里宁格勒州的种种苛刻举措也使俄罗斯大为恼火。

三是“革命”斗争。波兰和波罗的海等东欧国家在乌克兰“颜色革命”中充当了西方的马前卒，为尤先科最终上台立下了汗马功劳。此后，东欧国家还准备以“古阿姆”为基础组建一个“民主选择共同体”，一心要向独联体地区扩展“颜色革命”。俄罗斯与东欧国家围绕“颜色革命”，在台前幕后展开了激烈的较量。

四是经济整合。俄罗斯试图通过有目的地向东欧国家投资和购买战略性设施，来增加东欧国家对俄罗斯能源供应的依存度，进而影响东欧国家的对俄政策。但东欧国家在俄罗斯资本进入问题上层层设防，俄罗斯在斯洛伐克等国的并购案大多未成功。

五是人权冲突。俄方称爱沙尼亚和拉脱维亚两国长期歧视当地俄语居民，使其不能享有选举权和被选举权等基本人权。俄罗斯为维护当地俄语居民的合法权益，通过多种途径加以沟通，均未奏效。欧盟中的东欧国家不仅对两国举动加以庇护，而且要求欧盟对俄罗斯采取强硬政策，对普京“侵犯人权和破坏法制”的做法进行公开批评。

六是安全对立。东欧和西方支持摩尔多瓦，拟定时间表强迫俄罗斯撤出军事装备和维和部队。罗马尼亚、保加利亚等国还盛邀美军撤出驻德军事基地后移驻本国，并与美国在波罗的海举行以俄罗斯为假想敌的联合军演。北约在东欧新成员国的游说下，不仅派飞机驻防波罗的海三国，而且在欧洲常规武器裁减条约问题上不肯迁就俄罗斯。

俄罗斯与东欧国家都处于转型时期，按说双方在社会和经济生活的民主化、公民社会的建立和向市场经济体制转化等方面走的道路基本相同，可相互关系为什么无法融洽呢？综合来看，主要有以下几个方面的原因：

第一，俄罗斯与东欧国家有着沉重的历史包袱。从历史上看，波兰、瑞典、法国和德国等都先后经东欧进犯过俄国。俄国强大后又主动进军东欧，波兰、捷克、斯洛伐克、匈牙利等国都曾被沙俄控制。苏联解体后，东欧国家纷纷加入西方阵营，它们奉行比西方国家更加反俄的方针。双方都无意恢复昔日“社会主义阵营”时的友好合作关系，相互猜忌自然难以避免。

第二，政治、经济和安全相互依存关系的消失使俄罗斯与东欧相互联系的纽带不断弱化。东欧剧变后，俄与东欧国家的政治同盟关系彻底割裂。苏联解体后，俄与东欧国家没有选择逐步建立一种以过去合作为基础的新型经济关系。除了能源合作外，经济合作与经济互助委员会（简称“经互会”）时期已经不可同日而语。安全上，东欧国家纷纷加入北约，投靠西方安全体系。俄虽然也扩大与西方的安全合作，但双方对于彼此之间的安全合作反而不热心。俄与东欧国家相互依存领域日益萎缩导致俄与东欧共同利益不断减少。

第三，西方对东欧国家的支持使其在与俄打交道时更加有恃无恐。欧盟和北约双双实现东扩后，欧洲边界已经延伸至波罗的海。东欧与俄罗斯的关系也自动纳入欧盟和北约框架。在处理对俄问题上尽管自主权减少了，但东欧同时得到了欧盟和北约的更多支持。特别是美国出于掌控欧洲安全事务主导权的战略考虑，不断提升东欧在其战略部署中的地位。西方还需要东欧充当遏制俄罗斯的“急先锋”，对东欧的需求增多，投入也因此相应增加。东欧得到西方的幕后支持，对俄说“不”的底气也就越来越足。

此外，俄罗斯在结束与东欧国家旧的盟友关系后，并未像独联体一样构建一个新的合作体系。俄在处理对东欧国家关系时，大国情结仍时有表现。在俄的欧洲安全构想中唯独没有东欧的位置，东欧国家的利益常常被俄忽视或遗忘。俄国内问题很多，独联体事务也很复杂，对东欧外交的投入也不够。上述因素综合发生作用，就引发了俄与东欧相互关系的“冰冻期”。

三、俄罗斯与独联体国家关系发展趋势

独联体作为一个国际组织，独多联少，虚多实少，形式大于内容，既不是一个主权整体，也不是一个利益整体，更谈不上“苏联第二”。但在俄外交战略排序中，仍居于优先甚至首位，所以保证独联体长期稳定是俄罗斯重要的利益诉求之一。在此背景下，俄罗斯要保持对独联体的政治安全主导，必须付出经济、能源和资源的代价。总的来说，相对于苏联时期，俄对独联体的外交政策将更具灵活性。特别是普京新任期，虽然俄罗斯在总体国际格局中处于劣势、守势和弱势，但仍然会努力保持在独联体的主导地位，争取局部攻势、强势和优势。由此可以概括俄独关系未来的发展趋势为：

首先，以“集安组织”为中心的安全合作面临挑战。集体安全条约组织（简称“集安组织”）是俄罗斯主导的独联体军事安全一体化机制，它于2002年由集体安全条约改组而成，成员国有俄罗斯、白俄罗斯、亚美尼亚、哈萨克斯坦、吉尔吉斯斯坦和塔吉克斯坦。根据集安组织宪章规定，禁止成员国加入其他军事联盟，外部行为体对该组织一个成员国的侵略将被看成是对所有成员国的侵略。所以该组织也使得具有离心化趋势的国家对俄罗斯产生了更大的警惕。随着北约东扩，以格鲁吉亚、乌克兰为代表的离心化国家谋求加入北约和欧盟以保障安全。除此之外，在中亚地区，随着上合组织的发展，中亚非传统安全的应对有了其他选择。在此基础上，以俄罗斯为主导的独联体内安全机制将受到挑战。

其次，以“欧亚经济共同体”为核心的经济合作将更加紧密。欧亚经济共同体是俄罗斯主导的独联体经济一体化机制，该组织成立于2000年，成员国为俄罗斯、白俄罗斯、哈萨克斯坦、吉尔吉斯斯坦、塔吉克斯坦。俄罗斯对欧亚经济共同体的基本政策是：分阶段地推进一体化，即经由建立自由贸易区和关税同盟，在共同体框架内建立共同市场。从2007年起俄、白、哈三国开始进行建立关税同盟的实际工作。2008年全球金融危机爆发后，面对共同的威胁，欧亚经济共同体成员国加快了联合的步伐。2009年三国共同签署了《关税同盟海关法》，2010年7月关税同盟正式启动。俄独之间紧密的经济联系促使经济合作加强。一方面，在现有国际局势下，随着欧盟制裁的长期性，与独联体之间的经济合作是俄罗斯赖以生存的基础。俄罗斯也迫切希望保持与独联体之间的经济联系。另一方面，独联体也难以摆脱俄罗斯的影响。例如，即使乌克兰局势不断恶化，在2014—2017年间，依然有63.8万人到俄罗斯谋职，而且许多乌克兰人在俄罗斯有亲友。此外，虽然格鲁吉亚、乌克兰宣布退出独联体，但以格鲁吉亚为例，其保留了独联体34个合作文件的签署国地位并参加后续的独联体相关方面的合作。所以，在此背景下，俄独之间的经济联系必然得到进一步加强。

最后，以“欧亚联盟”为目标的区域一体化进程充满不确定性。2011 年 10 月时任总理普京在俄罗斯《消息报》上发表文章，提出将欧洲与亚太有效联系起来，建立强大欧亚联盟的战略构想。欧亚联盟计划被视为普京第三任期内外交的优先方向。该计划致力于通过逐渐融合现有的关税同盟和统一经济空间，实施更加紧密的经济和货币政策，建立经济联盟。该计划的最终目标是建立具有统一的政治、经济、军事、海关、人文和文化空间的欧亚联盟，使其成为未来多极化世界中的重要一极，独联体成员国特别是欧亚经济共同体成员为优先加入对象。2014 年 5 月俄罗斯、白俄罗斯和哈萨克斯坦三国签署条约，欧亚经济联盟正式建立。2014 年 10 月亚美尼亚签署了加入欧亚经济联盟的条约，成为该组织的第四名成员。吉尔吉斯斯坦也在加紧准备，计划尽快加入。但欧亚联盟具有浓厚的政治意味，加入的各国将经济诉求放在首位，希望借助俄罗斯的广阔市场谋求经济利益；而俄罗斯则更加重视欧亚联盟的政治利益。俄罗斯意图以经济合作推动政治乃至军事安全合作，但现实是其成员扩充面相当有限。乌克兰作为区域大国坚持其欧洲选择，其他各国也处于观望态度。而且，欧盟的现状也证明，以经济促政治的做法难以达到预想的一体化进程。

综上所述，俄罗斯与独联体在历史和现实因素的多重影响下，俄独关系的前景将会围绕以经济为核心、以安全为保障来进行。在经济上，作为前苏联分裂后独立的独联体国家，其本质上的经济互补状态和内部经济的相互依存推动经济合作的进一步深化，这也将是俄独关系发展的重心。在安全上，受北约东扩影响，东欧地区独联体国家在安全合作上将更多地转向欧洲，但中亚地区各国的安全保障依然离不开俄罗斯。所以无论是集安组织还是上合组织，俄罗斯与中亚各国的安全合作将是长期而稳定的。在政治上，俄罗斯与独联体各国之间的分歧难以解决，这种结构性问题将直接阻碍相关计划和战略的实施，使得俄独之间政治合作充满不确定性。

第二节 俄罗斯与印度的关系

2000年10月，普京访问印度并签署《俄印战略伙伴关系宣言》，俄罗斯与印度正式建立起战略伙伴关系，并逐渐成为国际舞台上一组重要的双边关系。2000年建立战略伙伴关系至今，俄印两国关系不断增强，在政治、外交、军事、经济、安全等领域开展了大量卓有成效的合作。在政治与外交领域，俄罗斯与印度相互支持，在国际秩序、联合国改革、阿富汗重建等重大国际和地区问题上通过发表联合声明表达相同立场。在军事与安全领域，俄印两国持续扩大军事贸易并深化军事技术合作，通过建立联合反恐机制和开展联合军事演习强化在安全领域的关系。在经贸与能源领域，俄印两国通过建立相关机制与机构推动双边贸易快速发展，在石油、天然气与核能方面实施了一系列合作项目，双边能源合作发展潜力巨大。

俄印战略伙伴关系不同于冷战时期的苏印同盟，具有双方地位不平等、经济利益优先、以军事合作为主的特点。而俄印战略伙伴关系的发展，既受到两国地缘战略要求、军事合作互惠互利推动、双边贸易与合作深化等因素的促进，也受到两国总体战略需求不对称、民族心理排斥、经济联系总量偏小与军事合作中存在矛盾等因素的阻碍。受此影响，俄印战略伙伴关系的广度和深度将会进一步加强，但是很可能会出现不同程度的波动。

俄印战略伙伴关系的建立和发展，不仅为两国的内政外交带来巨大利益，而且对中亚地区打击三股势力、维护地区稳定和改善印巴关系、维护南亚和平有着积极的意义。对我国而言，俄印战略伙伴关系既可能会促进中俄印开展三边合作，也可能会造成我国周边安全压力不断加大。从总体上来说，我国应以更加开放和自信的姿态应对俄印战略伙伴关系，更加积极主动地开展多边外交；既要通过三边合作机制促进共同发展，又要防止俄印联合遏制中国。

一、俄印战略伙伴关系的建立

新世纪，俄罗斯和印度面对急剧变化的国际局势和地区局势，没有制定出长期的外交政策。国家外交和发展战略不断改变，两国关系也处于方向不定的状态。然而，在两国各自的发展战略和外交政策得到确立后，俄印关系逐步恢复，并在印度 1998 年核试爆后得到强化。虽然冷战结束初期至 20 世纪末的俄印关系经历了短期的波折，但总体上处于逐步恢复和发展之中，为两国建立战略伙伴关系打下了坚实的基础。2000 年 10 月，俄印两国发表《战略伙伴关系宣言》，正式宣布建立战略伙伴关系，成为两国关系史上的里程碑，标志着俄印关系进入了一个新的历史阶段。随着战略伙伴关系建立，俄印两国建立了国家领导人的年度会晤机制，在外交、军事、经济、能源、文化、科技等方面不断扩大合作，在国际事务中相互支持与配合，成为当今国际舞台上一对非常重要的双边关系。

2000 年 10 月 3 日，印度总理瓦杰帕伊与到访的俄罗斯总统普京在新德里签署了《俄印战略伙伴关系宣言》，标志着两国战略伙伴关系的正式确立。《宣言》作为俄罗斯与印度发展战略伙伴关系的法律文件，阐明了两国合作的基础与原则，并对俄印要加强合作的六个方面进行了详细阐述。从长远来看，《宣言》的签订为俄印关系的长期发展奠定了坚实的基础，开启了俄印关系的新时期，是俄印关系发展史上一座重要的里程碑。

（一）《俄印战略伙伴关系宣言》的签订

俄罗斯与印度之间建立战略伙伴关系的构想最早发端于 1996 年。1996 年，时任俄罗斯外长的普里马科夫访问印度期间，基于发展两国长期的友好关系，提出建立“战略伙伴关系”的设想。1997 年 3 月，时任印度总理高达访问俄罗斯时，俄方明确提出两国建立“战略伙伴”关系的构想，得到印方积极的回应。但随后俄罗斯突发金融风暴，国内经济濒临崩溃。之后印度因为核试爆遭到世界多国的谴责与制裁，双方均无暇关注两国战略伙伴关系问题。核试爆后，印度由于在外交困境中得到俄罗斯的支持，与其建立起了特殊的信任关系，双方建立战略伙伴关系的构想逐渐提上议事日程。1999 年 5 月，俄总统特使普里科德克和印度外长辛格互访，双方先后讨论了科索沃危机和两国关系，重申将建立战略伙伴关系。2000 年 3 月，普京当选为俄罗斯新一任总统，印度总理瓦杰帕伊立即致电祝贺，表示“印度期盼与俄罗斯签署战略合作伙伴宣言”。作为对印方的回应，普京在 2000 年 7 月推出当选后的首份《俄罗斯联邦外交政策构想》，其中明确表示：“俄罗斯将加强与印度的传统伙伴关系，包括在国际事务中的合作，（俄印加强合作）有助于解决南亚地区的问题，加强地区稳定和欧亚大陆的战略平衡。”

2000 年 10 月 2 日至 6 日，俄罗斯总统普京对印度进行了为期 4 天的正式访问。期间两国领导人签署了《俄印战略伙伴关系宣言》，宣布两国正式建立战略伙伴关系。《宣言》中确立了两国首脑每年定期会晤的机制，明确规定要加强两国之间政治、经济、安全等 6 个方面的双边合作，为俄印战略伙伴关系的发展确定框架原则和法律基础。除了《俄印战略伙伴关系宣言》之外，俄印双方还签署了 11 项相关合作协议，涉及外交、军事、经济、科技等方面。其中双方签署的军售协议内容丰富，涉及到“戈尔什科夫海军上将”号航空母舰、310 辆 T－90S 主战坦克和苏－30MKI 战斗机等大量先进武器装备的销售或更新，合同总额近 30 亿美元。

（二）宣言的主要内容

《俄印战略伙伴关系宣言》的主要内容分为 3 个部分，即前言、联合声明与结尾。

在前言部分，俄印两国对建立伙伴关系的前提进行了阐述。首先表达对两国传统友好关系的肯定，认为 1993 年签署的《俄印友好合作条约》是 1971 年《苏印和平友好合作条约》的延续，它与 1994 年两国发表的《进一步发展和加强俄印合作关系的宣言》与《保护多民族国家利益莫斯科宣言》共同构成两国关系的基础。然后两国表示互相尊重多民族、多语言、多宗教的共同特性，坚持民主、人权、法治等基本理念。在涉及国际关系时，两国强调“有必要建立一个基于所有国家和民族平等、民主价值观和公平公正的多极化的世界体系”，并且愿意“加强国际和平与安全、推进国际关系民主化，促进建立新的公正稳定的世界秩序方面共同做出贡献”。

《宣言》中的联合声明分为三条。第一条是宣告战略伙伴关系的建立。双方认为，在两国长期互信的基础之上，为了进一步将两国关系提升到新的高度，特此宣布建立两国之间的战略伙伴关系。第二条明确了两国建立战略伙伴关系的基本原则，即“国家间主权独立，地位平等，领土完整，互不干涉内政，互相尊重，互利共赢”。第三条列举了加强双边合作的主要内容，包括以下六个方面：

1. 政治方面。主要内容包括每年召开一次首脑峰会、就两国共同关心的问题进行定期磋商、与联合国等国际机构加强合作、推动国际裁军与防止核扩散、不参加任何针对另一方的军事政治或其他方面的联盟。

2. 贸易与经济方面。主要有两国同意建立俄印政府间委员会，加深和丰富在冶金、燃料、能源、信息技术、通讯、运输等领域的合作；进一步发展在金融、保险业的合作，加大相互投资，努力消除非关税贸易壁垒并降低关税；探讨与第三国发展区域贸易的可能性等。

3. 国防方面。两国认为应加强长期的军事技术合作，并深化军兵种之间的合作。

4. 科学与技术方面。促进科研合作的开展，扩大科学信息交流，在科研机构与高等院校之间建立直接联系；在“海洋科学、农业科学、医药科学与生物技术”等领域加强合作，并将科研成果应用于商业领域。除此之外，两国还宣称将在和平利用核能与外层空间方面开展合作。

5. 文化方面。加强两国文化传统和文化成就方面的广泛交流，促进在文化、教育、体育、大众媒体等领域的交往，增进两国之间旅游业的发展。

6. 其他方面。主要包括在打击国际恐怖主义、分离主义、有组织犯罪、非法麻醉品贸易等领域开展合作，就罪犯引渡、法律协助等问题进行合作。

在《宣言》的结尾部分，两国严正声明“双方的战略伙伴关系不针对任何其他的国家或国家集团，并且不谋求建立政治军事联盟”。

（三）宣言的意义与影响

对俄罗斯而言，与印度建立战略伙伴关系一举多得，影响深远。首先，俄罗斯在南亚获得了一个长期的战略支持者，战略空间得到扩大。在两国建立战略伙伴关系之前，曾有俄罗斯学者撰文指出：“在过去的十年中，我们同西方亦步亦趋，断绝了同前苏联盟友的关系，而结果得到了什么呢？俄罗斯被排斥在国际事务之外，普京正谋求走一条新路，设法找到俄罗斯在世界的位置。”受到与部分前苏联成员国关系冷淡和北约进一步东扩的影响，俄罗斯传统的战略空间被大大压缩。与印度建立战略伙伴关系后，俄罗斯在南亚地区的活动空间得以扩大。其次，俄罗斯的军工企业获得了长期的发展空间。建立起战略伙伴关系后，俄印之间的军工合作进一步深化，不仅数量上继续增加，合作类型也由武器买卖转向联合开发。俄罗斯军工企业通过两国的合作获得了大量的外汇收入。再次，印度为俄罗斯企业开拓了巨大的海外市场。首先，印度作为新兴大国发展潜力大，但能源资源匮乏——石油、天然气等资源需要依赖进口；印度积极发展核能，为俄罗斯相关企业提供了巨大的市场空间。此外，印度人口众多，市场巨大，为俄罗斯企业的发展也提供了大量机遇。普京曾致函印度总理瓦杰帕伊，认为两国签署的《战略伙伴关系宣言》意义重大，为发展双方在各个领域的合作关系奠定了坚实的基础。他同时表示，加速发展俄印关系是俄罗斯的外交战略优先方向之一，俄罗斯将坚定不移地遵循这一战略方针。

对印度而言，与俄罗斯建立战略伙伴关系受益颇多。首先，从地缘政治上看，俄印战略伙伴关系的建立使印度在世界局势中处于更加有利的地位。“印度的精英们坚信，俄罗斯保持强大，以抗衡美国和中国，符合印度地缘政治利益。俄罗斯则认为出现一个强大的印度同样对它有利，可形成多中心的均势，而不是由美国来主宰世界，完全符合莫斯科和新德里双方的利益”。其次，印度可以借助俄罗斯的力量巩固在南亚地区的主导权，并且在国际事务中发挥更大作用。印度想要实现“大国梦”，跻身世界强国之列，单靠本国实力难以完成。借助于俄罗斯的力量，印度可以在联合国安理会改革、阿富汗重建、中亚地区反恐等问题上发挥更大作用，提高国际地位。第三，印度可以从俄罗斯引进大批先进的武器装备，加速国防现代化进程。据统计，印度军队中大约60%—70%的武器装备来自苏联和俄罗斯，其武器装备的更新和零部件的供应基本依靠俄罗斯。在两国建立战略伙伴关系后，印度不仅可以购买更多先进的武器装备，而且两国的军事合作由武器买卖转向共同研发，将大大提升本国的军事实力。第四，通过与俄罗斯建立战略伙伴关系，印度可以在能源方面扩大本国利益。俄罗斯具有非常丰富的能源资源，印度与俄罗斯建立能源合作关系后，不仅可以获得长期稳定的能源供应，而且有利于实现能源来源多样化，确保本国的能源安全。

建立起战略伙伴关系后，俄罗斯与印度为两国外交制定了新的发展框架，将两国的合作关系提升到一个新的高度。《俄印战略伙伴关系宣言》是两国关系发展史上一座重要的里程碑，对俄印两国有着重要的现实政治意义和深远的历史意义。

二、俄印战略伙伴关系的巩固与发展

从2000年至2011年，俄印战略伙伴关系经历了从初建到巩固的11年。在这11年中，印度经历了瓦杰帕伊、辛格两届政府，俄罗斯经历了普京和梅德韦杰夫两任总统。在两国政府首脑的推动下，俄罗斯与印度在面对不同的国际局势和问题时加强两国间的外交协调，提高了两国在国际事务中的影响力，同时加深两国在各个领域的合作，使俄印战略伙伴关系得到全面发展。

（一）普京—瓦杰帕伊时期

在这一时期，受到国际局势的影响，联合反恐、就重大国际和地区问题协调立场和扩大军事贸易成为俄印发展战略伙伴关系的主要内容。

2001年9月11日，发生了恐怖分子劫持美国四架民航客机，先后撞击纽约世贸大楼和华盛顿五角大楼的恐怖事件。恐怖袭击给美国造成了巨大损失，包括世贸中心双子塔在内的6座建筑被完全摧毁，2998人遇难，经济损失达数千亿美元。除此之外，它还间接导致美元贬值、全球股市下跌、金融市场混乱、石油等战略物资价格暴涨，延缓了世界经济增长。“9·11”恐怖袭击事件的发生，拉开了全球反恐的大幕，全世界都进入了一个“反恐时代”。大多数国家都被卷入了由美国所主导的反恐大潮之中，俄罗斯和印度也不例外。但是对于俄罗斯和印度来说，反恐时代的到来还有着特殊的含义，“9·11”事件“使它们获得了解决克什米尔问题和车臣问题（即打击本国恐怖主义）的合法借口，推动了双边关系的进一步发展”。

2001年11月11日，按照《战略伙伴关系宣言》中确定的首脑年度峰会机制，印度总理瓦杰帕伊对俄罗斯进行正式访问。由于当时阿富汗战争爆发不久，以美国为首的联军正在与塔利班政权作战，除了经济、贸易、文化外，俄印两国首脑的会晤离不开反恐、中亚局势和阿富汗战后重建等话题，普京明确表示印度应该在解决阿富汗问题上发挥作用。会后两国召开联合记者招待会，在接受记者采访时，瓦杰帕伊对俄印关系的现状和未来予以高度评价，他认为“没有哪个国家像俄罗斯一样坚定地支持印度……俄罗斯和印度的政府会更迭，但相互的友爱将永远存在于我们心中，别人无法理解印俄友好的现象”。遵照两国首脑年度峰会的机制，2002年12月俄罗斯总统普京再次访印，期间两国签署了《关于进一步加强两国战略伙伴关系的德里宣言》。《德里宣言》中声明，战略伙伴关系为俄印两国关系全面长期的发展提供了稳固的基础，而相互安全、发展和繁荣是这种关系的核心目标。在地区问题上，双方宣布两国在阿富汗、巴基斯坦和中亚的一致立场，决定扩大在阿富汗的合作，欢迎《波恩协定》的实施，并宣布全力支持阿富汗临时政府，支持阿富汗的重建工作。

在地区热点问题和关系到两国利益的地区局势问题上，俄印在外交上协调一致，保持磋商并发表共同宣言，提高了两国在国际事务中的影响力。2003 年 3 月 20 日，美国以伊拉克暗中发展大规模杀伤性武器并支持恐怖分子为借口，联合英国、澳大利亚、波兰等国，绕开联合国安理会，公然对伊拉克实施大规模军事打击。战争爆发不到一个月，联军就占领了巴格达。“9・11”事件后，美国以反恐的名义发动阿富汗战争，通过阿富汗战争进驻中亚地区，并对南亚局势产生影响。伊拉克战争之后，美国可以在伊斯兰世界建立起新的战略同盟，控制丰富的石油资源，对俄罗斯、中国、印度都可以进行战略牵制。2003 年 11 月 11 日至 13 日，印度总理瓦杰帕伊对俄罗斯进行了访问。此次访问是瓦杰帕伊任印度总理期间最后一次访俄，也是成果最为丰硕的一次。访问期间，瓦杰帕伊和普京就国际和地区重大问题进行了讨论并签署了联合宣言，表达了对美国绕开联合国发动伊拉克战争的不满，呼吁通过和平对话解决争端。普京 12 日在与瓦杰帕伊会谈后表示，俄印两国战略伙伴关系不仅具有鲜明的特点，而且具有丰富多样的合作内容，俄印关系今后将更加充满活力。两国这次签署的联合宣言和相关合作协议充分反映了这一点。除了联合宣言，两国在经贸往来和军事贸易领域签订了一系列合作协议。建立战略伙伴关系以后，俄印经济合作迅速发展，两国决定把增加双边贸易额、提高私营经济的作用和扩大区域合作列为双边经贸合作的优先方向。

在军事贸易方面，俄罗斯与印度开展了大量武器装备与军事技术方面的贸易。在 2001 年至 2002 年间，俄罗斯向印度出售了护卫舰、防空导弹、运输直升机、预警直升机等先进武器，并提供武器升级和作战辅助系统等军事技术。2003 年俄印就“戈尔什科夫”号航母的贸易问题进行谈判，并于 2004 年签订相关合同。除此之外，俄罗斯还向印度发放生产坦克和战斗机的许可证，并确定两国将定期举行联合军事演习。

（二）普京—辛格时期

在普京—辛格时期，两国的军事合作开始由武器贸易向军事技术领域转型，同时在能源开发与核能合作方面扩大合作范围，并决定互办国家年，在文化与教育领域加强交流。

2004 年，印度举行大选，国大党在选举中胜出，5 月 22 日，曼莫汉·辛格成为印度新任总理。2004 年普京访问印度，与印度总理辛格举行首次会见。在会谈中双方讨论了印度加入联合国常任理事国、两国核能合作、扩大经贸往来等问题，重点讨论了俄印军事合作的转型。在两国交往史上，军事合作一直是其中最重要的内容之一。印度军队主要的武器装备都来自前苏联和俄罗斯，印度也是俄罗斯军火贸易的最大出口国。但以往的军事合作仅限于武器装备的买卖，在此次会谈后，俄印首脑确定了联合开发新型军事技术的发展方向，使两国在军事合作层面的关系更加紧密。

2005 年 12 月 4 日，辛格首次访问俄罗斯。在此次访问中，除了以往的经贸、军事、科技领域外，能源领域的合作成为两国首脑会晤的主要议题。两国在核能、石油、天然气领域签订一系列合作意向书与备忘录，印度表达了对俄罗斯石油天然气股份公司等大型石油企业的参股意向，并希望参与俄罗斯油田的开采。此后，两国开始加强能源合作，为长久维持战略伙伴关系注入新的动力。2006 年 3 月，俄罗斯总理弗拉德科夫访问印度，双方在能源、军事、科技等领域达成一系列重要协议。2007 年是俄印建交六十周年。1 月 25 日，普京率领由政府高官和企业家组成的约 300 人的代表团访问印度，并参加印度的国庆阅兵典礼。访问期间，普京与辛格进行会谈，并签署 7 份涉及军事技术合作、核能开发和太空技术的协议。双方决定，在经贸领域加大银行和信贷机构的作用，为两国企业间合作提供充裕的资金支持；在核能领域扩大合作，除了已经在建的两台机组外，又签订新建四台发电机组的备忘录；在军事领域，双方宣布将联合研发多功能运输机与第五代战斗机。

除了相关协议外，两国还确定2008年在印度举办“俄罗斯年”，2009年在俄罗斯举办“印度年”，并开展相关的文化交流活动，以促进两国人民间的友谊与了解。11月辛格回访俄罗斯，强调双方应加强能源和经济合作，但未能在核能合作方面取得突破。按照两国文化交流的安排，2008年是印度“俄罗斯年”。2月2日，俄总理祖布科夫访问印度，并为印度俄罗斯年揭幕，使两国文化领域的交流与合作进入一个新的阶段。

（三）梅普—辛格时期

在梅普—辛格初期，受到俄格冲突后印度表态模糊同时受军事贸易摩擦的影响，俄印战略伙伴关系发生波动。但是孟买袭击案给俄印恢复和发展双边关系提供了新的契机，之后两国在反恐、核能和军事贸易领域的合作逐步加大。

2008年8月8日，格鲁吉亚进攻南奥塞梯，俄罗斯随即出兵干预，两国之间发生武装冲突。冲突发生后，各国表态不一，而印度在这一问题上的模糊表态导致俄方很不满意。在军事贸易领域，印方对俄方的供货时间及零配件服务价格等方面颇有微词，两国关系中发生了一些细微的变化。随后两国经贸关系有所冷淡，媒体上也开始出现有关对方国家的负面报道，俄印关系出现了小幅波动。

2008年11月26日，印度孟买发生连环恐怖袭击案，为两国关系的发展再度提供了契机。恐怖袭击案发生后，长期深受车臣恐怖分子袭扰的俄罗斯及时表达关切与慰问。随后俄罗斯新任总统梅德韦杰夫访问印度，他是孟买恐怖袭击案发生之后首次访问印度的外国元首。2011年7月13日晚，印度孟买再次发生恐怖袭击，连环爆炸造成18人死亡，130余人受伤。恐怖袭击发生后，俄罗斯总统梅德韦杰夫立即致电辛格表示慰问，并在慰问电中再次强调“印度发生的这起罪行证明联合反恐的必要性”。

除了借反恐改善两国关系外，梅德韦杰夫2008年的访问还具有深层次的涵义——在新德里致力于外交关系多样化和发展印美合作的情况下，加强俄印在核能领域的合作并弥补两国在军售领域的分歧，适当调整俄印战略伙伴关系以巩固俄罗斯在印度外交中的地位。在双边会谈中，两国首脑重点讨论了反恐和应对金融危机等话题，力图加强在社会安全与经济安全方面的合作。会谈之后，两国相关部门签署了《俄印核能备忘录》《俄罗斯与印度加强反恐情报交流协议》《关于加强俄罗斯与印度文化教育领域合作的协议》等10份文件，重在全面加强两国在国际金融危机背景下的双边合作。2009年12月印度总理辛格访问俄罗斯，主要讨论了俄印核能合作、反恐和印度入常等问题。辛格此行的最大成果是两国签署了民用核能合作协议。根据协议，即使印度再次进行核试验，俄罗斯仍将继续与其进行核能合作。核能协议为两国在核能领域的长期合作提供了保障，也进一步巩固了俄印战略伙伴关系。

2010年12月，梅德韦杰夫访问印度，讨论反恐、能源合作，促成两国签署关于共同研发第五代战机的军事技术协定，涉及金额达300亿美元。2010年3月，普京再次访问印度，双方签订五项总额超过70亿美元的交易合同，涉及购买俄罗斯的硬件设施，并引进先进技术经验，其中包括航空母舰、29架“米格-29K/KUB”舰载歼击机、防务太空技术以及至少12座核反应堆。2011年4月14日，俄罗斯总统梅德韦杰夫与印度总理辛格在三亚参加“金砖国家”领导人第三次会晤，与中国、巴西和南非一同发表《三亚宣言》，就国际治理、全球经济复苏等问题阐述观点，并签订一系列多边合作协议。2011年10月，俄印政府间军事技术合作委员会举行第11次会议。印度国防部长安东尼称，航空母舰、第五代战斗机（FGFA）、多功能运输机（MTA）、布拉莫斯巡航导弹等关键项目的进展情况有了明显改善。俄罗斯国防部长谢尔久科夫认为，两国在海军技术、防空系统、为印度军队升级直升机、步战车和坦克，以及俄制武器售后服务方面的合作潜力巨大，俄印政府间军事技术委员会会议的成果将为合作带来新的助力。

（四）2012 年以来的俄印关系

2012 年普京再次当选俄罗斯总统至今，俄印关系进入了一个长期稳步发展的阶段。

2014 年 12 月 11 日，普京正式访问印度，与印度总理莫迪签署了涵盖核电、石油和防务项目的一系列合同。在记者会上，莫迪公开表示，“即使印度的选项已增加，俄罗斯仍旧是我们最重要的防务伙伴”。普京也表示，“俄罗斯各领导层将坚持俄印建交几十年来所形成的方针”。2018 年 10 月 5 日，普京再次访问印度。普京与莫迪举行正式会谈之前，两人进行了热情的拥抱，并且手拉手进入总理官邸，这一举动被解读为两国之间的高度信任。在双方签署的一系列合作协议中，仅军售合同就达到约 100 亿美元。2019 年 9 月，莫迪参加俄罗斯主办的东方经济论坛，与普京举行会晤。会晤结束后，双方发表联合声明，呼吁联合国安理会进行改革，以便更好地处理世界和平与安全问题。

总的来看，俄罗斯和印度的关系在签署《战略伙伴关系宣言》之后发展迅速，两国军事贸易和经济合作不断扩大，国家首脑年度会晤机制、国家间军事技术合作委员会、俄印企业家论坛等外交机制和各种合作机构为两国关系的进一步深化和拓展指明了方向，同时两国关系也受到经济利益、贸易摩擦等不利因素的影响。

三、俄印战略伙伴关系的主要内容

从 2000 年俄罗斯与印度建立战略伙伴关系至今，两国在各个领域的交往与合作不断深化，取得了一系列丰硕的成果。在政治关系领域，俄印不断深化政治互信，在外交上互相支持，在国际事务中加强合作；在军事安全领域，俄印间军事贸易持续增长，军事合作方式由武器装备贸易向军事技术合作转变；在经贸与能源合作领域，两国间贸易额连续增长，在石油、天然气与核能方面陆续开展了一系列合作项目。

（一）俄印政治关系的发展与合作

政治领域的合作是俄印战略伙伴关系的主要表现形式。自2000年以来，俄印两国在外交上相互支持，在国际政治与安全问题上立场基本一致并多次发表联合声明，成为国际关系舞台上不可忽视的一组双边关系。

1. 俄印在外交领域的合作

俄印两国之间在外交上的联系源远流长，有着深厚的外交传统。早在印度宣布独立之前的1947年4月，苏联就和印度建立起了外交关系。尼赫鲁在为印度首任驻苏大使潘迪特夫人举行的欢送仪式上曾指出："你们将要去一个友好的国度，我们之间有许多共同之处。我们之间没有，将来也不应该有相互利益的冲突。"冷战期间，南亚次大陆上形成了"苏联—印度"与"美国—巴基斯坦"相对抗的格局。为了拉拢印度，苏联在各种外交场合一直明显支持印度。在中印边界问题上，1959年9月9日塔斯社就中印边境事件发表声明，公开偏袒印度，积极支持印度。而在克什米尔问题上，苏联一直明确持支持印度的立场。1955年赫鲁晓夫访问印度时，发表讲话称"克什米尔是印度不可分割的一部分"，明确表示"支持印度对克什米尔问题的政策"。这种公开表示支持印度在克什米尔问题上的立场，甚至连尼赫鲁本人都感到非常吃惊。1965年8月，第二次印巴战争爆发，经过一个多月的战斗，巴军地面部队在坦克的配合下给印军以重创，随后战事陷入僵局。苏联在印巴之间积极进行斡旋，部长会议主席柯西金亲自居中调停，促使印巴两国在塔什干签署宣言，规定双方在涉及克什米尔的问题上"互不干涉内政"，并且"不使用武力手段解决争端"。

俄印两国建立起战略伙伴关系后，俄罗斯在南亚的战略空间得以扩展，南亚地区对俄打击恐怖主义、维护国家安全有着重要的意义。因此，在处理印巴问题时，俄罗斯在略微倾向印度的基础上更加重视地区和平与稳定。2001年12月13日，印度国家议会大楼遭到恐怖分子袭击，即印度"12·13"事件。恐怖袭击发生后，印度认为这是巴方支持的伊斯兰武装分子所为，强烈要求巴方对武装分子进行拘捕，而巴方对此予以否认。随后，两国在克什米尔地区实际控制线和边界线附近陈兵百万，关系再度紧张。2002 年 6 月，亚洲相互协作与信任措施会议（简称“亚信会议”）领导人峰会在阿拉木图召开。普京与穆沙拉夫、瓦杰帕伊分别举行会谈，表达对印巴危机的关注和忧虑，敦促双方尽快解决危机，说服两国领导人做出“以和平方式解决两国之间纠纷的承诺”。在无法顺利调解的情况下，俄罗斯的立场明显要倾向于印度。2002 年 12 月，俄罗斯领导人公开宣称莫斯科支持新德里在“越境恐怖主义”问题上的立场，即印巴重新对话的前提是巴方完全停止针对印度的“越境恐怖主义”活动并彻底清除巴领土上所有的恐怖组织设施。同时，俄罗斯也同意《西姆拉协议》《拉合尔宣言》应当成为印巴对话的唯一框架。这一表态同印度的立场一致，自然受到印度方面的欢迎。

除此之外，俄罗斯还明确支持印度参与联合国安理会改革，试图使其成为新的安理会常任理事国。两极格局结束后，印度看到了世界多极化的趋势。历届印度政府进行经济改革，发展综合国力，力图使印度从一个地区大国发展为世界大国，在多极的世界格局中占据一席之地。因此，成为安理会常任理事国就成为印度外交的一个主要目标。

21 世纪联合国在国际事务中的作用日益明显，也面临着一系列的问题。早在 1995 年庆祝联合国成立五十周年时，印度等国就试图以此为契机，提出改革联合国安理会的要求，并明确表示希望成为安理会常任理事国。但由于未能获得大多数成员国的支持而不了了之。此后，印度在发展对外关系时，极力表达希望成为安理会常任理事国的诉求，努力获得更多国家尤其是五大常任理事国的支持。由于俄印之间具有特殊的紧密联系，而且印度成为安理会常任理事国可以进一步平衡美国对俄罗斯的战略压力，俄罗斯对印度入常的问题一直持积极的态度。2000 年俄印建立战略伙伴关系时，双方发表的联合声明中就明确指出，印度是“强有力的和合适的候选国”。

2009 年，为了推动安理会改革，联大决定启动安理会改革问题政府间谈判，谈判着重讨论的五大议题包括：成员国的类别、否决权问题、地区代表性、扩大后的安理会的规模、安理会的工作方法以及它同联大之间的关系。此后，印度争取入常的脚步加快，并得到了俄罗斯的大力支持。俄总统梅德韦杰夫 2010 年访问印度期间，俄印签署联合公报，公报中明确表示，“俄罗斯支持印度成为联合国安理会常任理事国”。后来印度与德国、巴西、日本组成“四国集团”，试图集体成为联合国常任理事国。但是四国的做法引起了意大利等欧洲国家和南非、埃及等非洲国家的不满，最终没能获得大会支持。虽然印度没有成为安理会常任理事国，但是其努力不会停止，俄罗斯对其政治支持也将继续下去。在印度成为安理会常任理事国的问题上，俄罗斯学者认为，印度需要俄罗斯的支持以达到成为联合国安理会常任理事国的目的，而且这符合俄罗斯的利益，并且可以在两国之间营造更加友好的氛围。印度学者也认为，“在联合国及其他国际论坛上，印度现在可以依赖俄罗斯的政治支持。”2019 年 9 月，莫迪赴俄罗斯参加东方经济论坛，与普京会晤并发表联合声明。联合声明呼吁加大联合国安理会改革力度，莫迪表示印度已经具备常任理事国的候选资格，普京则明确表态支持印度。

2. 俄印在国际政治领域的合作

除了外交上的合作，俄印两国在多种外交场合发表联合声明或共同宣言，表达两国在世界和平与稳定、国际秩序、地区安全、反对恐怖主义等问题上的一致立场。在 2000 年签订的《战略伙伴关系宣言》中，两国表示要“致力于维护联合国的宗旨和原则，期望在加强国际和平与安全、推进国际关系民主化，促进建立新的公正稳定的世界秩序方面共同做出贡献”。两国的外交部门之间建立了定期磋商机制，就两国关心的国际问题进行讨论，并在涉及对方利益的国际事务中给予外交支持。2002 年 12 月，普京访问印度，期间两国发表了《关于进一步加强俄印战略伙伴关系的德里宣言》。《宣言》指出，“在一个多极的世界，印俄主张加强联合国在促进国际安全方面的核心作用。同时，联合国及安理会也应提高效率，使之更充分地反映出当今世界的地缘政治和经济现实，为维护绝大多数成员国的利益承担更大责任。”

在许多国际场合与国际组织中，俄罗斯与印度就国际政治领域的重大问题发表共同声明，凸显出两国在世界秩序、国际安全与地区稳定方面具有相近或共同的利益。在分析俄印两国在国际政治领域能够广泛开展合作的原因时，俄罗斯前外交部长伊万诺夫认为，俄印两国合作“其基础是两国根本利益的一致性：共同忠于民主价值观，都将国际和国内稳定视为加速经济增长的不可或缺的条件。由此而来的是，莫斯科和新德里对世界政治基本问题的立场有着本质上的共同性。”

2019 年 7 月，印度与巴基斯坦在克什米尔地区爆发大规模冲突。美国白宫发布声明，正式警告印度要保持克制和维护地区形势稳定，而普京在东方经济论坛上，表示支持莫迪政府的政策。总的来看，俄罗斯与印度在国际政治领域的合作不仅扩大了两国在国际舞台上的影响力，而且大大促进了两国的政治互信，也推动了俄印战略伙伴关系的持续发展。

（二）俄印军事安全关系的发展

在俄罗斯与印度的各领域合作与交往中，最主要的内容就是两国间的军事合作。有学者认为，“防务合作是印俄关系的主要部分，支撑着两国间经济的和战略的伙伴关系。事实上，防务合作是双边关系中最突出的部分”。俄印军事合作并不是新世纪兴起的，从某种程度上讲，它是苏印军事合作的继承和发展。

俄罗斯（苏联）从 20 世纪 50 年代末期开始向印度提供武器装备，至今已有半个多世纪的历史。两国间真正意义上的军事合作应该从 1962 年开始，当年 8 月，苏印双方签署了两国间第一份大宗军贸协议，内容是苏联向印度出售“米格－21”飞机、组建生产该系列飞机的军工企业、出售“通古斯卡”“箭”“黄蜂”等型号的地空导弹及其他各式弹药。在中苏关系恶化和中印边境自卫反击战后，苏印军事合作关系加速，苏联向印度提供大量的主战坦克、战斗机、步兵战车以及火炮。21 世纪，俄印关系一度处于“漂流”的状态，军事合作陷入停滞状态，但是随着两国间友好关系的确立，军事合作也开始快速发展。1997 年印度总理高达访问俄罗斯时，双方签署了总额约 80 亿美元的军事技术合作协定，涉及苏－30MKI、远程导弹发射系统、导弹防空系统等先进的武器装备。据俄罗斯《军事技术合作》杂志的报道，印度的主要武器装备中约 70% 以上都是俄罗斯制的，而从 20 世纪 60 年代开始到 2000 年的近 40 年时间中，俄罗斯（苏联）与印度在军事合作领域签订合同的总额高达 308 亿美元，其中 283 亿美元用于购买各种武器装备，25 亿美元用于技术合作和服务项目。

长期稳定的合作为俄印在新世纪军事关系的发展奠定了良好的基础。俄印双方建立起战略伙伴关系以后，在合作传统和经济利益的推动下，两国间的军事合作进一步深化和发展，同时又面临新的挑战。

1. 战略伙伴关系下的俄印军事贸易与合作转型

军事合作是俄印之间开展战略伙伴合作的最主要内容。从建立起战略伙伴关系至今，两国不断扩大军事贸易，在武器装备和军事技术项目上的贸易额近 200 亿美元。此外，在军事贸易的基础上，俄印军事合作的形式也在发生变化，从单纯的武器装备买卖转向联合开发军事技术和新式武器。

据统计，俄印建立战略伙伴关系至 2010 年前，两国签订的军事技术合作计划共包括 200 多个项目，总价值约 200 亿美元。可以说，军事贸易是两国战略伙伴关系发展的重要推动力，也是历次首脑峰会的主要内容之一。

1998 年 12 月，俄罗斯总理普里马科夫访问印度，双方就建立战略伙伴关系达成协议，并签订了《2001—2010 年军事技术合作纲要》。根据该计划，印度将在 10 年内向俄罗斯购买价值 160 亿美元的高技术装备。2000 年，俄印正式建立起战略伙伴关系。在发表的

《战略伙伴关系宣言》中，明确提出两国要在军事领域“加强长期的防务和军事技术合作”，并且“深化军兵种之间的合作”。在建立战略伙伴关系之初，俄印签订了多项军事合作方面的协议。其中包括成立政府间军事技术合作委员会、俄方有条件地向印度“赠送”“戈尔什科夫海军上将”号航空母舰、向印方发放生产T－90S主战坦克和苏－30战斗机的许可证。据统计，从2000年两国建立起战略伙伴关系至2008年，俄印之间每年的军事贸易总额都保持在15亿美元左右。

2001年是两国军事贸易内容较为丰富的一年。年初，俄罗斯向印度交付100枚X－35反舰导弹；5月，“塔巴尔”号护卫舰下水；6月，俄罗斯向印度提供了40架载有“旋风”反坦克导弹的“米－17”直升机；7月，约300具“针”式便携式防空导弹系统交付印方；12月，价值9200万美元的“卡－31”预警直升机交付印方。除此之外，2001年的俄印军售还包括价值1.8亿美元的“伊尔－38”改进型海上巡逻机，5架“卡－31”预警直升机，热成像装置和远程预警系统，以及租借一艘核动力潜艇。2002年普京再次访问印度，期间两国领导人就新型武器装备贸易、进行现有武器装备的升级和改良、联合研制新型武器等问题达成协议。俄罗斯将向印度提供多管火箭发射系统，为印度火炮加装弹道测量系统，帮助升级改造俄制877EKM型常规潜艇，并附加了关于售后技术服务和零配件供应的协议。

2003年，俄印之间开始关于印度购买“戈尔什科夫海军上将”号航母的谈判。俄罗斯同意免费将航母“赠送”给印度，但附加条件是印度要购买俄制舰载机，航母的修复工程也要交由俄方完成。经过近半年的谈判，两国最终于2004年1月20日签署购买协议。根据协议，航母更名为“维克拉姆蒂亚”号，由俄罗斯北德文斯克船厂对其进行改装。协议总额为15亿美元，其中5.26亿用于购买12架舰载“米格－29”战斗机、6架“卡－31”直升机以及4架教练机，9.74亿美元用于舰体的修复和改造工程。2004年12月，俄印首脑第五次年度峰会在新德里举行。两国签署了总额近20亿美元的军购合同，俄罗斯同意向印度发放许可证，用于生产310辆T-90主战坦克、140架“苏-30MKI”战斗机和60架“米-29”舰载机。

2006年8月，印度武装力量总参谋长辛格访俄，双方签署了相关军售合同，印度将从俄罗斯进口全部飞机组件，组装140架“苏-30MKI”多功能战斗机，这是俄印迄今为止签署的单笔金额最大军火合同。除此之外，印军又从俄方购买了3艘护卫舰和28枚“诺瓦特”巡航导弹。2007年11月辛格访俄，俄罗斯联邦军事技术合作局局长米哈伊尔·德米特里耶夫同印度驻俄罗斯大使签署了两国共同实施多用途运输机生产计划的协议，使两国在军事技术合作方面前进了一大步。

2008年，由于在“戈尔什科夫海军上将”号航母涨价问题上出现分歧，两国的军事合作发生了一些波动。根据合同，俄方应在2008年8月底前交货，但是俄方以改造难度增大、原材料价格上涨、美元贬值等理由要求增加12亿美元的改装费用，并且将交货日期延迟至2010年底。印度军方大为不满，但是航母改造工程已经进行了一半，不可能中途放弃合同，印方不得不妥协。双方经过激烈的讨价还价，最终于2009年7月达成协议。根据协议，航母改装工程的最终价格为23亿美元，比最初合同高出了8亿美元。这一事件虽然最终得以协商解决，但是对俄罗斯军工企业的信誉和双方以后的合作都不可避免地产生了一定的负面影响。

2009年12月，辛格访俄期间，两国签订了俄印《2011—2020年军事技术合作纲要》。该纲要包括国防装备现代化改造、发展新型先进武器系统、武器维修与售后服务、零配件供应等协定。在未来十年中，新的纲要不仅可以帮助印度军队提升装备水平和作战能力，而且可以为印度的国防工业提供大量的技术支持，有助于印度建立完整先进的国防工业体系。此外，两国还签署了3项军事技术转让协议。两国将在军事装备制造、研发、供应和提高印军的作战能力等方面加强合作。《今日印度》发表文章称，俄供印武器和军事装备售后服务协议会把两国防务关系提升到一个新水平，同时也有助于维护、保养印度的俄制武器，为其提供充足的武器配件和服务。2010 年 12 月梅德韦杰夫访问印度，签署了总额高达 300 亿美元的军事合作协议。在各项协议中，最突出的就是两国合作研制新一代战机的项目。根据协议，2010—2020 年间俄印将合作生产 250—300 架第五代战斗机。战斗机设计资金额达 2.95 亿美元，俄罗斯和印度各出资 50%。合作开发项目的具体执行方为俄罗斯苏霍伊飞机公司和印度斯坦航空公司。这一协议的签署，为两国未来的军事合作注入一股新的动力。

此后，在历年的双边会谈中，军事贸易都是两国合作的主要内容之一。2018 年普京访问印度，两国签署的军售合同包括 50 亿美元的 S－400 防空导弹系统、22 亿美元的 4 艘隐形护卫舰、10 亿美元的 200 架直升机以及新式坦克等。

在俄印军事合作领域，武器装备贸易是最重要的部分，但是应该看到，俄印军事合作正在发生转型，正在从单纯的武器买卖转向军事技术合作开发与武器装备联合生产。进入 21 世纪后，传统的军事贸易已经不能够满足印度的要求，俄罗斯在印度军购市场上面临新的挑战。一方面，印度试图扩大武器进口的来源，摆脱对俄制武器的过分依赖；另一方面，出于巨大利益的考虑，西方各国开始涉足印度军购，美国、法国、加拿大、以色列等国都开始在印度军购市场上出现。为了密切俄印关系，巩固俄罗斯军工企业在印度市场上的地位，俄罗斯将俄印军事合作的范围扩大到联合研发和生产新式武器。同时，印度先进的软件产业和充足的研发资金也可以为俄罗斯的相关机构提供发展的空间。俄印军事合作已经从最初的武器买卖，过渡到俄罗斯给予印度许可证生产武器，再到两国建立企业联合生产，直到联合开发、研制新型武器装备。

在建立战略伙伴关系之初，军事合作的转型已经开始。继 2000 年普京访问印度、两国发表《战略伙伴关系宣言》后，2001 年 6 月印度外交部长兼国防部长辛格访问俄罗斯。访问期间双方又签署了军事合作议定书，进一步明确两国在军事技术领域的合作框架与发展方向。俄印在联合声明中指出，两国之间的军事技术合作已经上升到一个崭新的高度，“不仅涉及武器及军品贸易，还包括对新的项目进行合作开发与研究”。2004 年 1 月，俄罗斯国防部长伊万诺夫访问印度，与印度国防部长举行会谈，集中讨论了两国在军事技术领域开展合作的相关问题。经过数年谈判，俄印于 2007 年签订相关合作协定。2005 年 11 月 17 日，俄印政府间军事技术合作委员会第五次会议在莫斯科结束，两国军事合作出现了新的发展趋势。用俄罗斯国防部长伊万诺夫的话来说，就是“俄罗斯与印度在军事装备领域的合作已经渐渐由买卖关系过渡到联合开发新军事技术的新境界”。

在军事技术合作领域，俄印两国间合作的主要项目为第五代作战飞机、新型多用途运输机和“布拉莫斯”巡航导弹。2010 年 12 月，俄印签署联合研制第五代作战飞机的合作协议。根据协议，该项目耗资约 60 亿美元，由俄罗斯的“苏霍伊”公司和印度的斯坦飞机公司（HAL）进行联合研制。2008 年，俄印签署联合研制多用途运输机（MTA）的政府间协议。新飞机由印度的 HAL、俄罗斯的“伊尔库特”科学生产公司、伊柳申公司和俄罗斯国防出口公司联合研制，主要用来替换苏联的“安－12”和美国的“C－130”型运输机，首批批量生产的飞机在 2013 年投入使用。在俄印军事技术合作中最典型的例子就是“布拉莫斯”导弹项目。导弹名称“布拉莫斯”源于印度布拉马普特拉河（即我国雅鲁藏布江下游）与俄罗斯莫斯科河名称首字母的合写，象征着两国在这一项目上的合作。“布拉莫斯”巡航导弹重 3 吨，长 8 米，射程近 300 千米，可携带 200 千克的常规弹头。经过两国军工企业的改良，该导弹可以从飞机、舰船、导弹发射车等多种平台上发射，还可以根据不同战场的实际情况对该导弹进行改进。经过双方的合作，2001 年 6 月在俄罗斯进行了第一次发射试验；2002 年 4 月在印度巴拉尔试验场进行了第二次发射试验，并击中目标；2003 年导弹进入最后的测试阶段。2006 年，印度海军首先装备俄印联合生产的“布拉莫斯”超音速巡航导弹，印度陆军和空军分别于 2007 年和 2010 年开始装备相关型号的“布拉莫斯”导弹。

2. 俄印间联合反恐机制的建立与完善

随着恐怖主义的兴起和泛滥，俄罗斯和印度受到了不同程度的威胁和袭击。在反对和打击恐怖主义的行动中，俄罗斯和印度的合作成为两国军事与安全关系中的一项重要内容。

俄罗斯深受恐怖主义危害。对于俄罗斯而言，最主要的恐怖主义威胁来自于两个地方，即中亚地区和车臣共和国。苏联解体以后，中亚地区出现了五个新独立的国家，历史上在中亚地区占据主导地位的伊斯兰教开始恢复活力，利用苏联解体后这一地区的权力真空，长期被压制的伊斯兰原教旨主义思潮迅速发展，四处传播。1995 年底塔利班在阿富汗夺取政权以后，在中亚地区就形成了以阿富汗为中心、影响整个中亚、南亚、西亚和俄罗斯的伊斯兰原教旨主义势力。由于中亚五国实力有限，再加上外部势力的支持，伊斯兰原教旨主义思潮迅速向五国输出，同时以建立宗教合一的伊斯兰原教旨主义政权为目标的恐怖主义势力活动猖獗，发动多次恐怖袭击，中亚反恐形势非常严峻。由于中亚五国资源丰富，与俄罗斯有着紧密的政治经济联系，又是俄罗斯国家安全的战略屏障，中亚反恐与俄罗斯国家利益息息相关。在俄罗斯国内，恐怖势力难以根除，屡次制造骇人听闻的恐怖袭击。第二次车臣战争结束以后，车臣独立势力大部分被消灭，但小股势力逃入高加索山区，开始原教旨主义化和恐怖主义化，把“独立”的目标演化成具有恐怖主义性质的“圣战”。2002 年 10 月 23 日，约 50 名车臣恐怖分子闯入莫斯科轴承厂文化宫剧院，将剧院内的 700 多名观众和 100 多名演员劫为人质。恐怖分子头目巴拉耶夫要求俄罗斯军队在一周内撤出车臣，否则就杀掉所有人质。在经过一系列谈判未果后，普京下令特种部队强行进攻并解救人质。恐怖袭击最终造成 117 人死亡，数百人受伤，给俄罗斯的社会稳定带来巨大伤害。2004 年 9 月 1 日，俄罗斯北奥塞梯共和国别斯兰市第一中学举行开学典礼，期间数十名恐怖分子将参加典礼的 1000 余名学生、家长和老师劫为人质。谈判期间，恐怖分子突然向人质开枪，俄罗斯特种部队被迫强行攻入学校。这次袭击造成 335 人死亡，数百人受伤，成为世界上后果最为严重的恐怖袭击案之一。2010 年 3 月 29 日，恐怖分子在莫斯科地铁站发动恐怖袭击，制造连环爆炸案，造成 41 人死亡，百余人受伤。“从阿富汗到中亚，再到高加索的车臣，实际上已经形成了一条恐怖主义活动猖獗的弧线地带，而俄罗斯恰好被围在弧线之中。”

与俄罗斯一样，印度也一直受到恐怖主义的危害。印度是一个多民族、多语言、多宗教的国家，民族冲突和宗教矛盾相互交织，致使国内恐怖袭击频发，爆炸和伤亡不断。20 世纪末至今，随着南亚地区伊斯兰原教旨主义的兴起和国内印度教民族主义的抬头，印度受到的恐怖主义威胁日趋严重。据统计，从 2002—2007 年共有 5011 人在印度一系列的暴力事件中遇难，伤者过万。2006 年 7 月 11 日发生在孟买的系列火车爆炸案，导致 200 人遇难，600 多人受伤。2008 年 11 月 26 日，数名携带武器的恐怖分子对孟买市著名的泰姬玛哈和奥贝罗伊两家五星级酒店等多处繁华地点发动袭击。虽然经过激烈的战斗，印度特种部队 29 日平息事态，但袭击造成近 200 人死亡，300 多人受伤，经济损失难以估计。

由于俄罗斯与印度都深受恐怖主义危害，两国在打击恐怖主义和联合反恐方面加强合作显得非常必要。俄印战略伙伴关系建立以来，两国在安全领域的合作不断加强，在联合反恐和技术交流方面成果显著。在 2000 年签署的《战略伙伴关系宣言》中，两国就强调要在打击国际恐怖主义、分离主义和有组织犯罪等领域开展合作。2001 年，两国发表《莫斯科宣言》，主张建立一种新型的“合作安全秩序”。2002 年普京访问印度时，两国发表《德里宣言》，强调反恐行动绝不接受任何双重标准，并宣布两国将加强在联合反恐方面的合作，具体措施包括同意建立俄印阿富汗问题联合工作小组以及一个俄印联合反恐工作小组。此外，俄印双方还签署了《打击国际恐怖主义谅解备忘录》等5个协议。2006年3月，俄印两国的反恐与安全部门在新德里举行圆桌会议，对许多西方国家在反恐问题上实行“双重标准”进行批评。俄罗斯驻印度大使维亚切斯拉夫·特鲁布尼科夫表示，“印度和俄罗斯不接受在国际反恐合作问题上的‘双重标准’……莫斯科和新德里一致认为，联合国应当在协调反恐合作上起主导作用，反恐斗争应在国际法基础上进行”。

2008年12月，梅德韦杰夫访问印度，成为孟买恐怖袭击案后首位访印的外国领导人。俄方对恐怖主义袭击表示强烈的谴责，与印度签订了5份反对恐怖主义的备忘录，决定全面加强在反恐领域的合作。2009年印度总理辛格访问俄罗斯，双方签订了一系列反恐合作协议，进一步推动了两国在反恐方面的合作。俄方对2008年发生在孟买的恐怖袭击案和2009年10月份发生的印度驻阿富汗大使馆遇袭事件表示谴责，印方对俄罗斯在打击恐怖主义和维护高加索地区和平与稳定方面做出的努力表示支持。此外，两国计划在涉及阿富汗和巴基斯坦等国的地区问题上保持密切联系，进一步加强在反恐方面的合作。俄印一致同意巩固两国在反恐领域的合作基础，并提出具体措施，例如交流反恐技术和经验、开展情报共享与互助、合作监控边境事态等。2010年12月，俄罗斯总统梅德韦杰夫访问印度时曾在孟买技术学院与大学生进行交流。在谈及俄印在反恐方面的合作时，他认为“我们的反恐部门近10年来学会了很多，我们拥有一定的技术，在这方面我们完全开放与印度朋友的合作。”

3. 俄印两国定期举行军事演习

除了军事贸易和技术合作，以及联合反恐外，俄印两国联合军事演习的开展也有力地推动了两国军事关系的发展。

建立战略伙伴关系至今，两国每年都有国防部长、总参谋长和军兵种司令级别的高级将领率团互访。2003年5月，印度和俄罗斯两国海军首次在印度洋海域举行了规模空前的联合军事演习——“因陀罗”演习。此后，俄印定期在印度洋海域举行两年一度的

"因陀罗"演习，并在2009年以后改为每年举行一次。2010年10月16日至24日，"因陀罗—2010"俄印联合反恐演习在印度东北部举行。俄军第34独立摩步旅的280多名军人和印度第99步兵旅的山地步兵参加演习，就搜索、包围及消灭非法武装人员进行实战演练。2010年12月，俄罗斯武装力量总参谋长尼古拉·马卡罗夫大将访问印度，专门就"因陀罗-2010"演习交换意见，并协商"因陀罗-2011"演习的主要内容。从2003年后，俄印"因陀罗"系列演习分别在两个国家轮流举行。2019年12月，俄军派出40多架飞机和直升机、约300名军人赴印度参加演习，主要科目为登陆、反恐、封控武装叛乱地区等。

除此之外，俄印两国在联合打击恐怖主义方面也进行了多次联合演习。2005年，俄印两国的空降兵在印度西部的沙漠中举行演习，训练陆空协同打击恐怖分子的行动。2007年9月11日至20日，160名印度空降兵参加了在俄罗斯普斯科夫州举行的"因德拉-2007"联合反恐演习，双方联合演练如何在坎坷不平的地形条件下搜寻和消灭恐怖分子。联合军事演习促进了俄印军队之间的相互了解和信任，为两国军队的交流与合作搭建了新的平台。

（三）俄印经贸往来与能源合作

2003年普京与瓦杰帕伊举行会谈时曾经表示，俄印战略伙伴关系充满活力，不仅在政治上，在军事技术合作和整个经济合作上都要得到发展。在两国政府的推动下，俄印两国建立了一系列促进双边贸易的机制和机构，两国贸易额增长较大，但是总额不大，与两国的国际地位不符。能源合作是俄印建立起战略伙伴关系后的新兴领域，在能源需求与经济利益的推动下两国在石油、天然气、核能项目上开展大量合作，发展前景广阔。

1. 两国双边贸易的发展

俄罗斯与印度在经贸领域具有天然的互补性优势，并且两国政府都大力推动双边贸易与相互投资。因此俄印战略伙伴关系建立后，双边贸易发展迅速。

据世界银行的预测，到2020年时，印度的经济总量将列于美国、中国和日本之后，位居全球第四。俄罗斯能源资源和矿产资源丰富，重工业发达，轻工业和服务性行业相对落后。印度人口众多，市场广阔，软件产业和轻工业发达，但重工业和基础设施比较薄弱，能源和电力长期供不应求。两国经济在资源配置和供需关系方面具有非常强的互补性。

2000年俄印发表《战略伙伴关系宣言》时，双方签订了数份关于经贸合作的协议与合同，包括《至2010年长期合作综合计划》《司法互助及关于民事商业法律的条约》《农业、科技和教育交流协议》《产品共享协议》等一系列文件。在历年举行的两国领导人峰会上，如何加强和推动双边贸易的发展都是主要议题之一。在推动贸易方面，俄印一般在领导人会晤时设定未来要达到的贸易额，然后由政府间委员会和商业组织制定具体合作计划。2007年11月俄罗斯总理祖布科夫表示，俄印两国计划到2010年时将双边贸易额提高到100亿美元。2009年12月辛格访问俄罗斯时，提出到2015年两国贸易额应达到200亿美元。在两国政府的推动下，俄印之间的贸易额从2000年的18亿美元提高到了2010年的约100亿美元，10年间增长近6倍。

在俄印政府间各部门的合作中，俄印政府间经贸、科技和文化合作委员会是协调两国经贸关系的主要机构。它负责两国加强贸易与合作的相关事务，定期举行双边会谈，解决双边贸易中遇到的问题。除了政府部门间的合作，俄罗斯与印度工商界和经济学家们也为两国贸易的发展发挥了积极的推动作用。2006年3月，在俄罗斯经济发展与贸易部部长格尔曼·格列夫的推动下，两国建立了俄罗斯—印度工商理事会。5月2日，俄—印工商理事会在新德里组织召开了国际会议，主题就是“当今世界经济及俄罗斯的作用”。会议中，经济学家们对俄印经济领域的互补性和合作潜力进行了研讨，两国企业家也签订了一系列合作意向书，为两国经贸往来拓宽了合作渠道。2007年10月，俄罗斯副总理亚历山大·茹科夫在莫斯科开幕的俄罗斯和印度政府间经贸、科技和文化合作委员会第 13 次会议上表示，在俄印合作建设库丹库拉姆核电站过程中，政府间信贷发挥了积极的作用。双方政府将扩大这一信贷形式，为能源、冶金、采矿业的合作提供更充裕的资金保障。2008 年俄印举行贸易投资论坛，期间成立了俄罗斯与印度企业领导人理事会。在理事会首届会议开幕式上，印度工商部部长纳特致开幕词，他表示，理事会能够帮助商人在需要的时候有效地游说政府，应当成为发展两国经贸关系的实用工具。在理事会正式宣告成立之后，正式启动了“Brand India”俄英双语网站。这一网站主要介绍印度国情和工商业发展状况，并向两国企业提供贸易信息，成为联系俄印企业的重要媒介之一。

在建立战略伙伴关系之后，俄印两国在经贸领域的合作有了很大的发展，贸易总额增长较快，但是由于贸易基数小，贸易总额仍无法与两国的战略伙伴关系相适应。在 2010 年 12 月梅德韦杰夫访问印度以后，两国已经采取多种措施，积极扩大合作范围，加强在贸易、科技、农业、能源、邮电、金融、核能、钻石等领域的合作，力图为巩固“战略伙伴关系”提供紧密的经济联系和坚实的物质基础。

2. 俄印在能源领域的合作开发

印度国土面积广阔，但是国内油气资源比较贫乏，仅凭自身能力远远无法保障本国需求。印度已成为世界第四大原油进口国，而印度国内 80% 的原油都是从国外进口的。根据国际能源署（IEA）的预计，到 2015 年印度日耗油将达 400 万桶，届时印度对海外石油进口的依赖将高达 90%。目前印度进口的能源主要来自中东。为了实现能源来源多元化，保障本国的能源安全，印度极力开发新的能源供应国。因此在能源领域，与世界主要油气出口国之一的俄罗斯开展合作便具有特殊意义。

在《战略伙伴关系宣言》中，明确提出要“加深和丰富在能源和资源开采部门内的合作”。由于印度能源资源的缺乏和俄罗斯能源外交战略的实施，在历次俄印国家领导人年度峰会上，俄印能源合作都是两国领导人感兴趣的话题。经过长期的协商和谈判，俄印间能源合作在2006年以后进入实质性阶段。2007年1月普京访问印度，访问结束后两国发表联合声明，决定在能源领域开展企业间直接合作。“双方商定根据各自的资源、需求、能力和潜力在两国石油天然气公司之间进行直接对话，以便俄罗斯、印度和其他国家能够在石油天然气领域的各种合作中签署具体的互利商业协议。”在政府部门政策支持和大型企业直接合作的推动下，俄印之间在能源领域的合作逐步扩大。

（1）两国在石油领域的合作

俄印在石油资源合作中，主要形式就是共同投资开发俄罗斯油田，确保能源的持续供应。早在2001年，印度石油公司就开始与俄方进行参加“萨哈林—1”项目的谈判，并计划投资15亿美元与俄罗斯共同合作，开发库尔曼加兹油田。2008年11月，印度石油和天然气部长穆利·德奥拉访问俄罗斯，访问期间普京与他举行了会谈，协商共同开发西伯利亚石油、建立石化工厂以及印度参与“萨哈林—3”项目的有关问题。2010年12月，梅德韦杰夫访印，两国在能源领域的合作进一步扩大。俄罗斯国有投资公司与印度国家石油公司签署协议，决定扩大在能源领域的投资。

“萨哈林—1”能源开发项目是两国石油合作的最大项目，也是成果最大、最具代表性的一个。“萨哈林—1”项目总投资近140亿美元，于2005年10月正式启动，主要用于开采俄罗斯远东萨哈林岛大陆架的3个油气田。据前期勘探结果，该项目可开采约23亿桶石油（合3.07亿吨）和4850亿立方米天然气。印度最大的国有油气公司ONGC的下属子公司Videsh Limited在这一项目中投资27亿美元，持有该项目20%的股份。2006年底，首批近150万桶萨哈林岛出产的石油运往印度，标志着俄印在石油资源领域的合作进入一个新的阶段。

（2）两国在天然气领域的合作

在天然气资源的合作方面，俄印主要通过共同投资开发两国的资源，以供应印度的能源需求。

一方面，两国通过共同投资，对俄罗斯西伯利亚地区的天然气资源进行开采，之后通过管道运输至印度。从俄罗斯运输天然气到印度主要通过伊朗—巴基斯坦—印度天然气管道（IPI）。该管道长度约为2300千米，设计运输能力为每年200亿立方米，投资总额约为75亿美元。2007年，印度大使宣布印度天然气工业公司将参与铺设伊朗—巴基斯坦—印度天然气管道，为该项目的顺利进行提供保障。2008年4月，巴基斯坦和印度就管道建设公司、运输关税和过境税三个问题达成一致，管道建设正式启动。2010年8月23日，IPI首段工程在伊朗破土动工，标志着谈判长达十年的管道项目正式进入施工阶段。

另一方面，俄罗斯协助开采印度国内的天然气资源。印度的天然气储量较为丰富，但由于技术原因，每年的天然气开采量不大，难以满足国内需求。2007年11月，俄罗斯天然气工业公司、印度国家石油天然气集团公司和石油天然气部举行工作会谈，讨论了俄印两国在天然气领域的合作方向，并且对孟加拉湾印度大陆架地区天然气开采项目的相关问题进行协商。2009年辛格访俄时两国签订协议，俄罗斯天然气工业有限公司在孟加拉湾印度大陆架地区投资54.8亿卢布（约合1.8亿美元），并提供相关技术进行能源开采。

可以说，俄印之间的能源合作优势互补，具备双赢的有利条件。但是受到运输能力短缺和航运距离较远的影响，俄印能源贸易的规模还有待加大。可以预见，未来随着印度能源资源需求的日益高涨和运输技术的进步，俄印能源合作将会逐步扩大，但同时也受到国际油价和地区局势的影响。

（3）核能合作

核能合作在俄印能源合作中具有重要的地位。印度是一个电力短缺的国家，“印度经济每年以6%—8%的速度增长，其国内电力装机目前只有1亿多千瓦，发电量远远不够，每年至少影响经济增长1个百分点。”

由于印度未签署《不扩散核武器条约》，国际原子能机构与核供应国集团长期对其实行技术封锁。俄印虽然希望加强在核能领域的合作，但迫于国际压力，两国核能合作进程缓慢。2007年11月，辛格访问俄罗斯时，两国签署了在民用核能方面加强合作的协议，以及一份关于加强核能合作意向的备忘录，俄罗斯开始帮助印度建设位于泰米尔纳德邦的库丹库拉姆核电站。2008年10月，美国与印度签署民用核能合作协议，在有条件的情况下向印度开放核能领域，即印方必须分离军用与民用核项目、接受国际原子能机构核查、按美方要求处理核问题。随后，核供应国集团取消了对印度30多年的核出口限制，英国、法国、加拿大、日本等国都开始涉足印度的核电市场。随着国际社会对印度核问题的放开，俄印之间的核能合作开始升温。2008年12月，梅德韦杰夫访问印度期间两国签订核能协议，俄罗斯计划帮助印度在库丹库拉姆核电站再建造4座核反应堆。2009年12月辛格访问俄罗斯，两国在核能合作方面取得重大突破。根据两国的《民用核能合作协议》，俄罗斯对印度的“核试验”放行，这就意味着即使印度将来进行核试验，俄罗斯将继续向印度提供核燃料。而按照美印2008年签订的核能合作协议，印度一旦进行核试验，美国将立刻停止与其合作，印度获得的相关技术与设备都必须归还美国。相比较而言，俄罗斯与印度开展核能合作的深度和广度都要领先于其他国家。

随着国际社会在民用核能领域的放开和本国经济的快速发展，印度政府计划增建20座核电站，预计到2020年时印度核电总装机容量将达到800万千瓦，占电力供应的份额由目前的3%上升到33%。2010年12月梅德韦杰夫访问印度，其主要目的之一就是为俄罗斯的核能企业争取订单。访问期间，印度原子能部门与俄罗斯国家原子能公司在核反应堆技术的开发方面签订了新的合作协定。俄罗斯国家原子能公司总裁、前总理谢尔盖·基里延科向记者表示，俄罗斯未来将在印度的三处地方建设18座核反应堆，这还不包括目前在印度泰米尔纳德邦建设的库丹库拉姆核电站。可以看出，随着俄印关系的发展，两国在核能领域的合作将进一步加深。但是面对西方国家的有力竞争，在消除了政治因素干扰后，技术、价格等因素将在两国的合作中发挥更大作用。

四、俄印战略伙伴关系分析

与之前的俄印关系相比，俄印战略伙伴关系具有俄罗斯占据主导地位、经济利益优先化、以军事合作为主线的特点。由于历史和现实国情的不同，俄印两国战略伙伴关系的发展受到地缘战略需求、军事合作互惠、双边贸易扩大等因素的促进，也面临着总体需求不对称、民族心理排斥、经济联系总量偏小、军事合作矛盾等因素的阻碍。总体来看，俄印两国的相互需求与合作呈扩大趋势，但是由于阻碍因素的存在，两国关系在一定情况下会发生波动甚至倒退。

（一）俄印战略伙伴关系的特点

随着俄印战略伙伴关系的建立和发展，俄印关系已经成为国际舞台上一组重要的双边关系。分析研究两国关系的特点对判断我国周边安全形势、开展多边外交有着积极的意义。通过研究和对比，笔者发现俄印战略伙伴关系主要有以下几个特点：

1. 双方地位具有不平等性

在俄印战略伙伴关系的发展过程中，俄罗斯占据着主导两国关系发展的优势地位。从根本上说，俄印战略伙伴关系的建立与发展是基于两国的国家利益和外交需要，但是在国家利益的天平上，两国的位置是不对等的。对于俄罗斯而言，发展与印度的战略伙伴关系可以扩大在南亚地区的影响、扩大对外军售、赚取外汇收入。而对于印度而言，俄罗斯作为世界大国之一可以提升印度的国际地位，在印度成为安理会常任理事国和多极化世界中一极的过程中发挥着不可替代的支持作用；印度在成为世界大国的过程中，能源问题是主要的障碍之一，由于美国和西方核供应集团对印度发展核电设置种种限制条件，俄罗斯对印度无条件的核能支持与能源合作将使俄方成为印度未来主要的能源来源国之一；由于印度绝大部分武器装备是俄制的，印度武器的改进和国防的现代化离不开俄罗斯军工企业的支持，甚至连正常的使用与维护都离不开俄方的零配件供应。在苏联解体之初，俄罗斯一度中断了向印度供应武器装备的零配件，结果使印度空军中约 50% 的战斗机停飞、1/3 的坦克和装甲车封存，大型军事演习被迫停止。

通过对比可以看出，印度充其量只是俄罗斯的一个军事贸易伙伴，在政治、外交、军事和民事贸易领域作用有限、影响不大；而俄罗斯在印度的政治、军事、能源等方面对其国家发展有着不可替代的作用和影响。以军事和国防领域为例，印度的军事现代化得到了西方国家的部分支持，但主要的武器装备和军事技术都来源于俄罗斯，一旦失去俄罗斯的支持，印度的整个国防体系都可能产生动摇；而对于俄罗斯，印度更像是一个巨大的客户，经济价值远远大于军事价值。因此，在两国开展的各项合作中，印度对俄罗斯的依赖程度要高于俄罗斯对印度的依赖程度，俄罗斯在两国关系中具备更多的选择性，占有更加优势的地位，掌握着两国关系发展的主导权。

2. 经济利益优先化

与冷战时期的苏印关系相比，俄印战略伙伴关系不仅去掉了“政治同盟”“军事同盟”的色彩，而且将经济利益作为国家间开展合作的最主要标准。在冷战时期，南亚大陆上形成了“苏印—美巴”相对抗的地区格局，再加上中苏关系的交恶和中印边境战争的影响，印度就成为苏联重要的政治与军事盟友。从 20 世纪 60 年代到 80 年代，苏联向印度提供大量的武器装备、军事技术和低息贷款，并通过易货贸易和卢比结算对印度的国民经济进行扶持，还提供多批无偿的粮食和药品援助。而印度在反华、印度入侵阿富汗、越南入侵柬埔寨等问题上与苏联站在一起，并且不顾国内反对在联合国大会上支持有利于苏联的提案。在这一时期，苏印关系中政治因素起主要作用，经济利益服从于政治和外交的需要。在《俄印战略伙伴关系宣言》中，最后一条明确阐明“双方的战略伙伴关系不针对任何其他的国家或国家集团，并且不谋求建立政治军事联盟”。在俄印战略伙伴关系发展的过程中，政治和外交因素虽然仍发挥作用，但经济利益已经成为两国关系中的主导因素，发挥着决定性的作用。在俄印之间军事贸易、军事技术合作以及能源合作中，困扰两国的不是政治障碍和技术限制，而是难以谈拢的价格和俄罗斯不断提价的要求，因为在俄方看来俄印之间的友谊是建立在巨额利润基础上的。作为印度的战略伙伴，俄罗斯逐步改善与巴基斯坦的关系，在克什米尔问题上也一改绝对支持印度的立场，都是出于发展俄巴关系、获取经济利益的考虑。而印度在俄格冲突之后，不再像支持苏联入侵阿富汗那样支持俄罗斯，也是出于防止美援断绝的考虑。

可以看出，俄印战略伙伴关系更多地围绕经济利益浮动，经济利益优先化是战略伙伴关系的主要特点之一。

3. 以军事合作为主线

在俄印战略伙伴关系发展的进程中，军事合作始终是最主要的内容。由于冷战时期苏印结成同盟，苏联向印度提供了大量的武器装备和军事技术，在苏联解体之初，印度主要的大型作战装备几乎都是苏制的。虽然印度在20世纪后十年努力发展国防工业，并且积极从西方进口先进武器，但是由于本国工业基础薄弱和西方对高新技术的封锁，到2000年俄印建立起战略伙伴关系之前，印度仍有60%—70%的武器装备是俄制的。在建立起战略伙伴关系以后，俄罗斯实行更加积极的对印武器出口政策，T－90S坦克、苏－30MKK战斗机、S－300防空系统、“基洛”级潜艇和“戈尔什科夫海军上将”号航空母舰等先进的武器装备都成为两国军事贸易的对象。军事贸易与技术合作是两国领导人历次年度峰会上的主要议题之一，为了推动军事合作的开展，俄印之间又成立了政府间军事技术合作委员会。在两国首脑和政府部门的推动下，俄印军事合作不断发展，不仅在传统的武器装备贸易领域扩大合作，而且在军事技术共享、高新武器研发和联合生产领域都进行广泛而深入的合作。据俄罗斯国防出口公司在“2009 印度航展”开幕式上提供的数据，俄印 2001—2010 年的军事技术合作协议总价值 180 亿美元。继俄印《2001—2010 年军事技术合作纲要》之后，2009 年辛格访问俄罗斯期间，两国签订了俄印《2011—2020 年军事技术合作纲要》。新《纲要》确定了未来十年俄印两国在军事领域的合作计划与方向，为两国军事关系的发展提供了有力的指导和保障，而军事合作作为两国战略伙伴关系中的主要内容将继续得以拓展和加强。

（二）俄印战略伙伴关系发展趋势分析

在当代国际社会，国家利益和综合国力是一国制定外交政策的基础，因此俄印战略伙伴关系的发展趋势不论是上升还是下降，无疑都是在国家利益的影响下做出的变化和调整。因此，从俄印两国国家利益需求和综合国力的角度出发，通过对俄印战略伙伴关系推动因素与阻碍因素的对比，可以更加深入地分析其战略伙伴关系的发展态势。笔者认为，基于俄罗斯与印度在外交、反恐、军事、能源、经贸领域的共同利益与相互需求，俄印战略伙伴关系将持续发展并扩大合作范围，但是二者不会结为同盟，并且两国关系在一定条件下很可能发生波动甚至倒退。

首先，长期存在的共同利益是推动俄印战略伙伴关系不断深入发展的主要动力。在现实主义外交政策指导下，俄罗斯外交以“欧美”为主要方向，但仍没有摆脱“欧亚主义”的情结，俄罗斯欲稳定中亚局势、将战略空间扩展至印度洋，必然需要与印度长期保持良好的关系。而在国际舞台上，印度需要借助俄罗斯军事大国和安理会常任理事国的地位，逐步实现自己的大国梦。俄印的相互需求使两国在许多领域都有着巨大的共同利益。在俄印合作中最主要的军事领域，印度军方希望借助俄罗斯先进的武器装备和军事技术提高本国军队的战斗力，而俄罗斯也希望扩大向印度的武器出口以换取军工企业的发展资金，印度军方与俄罗斯军工企业已经形成了良好的互动合作关系，合作前景广阔。在能源领域，俄罗斯具备丰富的油气资源和先进的核能技术，而印度能源不足，需要大量进口油气资源和发展核电以满足国家发展的需要，俄印间形成的长期的能源供需关系也将为两国关系的进一步发展提供动力。

其次，虽然国家利益成为俄印战略伙伴关系的主导因素，但是不同的国际国内环境使得两国的关系有可能随着利益的变化而变化，不会结成某种形式的同盟。既然俄印关系是建立在维护各自国家利益基础之上的，将会依据时势的变化进行调整，不像冷战期间需要毫无保留地支持和拥护对方的主张，结成某种同盟的可能性也微乎其微。在2004年访问印度时，普京在新德里举行的记者招待会上表示，俄印两国间的政治互信应该转移到经济合作领域。在回答近年来俄印双边关系中到底是政治还是经济应占主导地位这一问题时，普京说，“我认为，俄印双边关系应以理性思维为主导，应该在这一原则上发展和协调俄印双边关系。”而关于俄印是否会结为同盟的问题，美国学者也提出否定的看法。在今后15—20年里，印度领导人将致力于世界多极化，使新德里成为多极中的一极……（印度）跟许多国家建立起伙伴关系，但这种伙伴关系为的是扩大自主权，而不是跟任何或多个国家结盟。

俄印关系发展迅速，两国会在一定条件下相互支持，但不至于发展成为类似1971年苏印同盟的特殊关系。之所以做出这种判断，主要是因为：

1. 从俄印两国签署的双边文件和合作内容来看，两国并非同盟关系，而是基于防务合作之上的合作伙伴关系。2000年签署的《战略伙伴关系宣言》明确指出，“双方的战略伙伴关系不针对任何其他的国家或国家集团，并且不谋求建立政治军事联盟。”两国建立战略伙伴关系以来，双边合作的领域和范围有了很大的扩展，涉及能源、运输、科技、农业、邮电、金融、核能等国民经济的各个方面，不再单纯地发展军事合作。在占重要地位的军事领域，两国的合作以单纯的经济利益为诱因，针对第三国的色彩不明显，而且军事贸易中经常发生经济纠纷和利益冲突，受政治因素影响较弱。

2. 从俄印关系发展的历史来看，两国双边关系的实质性变化均取决于国际格局和周边安全形势的重大变化。1971 年苏印结盟是基于第三次印巴战争，而且中苏关系交恶、中印关系紧张。1991 年苏联解体，冷战的结束导致俄印关系在新的世界局势中无所适从，出现了漂流的状态。因此，在世界格局没有发生根本性变化的情况下，两国关系基本在量变的程度上发展，不会形成军事、政治同盟。

3. 虽然俄印战略伙伴关系总体上发展较为顺利，但是由于若干阻碍因素的存在，两国关系未来的发展将难以避免不同程度的波动。在俄罗斯与印度内部，总体战略需求不对称、民族心理排斥因素、经济联系总量偏低和军事合作中的矛盾等一系列阻碍因素不可避免地影响两国关系的进程。由于俄罗斯与印度的国家利益并不总是相同的，而且俄印合作中也面临着双方现实利益的竞争，因此俄印战略伙伴关系的发展将不会一帆风顺。在两国合作顺利有效的情况下，各种阻碍因素表现不明显，但是两国一旦遇到现实的利益冲突，这些因素很可能同时显现，给俄印关系造成较大波动。

总的来看，俄罗斯与印度的战略伙伴关系实质上是一个特殊的联盟——政治上“同床异梦”，同时又分享着共同的利益，这使得两国之间存在大量的利益联系纽带。因此，从长远来看，由于两国总体战略需求的不对称且都面临严峻的经济形势，双方今后将更多地从各自国家利益和战略利益的考虑出发来发展两国关系。一方面双边合作的广度和深度会进一步增强，另一方面由于内外推动性和制约性双重因素的存在，使得俄印关系成为一种“选择性的战略伙伴关系”。在一定的外部压力和各自利益的影响下，俄印关系很可能出现不同程度的波动。

第三节 俄罗斯与日本的关系

一、新世纪俄日关系的发展历程

冷战结束，日俄两国不仅没有摆脱冷战的逻辑思维，甚至无法厘清二战的“遗产”。一方面是日本的军国主义罪行、向海外的扩张以及挑起的战争；另一方面是日本要求纠正斯大林时期对外政策的错误。正因为在这两者间很难找到平衡，所以两国间要达到真诚的和解几乎是不可能的。叶利钦执政 8 年期间，前 4 年，俄罗斯全力争取日本的经济援助，而日本期望领土问题得到解决，对外政策调整和党派纷争使双方各自的期望落空，俄日关系处在僵局中；叶利钦执政后 4 年，双方在各个领域内都取得了积极发展，两国关系发展到一个新水平。俄日双边关系的改善深深打上了两国内政变化和新世纪大国关系调整的烙印。在叶利钦执政时期，俄日关系主要可以分为以下两个阶段。

（一）1991—1995：一波三折，领土问题是主要矛盾

1991 年苏联解体后，在日本看来，日俄关系将会有重大的发展，原因是：其一，国际大环境发生了巨大的变化；其二，新俄罗斯成为与西方国家价值观相同的国家，日俄发展睦邻友好关系出现了历史上没有出现过的最大可能性，日本期待着在领土问题上打破僵局。

在俄罗斯看来，本国摆脱了过去的意识形态的束缚，放弃了苏联时期对日本的外交政策，俄罗斯将尽全力去争取日本的经济援助，进行彻底的经济改革。这样，可能会出现一种打破领土僵局的冲力。基于这些原因，两国都希望苏联解体成为发展俄日睦邻友好的契机。然而，由于 1991 年底到 1993 年底俄罗斯外交政策正处在调整时期，俄国内亲西方的政策受到批评，为此，叶利钦两次推迟访问日本。与此同时，在日本，1955 年政治体制崩溃，面对激烈的党派斗争，

日本不可能将日俄关系提到最优先考虑的地位。因此，在苏联解体给两国关系带来极大希望的情况下，俄日关系又一次陷入僵局。在这一阶段，两国关系主要经历了以下几个方面的变化。

1991 年至 1992 年，苏联解体后的很长一段时间俄罗斯采取了“一边倒”战略，寻求西方的大规模经济援助，以此推动国内的激进改革。俄罗斯主动提出同美国共同建立全球防御体系。从东欧、波罗的海国家撤退。俄罗斯还完全中断了对包括古巴、朝鲜在内的原第三世界盟友的援助，日俄关系有所加强。

1992 年秋至 1993 年底，俄罗斯方面，俄罗斯发现照搬西方政经模式的错误，俄日间的领土问题也在亲西方派和反对派之间引起极大的意见分歧。俄罗斯开始强调同独联体国家的关系，政界高层决定加强俄中关系以对抗日本。在此压力下，叶利钦决定取消访问东京，这给两国关系带来巨大冲击。日本方面，日本国内“55 体制”崩溃，日本着重解决政策重心问题、修宪问题、日美同盟问题，日俄关系并不是其中的主线。俄日开始越走越远，1992 年俄日贸易额仅 28.2 亿美元，比上年降低 53%。

在双边关系恶化的大背景下，俄日却采取了一种理性的态度，双方意识到双边关系的破裂只会损害共同的利益。商定不相互指责，不追究责任，继续对话。叶利钦强调，访日只是推迟，并非取消，指令外交部继续为访日做准备。日本政府确定了冷静观察、一如既往的方针。两国外长借参加国际会议之机频频会晤，并恢复了事务级官员定期会谈。直到 1993 年 10 月，俄罗斯总统叶利钦访日，终于实现了推迟并延期 13 个月的访问计划，促进了俄日关系的恢复。双方签订《东京宣言》和《经济宣言》，签署了双边合作的 16 个文件。对俄罗斯来说，此次访问基本上符合其对日政策的框架，即政经分离、发展经济合作及全方位的双边关系，领土主权问题留待将来解决。而且通过外交文件的形式，使俄日经济合作得以扩大和深入发展，使日方援助从承诺转入加快实施。而日方得到的好处是在《东京宣言》中首次明确指出：领土问题的解决是日俄和约的中心，要就择捉、国后、色丹、齿舞四岛的归属问题进行谈判，依据历史事实，以法律、正义的原则为基础解决这一问题，以早日缔结和约，实现两国关系完全正常化。然而，俄方已经许诺的撤走在“北方四岛”的驻军并没有落实，日本认识到俄罗斯无意在领土问题上做出让步，俄罗斯方面则对俄日经济关系停滞不前表示不满，俄日关系再次陷入僵持。

（二）1996—2000 年迅速回暖，政治、经济、军事、外交多方面对话合作，积极构筑新俄日关系

在这一时期，从俄罗斯方面来看，叶利钦第二任期以来将俄罗斯地缘中心东移。为消除远东地方主义势力和中央的矛盾，加强国家的统一，俄罗斯需要加强这部分领土的政治稳定、边界安全和经济建设。只有同东北亚邻国建立睦邻友好关系，才能维护俄罗斯的安全利益。从日本方面来看，俄罗斯五常之一的地位与日本政治大国的目标不谋而合，桥本龙太郎提出的“对俄三原则”也打开了日俄关系的僵局。从双方关系方面，急需资金的俄罗斯有丰富的石油和天然气资源，能源匮乏的日本是世界经济大国，资金和技术力量雄厚，且与俄罗斯的远东和西伯利亚有地利之便。双方在经济方面的诉求推动了俄日关系的上升势头，而改善俄日关系，将会推动领土问题的解决，也是双赢的策略。在以上利益的驱动下，双方关系迅速回暖。

政治方面，双方进行了多次首脑会晤，桥本龙太郎提出“相互信任、相互利益、着眼未来”的对俄三原则。1997 年 11 月，叶利钦和桥本龙太郎在俄罗斯西伯利亚的克拉斯诺亚尔斯克举行了“不打领带”的非正式会晤，这次会晤后发表了内容丰富、几乎涉及双边关系的所有方面的“叶利钦—桥本计划”，为未来的俄日关系的发展奠定了坚实的基础。军事方面，1996 年 4 月，日本防卫厅长官臼井日出男和俄罗斯国防部长格拉乔夫首次在莫斯科举行了日俄（苏）自二战结束以来的军事首脑会谈。同年 7 月，日本海上自卫队主力护卫舰访问了海参崴，参加了俄海军成立 300 周年庆典，这是 70 多

年来日军舰首次访俄。1997 年 5 月，俄国防部长罗季奥诺夫正式回访了日本，这是两国关系史中俄（苏）国防部长第一次访问日本。经济方面，双方在叶利钦—桥本计划的框架下，在投资、经济一体化、能源开发、经济各部门的技术和设备改造以及管理方法的改革、人员培训、和平利用核能等等方面进行了一系列深入的合作。

自 2000 年普京上台以来，日本一直就是俄罗斯亚太政策的重要伙伴国之一，普京也一直致力于推动两国经贸关系不断前进。但是，受到领土争端和美国因素的影响，俄日关系的发展态势起伏较大，两国政府以经贸合作为主，在领土争端问题上难以取得突破。根据 2000 年以来俄日关系发展的态势，可以将两国关系划分为拓展时期、冰冻时期、缓和时期。

（三）俄日关系的拓展时期（2000—2008 年）

俄日关系的拓展时期，时间跨度为 2000—2008 年，基本覆盖普京担任总统的前两个任期。普京 2000 年成功当选为新一任俄罗斯总统后十分重视发展对日关系，主张全面发展俄日关系。2000 年 6 月，普京批准的新版《俄联邦对外政策构想》指出：“俄罗斯联邦主张坚定不移地发展与日本的关系，争取达到符合两国国家利益的真正睦邻关系。在现有谈判机制框架下，俄罗斯继续寻求相互可以接受的解决办法来划定国际上认可的两国间边界。”在这一时期内，俄日关系取得了一定程度上的向前发展，两国政治、经济以及其他各领域的关系平稳推进，同时两国持续围绕领土争端以及签署和平条约问题展开谈判，争取早日解决这一历史遗留问题。2000 年 9 月初，俄总统普京对日本进行首次正式访问，日本政府超高规格对其进行接待，以推动两国关系向纵深发展。普京与森喜朗总共进行了三轮会谈，双方谈及了俄日关系中所有领域的问题并签署了一揽子协议和文件。这预示着双边关系在更广的领域迈出了新步伐。在和平条约和领土争端问题上，虽然俄日就解决领土问题没有任何新方法，但双方致力于就和平条约的签署继续推进谈判。俄日在南千岛群岛开展联合经济活动的合作纲要是此次访问签署的一个重要文件。该纲要计划在南千岛群岛上分阶段开展联合经济活动，目的在于强化两国间的相互理解和信任，为推进两国和平条约的谈判创造有利条件，改善俄日关系的整体氛围。总之，俄日领土争端问题已不是两国关系的全部。此次普京对日本的访问虽然在领土问题上没有取得突破，但俄日在除领土争端以外的领域已然迈出了新步伐。2001 年 7 月，在意大利热那亚八国集团峰会期间，普京和小泉确认两国之前达成的所有协议都将得到遵守，并认为这些协议是构建两国未来关系的基础。2005 年 7 月，普京和小泉在英国参加八国集团峰会之际举行首脑会谈，俄方支持日本谋求安理会常任理事国地位。2005 年 11 月，俄总统普京对日本进行了第二次正式访问。两国首脑就领土谈判、包括能源领域在内的经济合作以及东亚安全形势等问题进行了深入磋商。俄日高层确认全方位发展国际舞台上的协作、经贸合作以及继续就和平条约进行谈判。此外，普京还参加了有约 400 名俄日实业界代表出席的商业论坛，其规模是两国关系史上最大的。访问期间，俄日两国签署的 18 项文件中，有 12 项是涉及扩大经济领域合作的文件，表明普京此次访问的重点在于强化俄日两国的经济合作。由于俄日在领土争端问题上依旧“各抒己见”，没有取得任何进展，两国在访问结束前没有发表联合声明。2007 年 6 月，普京与安倍晋三在德国海利根达姆参加八国集团峰会之际举行首脑会谈。在会谈中，双方避开俄日间的领土争端问题，主动提出加强俄日在远东和东西伯利亚地区合作的倡议。

（四）俄日关系的冰冻时期（2009 - 2012 年）

普京担任俄罗斯总理后，俄日间领土问题逐步升温，以 2010 年梅德韦杰夫登上“北方四岛”为标志，俄日关系陷入冰冻时期。2009 年 5 月，俄罗斯政府总理普京前往日本进行正式访问，并在东京与日本首相麻生太郎举行会谈。普京此访的重点在于推进俄日间经济领域的全面合作。会谈中，双方讨论了俄日在经贸领域展开协作的一系列问题，所涉及到的领域包括能源、运输、和平使用原子能、生态和节能、信息通讯领域、农业和捕鱼业、执法和海关业务、地区间经济联系等。但是，此后俄日间领土问题逐步升温，成为两国关系的根本性障碍。2009 年 5 月 20 日，日本首相麻生太郎在国会听证会上对俄罗斯一直占据“北方四岛”表示出极度遗憾。作为回应，同月 29 日，梅德韦杰夫在日本驻俄大使递交国书仪式上表示，任何情况下都无法接受日本怀疑俄罗斯对南千岛群岛享有主权的立场。2009 年 6 月 11 日，日本国会众议院一致通过《促进北方领土问题解决特别措施法修正案》，法案把“北方四岛”称为“日本自古以来的固有土地”。该修正案引起了俄方广泛而强烈的抗议。6 月 24 日，俄罗斯下院要求废除《促进北方领土问题解决特别措施法修正案》，并声明称俄罗斯不会返回缔结和平条约谈判中，直到上述条件得到满足。7 月 9 日，在意大利八国集团峰会期间举行的俄日首脑会谈上，梅德韦杰夫对日方不友好的行为表达了不满。作为回应，日本首相麻生太郎反驳称，如果俄方不准备实质推进和平条约问题，那么两国在亚太地区不会建成伙伴关系。8 月 7 日，俄外交部宣布暂停接收日本向南千岛群岛提供的人道主义援助。10 月 17 日，日本国土交通大臣兼冲绳和北方领土事务大臣前原诚司从海上视察了国后岛并声明称，“北方领土”是被俄罗斯非法占领的，这引起了俄方的抗议。2010 年 7 月，梅德韦杰夫签署了一项新的法案，该法案规定将 9 月 2 日定为第二次世界大战结束纪念日。9 月 2 日是日本签订投降书的日子。因此，俄方设定该纪念日的目的是展示俄罗斯对南千岛群岛的实际控制是第二次世界大战的结果，借此强化自身对领土问题的立场并对日本进行回击，提醒日本，俄罗斯才是战争的胜利者。同年 9 月底，梅德韦杰夫曾打算前往南千岛群岛视察，可是由于天气原因此行被迫取消。这引起了日方强烈的抗议，日本政府警告称，梅德韦杰夫登岛成行会严重损害俄日关系。俄总统梅德韦杰夫最终实现对南千岛群岛的视察，标志着俄日间领土博弈达到顶峰。此后，俄日围绕领土问题博弈升级，互不让步，俄日政治关系迅速降温。2010 年 11 月 1 日，俄罗斯总统梅德韦杰夫登上属于俄日争议岛屿的国后岛进行视察，这是俄罗斯与苏联历史上首位视察北方四岛的国家元首。梅德韦杰夫登岛事件在日本国内造成巨大影响，日本时任外相前原诚司对登岛行为表示了严重抗议并临时召回了日本驻俄大使。日本民间也爆发了大规模的反俄运动，日本右翼势力在俄驻日大使馆门前举行抗议并烧毁俄罗斯国旗，俄驻日大使馆也收到了装有子弹的恐吓信。虽然这一时期俄日政治关系紧张，但是由于前期俄日之间签署大量合作协议，在2011年俄日政治关系因岛屿争端急剧降温时，两国贸易额打破史上纪录，达到307亿美元。

（五）俄日关系的缓和时期（2013年至今）

随着2012年普京赢得大选，再次担任俄罗斯总统，俄日关系逐步走向缓和。虽然期间经历过西方大规模制裁俄罗斯事件，但是俄日关系总体上不断缓和，双边合作不断扩大。在普京2013年新批准的《俄联邦对外政策构想》中明确表示，“俄罗斯联邦打算推行同日本不断发展睦邻和多层次关系的方针。在推进双边所有领域合作和国际舞台上相互协作的基础上，俄罗斯将持续展开对话，以通过相互可接受方式解决尚未解决的问题。”安倍2013年2月首次发表施政方针演说时表示，“日俄关系是最具发展可能性的双边关系之一，致力于为日俄关系发展注入新的活力，希望解决领土争端以及签署和平条约这一困扰两国关系的最大难题。”在普京和安倍政权的主导下，俄日关系先后经历了以2013年安倍访俄为标志的升温阶段、以日本因乌克兰问题对俄制裁为标志的徘徊阶段和以2016年普京访日为标志的长期缓和阶段。

2013年4月，日本首相安倍晋三正式访问俄罗斯，这是十年来日本首脑正式访问俄罗斯，双方致力于交流领土和经济合作问题，希望通过大规模的经贸合作来帮助解决日俄两国一直存在的领土争议。普京和安倍在莫斯科会面后发表共同声明，认为在俄日过去67年内没有签署和平条约的状况是“不正常的”。2013年11月2日，日本与俄罗斯首次在东京举行外长和防长“2+2”会议，双方就加强两国在安全领域的合作达成了一致。日本外相岸田文雄和防卫大臣小野寺五典，俄罗斯外长拉夫罗夫和国防部长绍伊古共同出席了会议。对日本来说，与其建立外交与国防“2+2”会晤机制的国家，除美国和澳大利亚之外，俄罗斯是第三个。而对俄罗斯来说，继美国、英国、法国、意大利之后，日本是第五个“2+2”机制对象国。普京喜欢柔道，被日本视为热爱日本文化。2014年2月7日，日本首相安倍晋三在西方多数国家首脑抵制俄罗斯冬奥会的背景下引人注目地赴俄出席索契冬奥会开幕式。这不仅彰显了日本对日俄关系的重视，也使日俄关系以2013年4月双方首脑会晤为标志的“解冻”以及随后快速发展趋势得到进一步强化。2014年，随着乌克兰危机升级以及克里米亚加入俄联邦成为既定事实，日本被迫跟随欧美等西方大国对俄实施多轮制裁。针对日本的制裁，俄罗斯予以强硬回击。乌克兰问题对正在大幅缓和的俄日关系造成了消极影响，使两国关系在一定程度上有所回落并低位徘徊。虽然俄日关系受到波及，但两国政府仍希望继续发展彼此关系。日本的制裁在相当程度上是柔性和象征性的。俄罗斯也发出需要保持双边关系在广阔领域协作的信号。在2014年至2015年两年期间，俄日关系处在低位徘徊阶段，双方在各层级依然保持接触。

2016年5月，为了促成普京访日，安倍晋三出访索契并与普京举行会谈。这是日本对俄制裁以来，安倍首次访问俄罗斯。因此，此访具有重大的象征意义。在会谈中，俄日首脑就两国关系现状、发展双边经贸和人文领域的合作前景以及国际现实问题进行了交流。普京表示，日本不仅是俄罗斯的邻国，更是俄罗斯在亚太地区的重要伙伴。应重视构建俄日关系并将其保持在高水平上。在和平条约和领土问题上，安倍首次向俄方提出了解决该问题的“新方法”。为配合此项“新方法”，安倍向普京提出了含有八项内容的双边经济合作计划，涉及俄远东地区的能源、农业、医疗和基础设施建设等与经济和民生息息相关的领域。日本希望借助“经济诱饵”使俄方在领土问题上让步和妥协。总之，安倍到访索契为俄日关系发展带来了新的动力，为两国关系营造了良好氛围。9月，安倍率领庞大的经贸代表团到访符拉迪沃斯托克，参加俄方主办的东方经济论坛并与普京再次举行首脑会谈。此次会谈的重点是两国的经济合作。安倍表示将强力推进远东地区的日俄经济合作。普京表示，从政治上扶持俄日商界发展彼此关系具有重要意义。此次俄日首脑会谈的重要成果是两国确认全面推进和落实经济合作以及2016年底的普京访日计划终于尘埃落定。安倍到访符拉迪沃斯托克后，俄日关系进一步缓和。11月，普京与安倍在秘鲁出席亚太经合组织峰会期间再次进行会谈。这已经是两人2012年重新执政以来的第12次会面。普京和安倍对近期两国为协调普京访日积极进行各层级间的磋商表示欢迎和满意。此外，普京时隔18年在首脑层面再次向日方提出在南千岛群岛开展共同经济活动的建议。安倍对此表示，以日俄双赢形式推进“北方四岛”未来发展最重要。

2016年12月15—16日，时隔11年之后，普京再次以俄罗斯总统身份正式访问日本。在访问日本前接受媒体采访时普京表示，俄日之间不存在领土问题，是日本认为两国存在领土问题。俄日尚未签署和平协议是历史遗留的时代错误；为了建立两国的互信，首先有必要改善贸易和经济关系，期待日本能参与开发俄罗斯远东地区。访问期间，普京和安倍在长门和东京分别就包含领土问题在内的和平条约和经济合作议题举行两次首脑会谈。此外，两国首脑还出席了“日俄商业对话”论坛。安倍表示，普京访日是提升俄日关系至新阶段的历史性事件。普京表示，要努力实现俄日关系完全正常化。此次普京访日成果显著，进一步推进了俄日关系向前发展。在涉及和平条约和领土问题上，俄日首脑均认为两国在南千岛群岛开展联合经济活动是迈向签署和平条约的重要一步。双方就在南千岛群岛开展“联合经济活动”并启动磋商达成共识。俄日首脑还责成相关部门加快磋商有关简化原岛民登岛扫墓手续事宜。安倍表示，“将尽力一步一步推动领土以及和平条约问题的解决，亲手为两国间无和平条约的尴尬状态画上句号。”普京认为，与日本在南千岛群岛上的合作有助于营造和平条约谈判的氛围。在涉及外交和安全领域合作上，俄日首脑就重启两国外长和防长间的“2+2”会谈达成共识。

此外，日本宣布自2017年起简化针对俄公民的签证制度。在涉及经济合作上，俄日取得丰硕成果。访问期间，俄日经济界数百名人士在“俄日商业对话”论坛上深入讨论了8项经济合作计划的具体项目。为配合普京访日，俄日企业共签署68项经济合作协议和备忘录，总额达到3000亿日元。此外，俄罗斯直接投资基金和日本国际协力银行将成立规模达10亿美元的两国投资基金。普京表示，俄方对扩大两国间的经济互惠联系十分感兴趣。安倍表示，日方将在广泛领域发展两国关系，未来会具体落实和增加两国间的经济合作。总的来看，普京此访的重点在于两国间的经济合作，并未将领土问题纳入主要议题。

二、俄日关系的主要影响

普京重新执政以来，俄日关系总体上呈现出积极向前发展之势。与俄日关系先前的发展阶段相比，这5年来的双边关系发展出现了一些新的动向和结果，对俄日两国自身以及东北亚地区都产生了现实和深远的影响。

第一，俄日两国朝着关系正常化和缔结和平条约迈出了关键一步。2012年随着普京和安倍再度上台执政，在俄日关系发展史上出现了不可多得的历史新机遇。在新的局势和环境下，俄日首脑都致力于改善双边关系。俄日关系在5年期间迅速发展，速度和规模超过了以往任何时期。即使俄日关系在发展过程中遭遇到了相当大的挫折和阻力，但双方本着自身利益迅速加以应对，持续快速发展双边关系，扩展合作的深度和广度。这证明了以前在俄日关系中所积累的资本不仅没有白费，而且双方还在许多领域产生出了新的利润，特别是在和平条约问题上。多年来俄日关系无法实现突破的症结就在和平条约问题上。综合以前俄日历届政府的政策来看，俄方对日外交的目标顺序大概为：经济合作、缔结和平条约、安全合作、解决领土主权问题、政治合作；而日方对俄外交的目标顺序大概为：解决领土主权问题、缔结和平条约、政治合作、经济合作、安全合作。由于和平条约涉及领土主权问题，俄日政府以前在该问题上从未做出任何妥协，导致双方发展彼此关系的目标顺序始终不能达成一致，只能处在“死循环”中，无法实现突破。但是，在普京和安倍的领导下，俄日政府对以前双边关系发展的经验教训进行了系统研究和总结。俄日决定面向未来，以“新思路”来解决两国关系中的症结，推动和平条约问题早日解决。对此，日方首先向俄方做出了一定让步，以俄罗斯最希望的方式来处理和平条约问题。即俄日双方开展大规模经济合作的同时，日方在先搁置“争议岛屿”主权的前提下，俄日在南千岛群岛上开展联合经济活动。这在以前是不可想象和无法实现的。但在现阶段该方案是最具现实性和可操作性的，俄日对此都很支持。2016 年底普京访日时，俄日首脑决定开启关于在南千岛群岛联合经济活动的磋商对双边关系进一步发展具有重要意义。这是俄日在摸索以相互可接受方式解决和平条约问题道路上迈出的具有里程碑意义的一步。同时，俄日达成的简化日本原岛民登岛扫墓手续的协议又对改善两国间对话氛围起到了促进作用。安倍表示，“俄日朝着签署和平条约迈出了坚实和巨大的一步。深化经济合作是缔结和平条约的捷径，联合经济活动是国际上无前例的举措，必须从描绘两国能共同拥有北方四岛的未来蓝图开始。”普京表示，俄罗斯已经准备好与日本开展合作，在平等、尊重和考虑彼此利益的基础上，解决双边关系上的任何问题，甚至是最困难的问题。俄日两国抓紧推进南千岛群岛上联合经济活动具体项目的落实，首批成果有望在渔业、旅游、医疗、环境等领域内达成。俄日越来越接近缔结和平条约、实现两国关系完全正常化的共同目标。虽然俄日并非可在一朝一夕间达成这一既定目标，但是双方都意识到在该问题上停滞不前既不符合俄方利益也不符合日方利益。双方渴望在每一阶段所取得的成果都得到具体落实，而不是等待和平条约签署之后。俄总统新闻秘书佩斯科夫表示，期待俄日的政治意志能使和平条约在未来最终签署，但两国已经认识到要努力深入发展双边关系，无需把时间浪费在等待和平条约的签署上。这反而会为签署和平条约创造有利氛围。总之，俄日首次在不拘泥于“争议岛屿”主权的前提下同意推进联合经济活动可谓是两国关系史上的重大突破，对签署和平条约起到了前所未有的积极作用。两国缔结和平条约的机会之窗正处于逐渐开启状态。

第二，俄日两国经济合作取得了长足进步。众所周知，俄日经济具有很强的互补性。但实践证明，俄日经济只是理论和潜在意义上的互补，两国经济的相互依赖性更是无从谈起。双方经济在各自国家中的比重和地位依然不是很突出，甚至还是处于可有可无的状态。为使俄日经济高互补性的潜能得以切实发挥，俄日采取了有效的针对性措施，使两国经济合作在新的历史阶段取得了长足进步。一方面，俄日切实推进经济合作成果落实。两国在经济领域的合作已经有了几十年的历史，最终得以落实的经济合作成果却是凤毛麟角。俄日十分重视加强两国的经济合作，双方签署了大量经济合作的协议和备忘录，但是签署的这些文件只是双方共同意愿的表达，要使它们具体得以实现还需要双方在未来付出更多额外的努力。当时俄日对经济合作协议的具体落实未予足够重视，导致俄日在经济成果的具体落实上大多会不了了之，使经济合作“只开花不结果”。为彻底改变多年来俄日经济合作成果没有最终落实的现象，2012 年重新执政的普京和安倍在强化俄日经济合作的同时，下决心克服这一长期阻碍两国经济合作的症结并决定亲自监督经济合作领域内具体成果的落实情况。这使俄日经济合作在新的历史阶段取得实实在在的成果，从而切实推进双边关系深入发展。为使监督更加有效，俄日首脑还专门设立了相关职务。日本设立了俄罗斯经济领域合作担当相一职并任命经产相世耕弘成兼任，俄罗斯设立了总统对日经贸合作问题特别代表一职并任命经济发展部长奥列什金兼任。这是以往不曾有的新现象，表明了俄日切实在推进经济合作成果的具体落实。在俄日关系实践中，两国许多经济合作项目已经得到最终落实。另一方面，俄日在广义经济领域开展合作。过去，俄日经济合作主要是在老旧的、不符合时代发展新要求的“资源换技术”模式下展开。俄罗斯主要向日本出口能源和原材料，日本主要向俄罗斯出口含有复杂技术的工业制成品。两国间的投资也大多局限在能源领域。这种传统的经济合作模式严重阻碍了两国经济合作向纵深发展。为适应时代发展新要求，俄日决定改变这种相对单一和过时的经济合作模式。2016 年 5 月，安倍在访俄时提出了一项规模宏大、涉及领域广阔的对俄经济合作计划。该计划主要涉及俄罗斯远东地区的 8 个领域。其中不仅包括传统的能源合作领域，还包括产业多元化和提高生产力、高技术领域（核能和信息技术）、中小企业领域、医疗（建设先进医院）、城市发展（升级供水和路网系统）、基础设施建设（建设港口、机场和土壤改良）以及为强化相互了解的人文交流合作。俄日对该计划都很支持并予以全力落实。该计划的提出使两国能够在广义的经济领域开展合作。最近十年来，俄日双边贸易发展并未发生实质性变化。俄对日出口贸易中石油及石油产品、煤炭、铝等有色金属居主要地位，日对俄出口贸易中汽车、建筑设备和采矿设备居主要地位。双边贸易结构暂未显现任何潜在变数。总之，俄日新的经济合作计划中拥有一系列前景较好的领域，虽然这些领域的合作不能使两国贸易和投资指标出现显著增长，但能为两国经济和民生领域做出一定的贡献。

第三，俄日两国在安全领域合作的取得了一定的突破。安全领域属于敏感领域，国家间的关系只有达到一定的互信水平才能在安全领域开展合作。进入新世纪后，国际安全局势复杂而严峻。普京重新执政以来，俄日关系氛围总体上处于良好状态，两国在安全领域中的合作逐渐成为优先选项，双方越来越频繁地探讨安全领域中的尖锐议题。这表明俄日互信已经达到可以涉及十分敏感和棘手问题的程度。这在以前任何时期是不可想象的。俄日的国家利益并不冲突。相反，双方在很多方面的利益是相符的，特别是在亚太地区。为了进一步消除冷战时代由于意识形态造成的不信任以及为解决自身安全问题营造更加有利的条件，俄日决定启动“2 + 2”会谈并使之机制化。这是两国近年来在安全领域合作上质的突破，也是两国关系向前发展迈出的一大步。截至2019年底，俄日总共举行了四轮"2+2"会谈。该会谈机制的确立促进了双边联系的进一步活跃。俄日利用此种磋商机制就传统和非传统安全领域中的广泛问题进行探讨，例如反海盗、反恐、打击国际犯罪、网络安全、海军联合演习以及地区和全球机构中的协作等。双方认为在局势多变的亚太地区共同维护安全和稳定具有重要性。同时，双方还就两国安全政策中的分歧之处进行开诚布公的交流，以使对方可以真正理解各自的意图。例如，俄方指出美日同盟的强化不符合俄罗斯关于在不结盟基础上建立地区安全体系的想法以及日本支持和参与美国反导系统建设引起俄方担忧；日方对俄方在南千岛群岛强化军事存在提出质疑并希望得到解释。总之，虽然两国在很多问题上有明显的分歧，俄日"2+2"会谈机制的创设对进一步强化两国互信、探寻未来合作新领域仍具有积极意义，进一步推进了俄日关系全面发展。在可预见的未来，俄日将进一步强化在安保领域的信任关系、寻找亚太地区的共同利益并就安全议题以建设性的方式协调立场。

第四，俄日关系向前发展在一定程度上有利于维护东北亚地区的和平与稳定。普京重新执政以来，由于俄日在绝大多数情况下就国际现实问题的立场接近甚至完全相符，两国经常在国际问题上成功合作。其中包括伊朗核问题、朝鲜核与导弹问题、叙利亚问题、全球裁军和经济问题以及承认联合国在解决全球和地区问题上的中心地位问题等。这一系列合作对世界各地区的安全与稳定产生了积极和正面的影响，其中影响效果最为显著的当属东北亚地区。与世界其他地区相比，其地位和价值在21世纪正得到快速提升。而且俄日作为东北亚地区大国在此都拥有涉及自身的重大利益关切。近年来，朝鲜连续多次进行核试验和发射导弹。这严重威胁到了东北亚地区的安全和稳定。朝鲜核与导弹问题逐渐成为地区乃至世界安全的威胁。俄罗斯和日本作为朝鲜邻国也越来越把朝鲜核与导弹问题当作两国面临的共同威胁，双方都不希望朝鲜拥有核武器。为维护亚太地区和平、安全与稳定以及将朝鲜半岛打造成无核区，俄日在解决作为该地区首要安全隐患的朝鲜核与导弹问题上进行了更加紧密的协作，双方经常就该问题交换意见和协调立场，其程度超过以往任何时期。双方积极合作以使朝鲜放弃核武器的开发，努力实现朝鲜半岛无核化的目标。2017 年 3 月，俄日在“2 + 2”会谈中就要求朝鲜停止核与导弹试验这一挑衅行为并遵守联合国安理会的制裁决议达成一致。2017 年 4 月，普京在与安倍会晤后表示，俄日呼吁朝核问题有关各国要保持克制，积极寻求稳健和建设性的对话。双方就通过和平外交方式解决朝核问题达成一致。此外，日本首相和外相还多次表示，日本有意同俄方在朝鲜问题上进行合作。俄罗斯在朝鲜具有很强的影响力，希望俄罗斯对朝鲜发挥建设性作用。总之，俄日强化在朝鲜问题上的协作符合两国根本利益，有利于朝鲜半岛的紧张局势在一定程度上得到缓和，这为东北亚地区维持和平与稳定奠定了坚实的基础。

三、俄日关系未来发展趋势

从目前俄日关系发展变化来看，两国关系继续朝着建设性方向发展是个大概率事件；但因俄罗斯在领土问题上很难向日本妥协，俄日双边关系在短期内不会出现质的突破。

一方面，俄日合作完全符合时代发展新要求和各自的国家利益。自 2012 年起，俄日关系在普京和安倍的大力支持下连续向前发展。即使美国在中前期对俄日关系进行了一定抑制，但双边关系发展进程依然没有完全停滞。相反，在一定程度上甚至促进了俄日关系加速发展。截至目前，俄日关系正按部就班地朝着建设性方向发展，两国各领域持续保持接触，俄日间的友好氛围持续笼罩在两国上空，两国人民间的互信正逐步累积。在可预见的未来，俄日关系继续朝着建设性方向发展是个大概率事件。一方面，普京和安倍极有可能连续执政。2017 年 10 月，安倍所属的政党联盟再度赢得众议院选举，巩固住政权基础，安倍继续执政几乎已成定局。2018 年普京再次赢得俄罗斯总统大选，新的总统任期延续到 2024 年 5 月。在普京和安倍得以连续执政的条件下，俄日政坛稳定以及政策连续有利于俄日关系在现有成果上持续朝着建设性方向积极发展。另一方面，俄日需要借助彼此实现既定目标。如前所述，俄日积极发展相互关系是有原因的。双方希望借助彼此来达到自身目的。就目前来看，俄日正积极借助彼此来推进自身目标的实现。双方虽然已经取得了相当多的成绩，但距离目标的实现还需要很长的时间。就俄日的首要目标而言，俄罗斯开发远东需要日本大量的援助。日本与俄签署和平条约需要俄罗斯的理解和同意。这些目标的实现都需要俄日关系处于良好状态。如果俄日关系没有朝着建设性方向积极发展下去，那么两国前期做的各种努力都会白费。这对两国来说是不小的损失。因此，为了俄日既定的目标得以最终实现，俄日双边关系以建设性方式持续发展下去是符合各自国家利益的。总之，俄日关系继续朝着建设性方向发展的概率极高。而且这种建设性发展趋势有可能成为未来双边关系发展的“新常态”。

另一方面，俄日双边关系一直以来无法取得根本好转主要受制于领土争端问题。领土问题涉及国家根本利益和民族尊严，涉事各方只有同时妥协，才能成功处理该问题。只要任意一方依然坚持自身原则，那么领土问题就无法得到妥善解决。俄罗斯对日领土争端的基本立场为：根据《雅尔塔协定》等一系列国际法，根据联合国宪章，南千岛群岛是俄罗斯领土不可分割的一部分。俄罗斯处理对日领土争端的基本态度为：主权属于俄罗斯，欢迎包括日本在内的外国参与开发。在俄日领土争端中，俄罗斯根据二战合法结果一直实际占有南千岛群岛，俄方是获利者。俄方的妥协在很大程度上决定着领土问题能否最终解决。但是，在复杂的国际新形势下，为维护国家利益，俄罗斯更不会轻易在领土问题上妥协，从而放弃部分或全部南千岛群岛。普京表示，俄罗斯会分开考虑同日本的领土和经济合作问题，俄方不会用领土做交易。俄外长拉夫罗夫表示，日本应该首先承认二战结果，国际秩序在此基础上已经维持了 70 多年。包括俄罗斯科学院远东研究所所长卢贾宁在内的多名专家也不主张在岛屿争端问题上向日本妥协。他们指出，如果俄罗斯将哪怕一个岛屿归还给日本，俄罗斯会面临一系列严重的后果。例如国家权威受损、二战结果被改写、东部安全面临威胁以及国内政治形势复杂化等等。此外，俄罗斯大部分公民也反对把南千岛群岛归还日本。2016 年 8 月俄罗斯民调结果显示，56% 的俄公民认为南千岛群岛的任何一岛都不该还给日本，与 90 年代初的 37% 相比大幅增加。从目前情况来看，俄政界、学界和民众都不支持在领土问题上向日本妥协。随着国际局势的复杂变化，南千岛群岛的重要战略价值逐渐凸显出来。对此，俄罗斯不仅重视其社会经济的发展，还重视其军事防御体系的建设，表现出坚决捍卫国家领土主权的决心。在经济层面，2015 年 8 月，俄罗斯政府批准了新的千岛群岛社会经济发展计划。在 2016 年至 2025 年间大量资金将被投入到该地区。在军事层面，俄军方不断强化驻岛部队的防御力量。2017 年 2 月，俄国防部长绍伊古表示，俄军打算年内在南千岛群岛部署新组建的师级部队，以强化俄军对南千岛群岛的防御能力。2019 年 6 月 22 日，普京在电视连线中表示，俄罗斯没有在南千岛群岛降下国旗的计划，俄罗斯对南千岛群岛的主权是二战重要成果，没有任何计划向日本移交南千岛群岛中的两座岛。

综上所述，俄罗斯很难在领土问题上向日本让步，双边关系在短期内不会出现质的突破，未来以普京和安倍晋三为首的俄日两国都将致力于强化合作、解决或搁置争议，而不是挑起争端，促进双边进一步全面发展。

第四节　俄罗斯与越南的关系

新世纪，俄越关系取代苏越关系并得到持续发展，2001 年 2 月 28 日至 3 月 2 日，普京访问越南并签署《俄越战略伙伴关系宣言》，标志着两国正式建立战略伙伴关系。冷战结束至今，俄越两国关系从冷淡到友好、再到战略伙伴关系，关系不断改善，两国在政治、经济、军事、安全、外交、科技等领域开展了大量富有成效的合作。在政治与外交领域，俄罗斯与越南领导人多次互访，并在国际秩序、联合国改革、反对恐怖主义等重大国际和地区问题上通过发表联合声明表达相同或相似立场。在军事领域，俄越两国持续扩大军事贸易并深化军事技术合作，并在金兰湾基地问题上达成开展合作开发的共识。在经贸与能源领域，俄罗斯与越南通过建立相关机制与机构推动双边贸易快速发展，在石油、天然气与核能利用方面开展了一系列合作项目，双边能源合作发展潜力巨大。

俄越战略伙伴关系的建立不是偶然的，而是俄越友好关系发展的必然结果。1997 年 11 月，切尔诺梅尔金访问越南时，就在双边会谈中强调，俄联邦总统和俄联邦政府都认为，越南是俄罗斯的战略合作伙伴，俄越关系是俄对外政策的优先方向之一。1998 年 8 月，越南国家主席陈德良对俄罗斯进行访问。访问期间，两国领导人一致同意采取措施，使两国关系得到更积极有效的发展，并讨论了双方对于建立 21 世纪战略合作伙伴关系的意向。

一、俄越战略伙伴关系的建立与发展

（一）俄越战略伙伴关系的建立

随着俄罗斯总统的应邀访越，《俄越战略伙伴关系宣言》成功签署，标志着两国间战略伙伴关系正式建立。

2001 年 2 月 28 日至 3 月 2 日，俄罗斯总统普京应邀访问越南，此次访越是自苏越—俄越建交 50 周年以来，苏（俄）方最高领导人对越南的首次访问，也凸显了普京上台后对俄越关系的重视。普京在河内先后与越南国家主席陈德良、政府总理潘文凯、国会主席农德孟和越共中央总书记黎可漂进行会谈，就建立高层经常性对话机制、增强国际合作和不断发展扩大两国间的有效合作，特别是有合作优势和在油气、电力、科技、教育等领域的合作等问题达成一致意见。会谈结束后，俄越双方签署了《越南社会主义共和国和俄罗斯联邦关于战略伙伴关系的联合宣言》（简称《俄越战略伙伴关系宣言》)、《关于继续由越俄（越苏）油气联营公司在越南南部大陆架勘探和开采油气的协定》的附加协议书、《两国外贸银行合作协定与备忘录》《关于检查两国双边协约、协定的法理和效力的基础条约的议定书》《克服自然灾害影响的备忘录》和《相互承认计量认证和试验结果的协定》等文件，为俄越战略伙伴关系的发展增添了新的内容。

在俄越双方签订的一系列文件中，《战略伙伴关系宣言》是最重要的一份。宣言指出，进入21世纪后，俄越关系将“在业已建立的战略合作伙伴关系和尊重国家主权、独立、领土完整、互不干涉内政、平等互利的基础上，双边继续巩固和进一步发展传统友谊和多方面合作关系”，在两国的合作中，将会把“发展经济贸易、经济技术合作视为两国关系的首要任务”，对“油气合作与双边经济关系的基础将予以加强”，并在未来双边关系的发展中不断加强在“电力、化学、机械、冶金、电子、农业、文化、教育”等领域的全面合作。《俄越战略伙伴关系宣言》的签署，标志着俄越间战略伙伴关系的正式建立，也为两国关系未来的发展做出长远规划，为俄越关系的进一步发展奠定了坚实的法律基础。

除了《战略伙伴关系宣言》，双方还签订了关于建造火力发电厂和水力发电站的协议。根据协议，两项工程总造价达4.5亿美元，分别位于越南北部的锦普兴和南部的波莱古。按照合作共建的原则，俄方负责提供技术专家和发电设备，越方负责提供劳动力与工程材料，项目获利双方各占50%。据报道，这两个项目均已建成并进入实质性运作阶段，国际社会反响良好。此次到访，普京还解决了两国间久拖未决的欠款问题。由于冷战期间越南向苏联贷款购买大批武器装备和机器设备，导致债务长期累积，虽然两国曾举行多次谈判，但未能最终解决这一历史遗留问题。普京访越时表示，俄方将越南欠款总数额再次减免15%，并且承诺将越方每年偿还的约1亿美元全部投资到越南，这一政策得到越南国内一致赞赏，巩固了双方的友谊和互信。普京访问越南的时期，正值两国外交关系建立50

周年。在经历了越南独立战争和冷战的考验后，俄越从社会主义阵营的盟友变为两个社会制度不同的政治独立体，并最终建立起战略伙伴关系，超越了意识形态和领土毗邻的限制，为国际上不同文化国家间发展双边关系树立了典范。

（二）俄越战略伙伴关系的发展

俄越战略伙伴关系的建立，推动两国以双边贸易和经济合作为中心，政治上增强互信，外交上增加往来，双边贸易额不断攀升，军事技术合作进一步增强，使两国关系的发展进入一个新阶段。

2002 年 3 月 26 日，俄罗斯总理卡西亚诺夫访问越南。在为期三天的访问中，卡西亚诺夫同越南总理潘文凯、国家主席陈德良和越共总书记农德孟先后进行会谈，两国签署《和平利用原子能协定》《水文与气象技术合作协定》《医疗与医学合作协定》等文件，落实普京访越时达成的一系列协议。2002 年 10 月，越共中央总书记农德孟访问俄罗斯，与俄罗斯总统普京、总理卡西亚诺夫和国家杜马主席卢日科夫举行会谈，发表《俄越联合公报》，重申两国对于发展战略伙伴关系、促进共同发展的观点，并就国际热点问题发表了基本一致的看法。2004 年 5 月，越南国家主席陈德良访问俄罗斯，与普京举行会谈，并参加俄越间企业家论坛，就俄越关系和促进双边贸易发表讲话，努力推动两国间贸易和相互投资的开展。2006 年 12 月，俄罗斯总统普京参加第十四次 APEC 领导人非正式会议时出访越南，在与越方领导人会谈中强调“俄罗斯将进一步发展对越南的传统友好关系，俄越关系具有稳定性和继承关系，俄越关系是建立在高度互信和相互尊重基础上的，符合两国长期利益”。

2007 年 9 月，越南总理阮晋勇访问俄罗斯，期间双方发表《俄越联合公报》，表示两国将在平等互利的基础上，继续加强在政治、经济、军事、能源、贸易和科技领域的合作，不断完善双边合作机制，推动两国合作持续稳定健康发展。在经济合作方面，两国政府签署了《2007—2008 年外交部门合作规划》《关于油气合营企业的补充议定书》《关于机电设备制造的合作协定》等文件，合作项目总额高达20亿美元。2008年7月，俄罗斯发布新版《对外政策构想》，在其亚洲政策部分，除继续加强与中国关系外，着重提出要加强与东南亚各国关系，首先就是发展与越南的战略伙伴关系。在谈及俄越关系时，时任俄罗斯总统梅德韦杰夫称“俄罗斯重视发展同越南的战略伙伴关系，将越南放在俄罗斯新外交思想理念内亚太战略中的重要位置”。

越南国家主席阮明哲在谈及俄越关系时表示，“越南将发展同俄罗斯的战略伙伴关系和全面合作关系当作自己的头等优先地位”。在国会交往方面，2009年4月，越南国会主席阮富仲访问俄罗斯，与俄国家杜马主席格鲁多诺夫举行会谈时表示，越南将进一步深化发展与俄罗斯的战略伙伴关系。

2009年11月，俄罗斯总统梅德韦杰夫在参加APEC会议期间，与越南国家主席阮明哲进行会谈，就持续推动双边关系的举措与方向问题进行讨论。2009年12月，越南总理阮晋勇访问俄罗斯，在与普京会谈时称，俄越关系不仅仅停留在宣言上，而是具有“完全特殊的性质”，越方希望进一步加强双边合作，推动两国关系达到新的高度。据俄新社2010年6月3日报道，双方签署一份关于6艘“基洛”级潜艇的军售合同，造价约21亿美元；同时还包括海军基地建设和潜艇人员培训、设施维修、通信等辅助设施在内，合同总额高达32亿美元，成为俄罗斯海军装备出口史上最大的一份合同。2009年1月，俄越签署20架苏－30MK2战斗机军售合同，总金额达到6亿美元。

2010年1月30日，是俄越两国建交60周年纪念日，俄罗斯总理普京向越南总理阮晋勇发电庆祝，电文强调“俄越战略合作伙伴关系真正具有深刻的内涵，俄罗斯将通过投资项目和合作共赢倡议，竭力推进双边关系”。双方继续强调经贸关系在战略伙伴关系中的重要地位，努力提高双边贸易额，同时加快落实合作协议，加强在核电研究、油气勘探和开发、机器制造、金融与投资、军事科学技术等领域的双边合作，将两国的战略伙伴关系提升到一个新的高度。

2013年5月，越南总理阮晋勇访问俄罗斯，先后与俄罗斯总理梅德韦杰夫和国家杜马主席纳雷什金举行会谈。会谈中，阮晋勇表示，越南一向密切关注和高度评价俄罗斯经济社会发展，希望两国在各领域务实合作取得更多成效，支持两国企业拓展在油气开发、航空航天和通讯技术领域的合作。会后，两国发表联合声明称，“越南和俄罗斯将其关系提升为全面战略合作伙伴关系，为推动俄越双方合作关系的发展注入动力，两国政府领导人就实现2015年、2020年双边贸易额分别为70亿美元、100亿美元的目标达成一致”，同时还强调“将根据国际法，继续加强在越南大陆架内油气勘采领域的合作”。此外，俄越双方还签署了《俄罗斯与越南2013—2015年旅游合作计划》《俄罗斯国际投资银行与越南工商股份商业银行金融合作协议》《莫斯科国立综合大学与河内国家大学合作协议》等文件，以推动俄越战略伙伴关系进一步发展。

2013年11月12日，普京正式访问越南。普京抵达越南后，向胡志明墓敬献花圈，并与越南国家主席张晋创举行会谈。两国在机械制造、航空航天以及人道主义领域谈论开展合作，陪同普京访问的俄罗斯油气公司和原子能工业公司也与越南开展能源合作。普京表示，越南已成为俄武器的主要进口国之一，俄方将帮助越南建设潜艇部队，并向越南提供6艘“基洛”级潜艇。2015年欧亚经济联盟正式建立，越南与欧亚经济联盟启动自由贸易区谈判，并签订相关合作协议，不断扩大双边贸易。2019年5月20日，越南总理阮春福访问俄罗斯，并先后与梅德韦杰夫和普京举行会谈。普京在会谈中表示，俄越双边关系具有战略性，这一关系建立在两国友好传统及许多问题意见一致的基础上。阮春福表示，越南重视与俄罗斯的特殊历史纽带与全面战略伙伴关系，希望进一步提升双边关系。

可以看出，建立起战略伙伴关系后，俄罗斯将越南视为重要的战略伙伴，将俄越关系作为俄罗斯在亚太地区优先发展的双边关系之一；随着对外政策的多边化、多样化发展，越南也十分重视同俄罗斯的传统、友好、合作关系。从2001年至今，俄罗斯与越南之间全面频繁的交往，充分反映出两国间已经定型的双边关系——全面战略合作伙伴关系。两国政府共同制定的发展框架，为双边关系的长远发展奠定坚实基础，俄越战略伙伴关系将朝着更加全面深入的方向不断发展。

二、新世纪俄越关系的主要内容

随着新世纪俄越关系的不断发展，两国间开展了大量的双边合作。进入21世纪后，在政治与外交领域，两国领导人定期互访，建立经常性政治对话机制，在国际事务中互相支持，俄越关系成为不同制度国家间发展外交关系的样板；在军事领域，两国间军事合作不断扩大，武器装备贸易额呈逐年上升趋势，金兰湾基地也已列入军事合作范围；在经贸与能源领域，在两国政府的持续推动下，俄越双边贸易额不断提高，油气资源开发和核能开发不断扩大，为两国关系的持续发展提供巨大动力。

（一）政治与外交领域

从冷战结束至今，俄越关系历经了二十多年的发展变化，从最初的军事盟友到关系冷淡的遥远国家，再到战略伙伴关系的建立；从社会主义“兄弟”到平等互利的新型国家间关系。可以看出，在国际关系领域，俄越关系既是世界大国与地区强国间关系的典范，也是不同制度国家间发展外交关系的样板。

冷战结束之初，俄越双方就进行过短暂接触，两国外长也进行过互访，试图就两国关系提出新的政策。但是，两国当时都面临复杂的国际国内局势，尤其是俄罗斯，在东西方政策间摇摆不定，难以出台成熟的对外政策，导致双方关系的冷淡。俄罗斯提出东西方并重的外交政策后，两国关系随着政治高层互访的增多而逐步改善。在相互交往中，俄越强调两国间关系，回避意识形态之争和党派关系，重视加强议会和国会间合作，淡化意识形态色彩。1994年6月，越南总理武文杰访问俄罗斯，两国签署《友好关系基本原则条约》，明确在国际政治领域“将对两国在国际事务中的相互配合给予充分重视，并通过这些配合与合作维护地区和世界的和平与安全”。2001年2月普京访问越南时，双方发表《战略伙伴关系宣言》，《宣言》指出，俄越两国就“和平解决争端、联合国的作用、反恐怖、邪教、跨国犯罪、核问题、TMD问题、环保问题及区域合作组织的作用及俄加强与东盟建立全面合作关系，参与亚欧合作，朝鲜半岛、中东等问题发表了基本一致的看法”。通过对国际政治领域重大问题和国际热点问题发表共同宣言，表达俄越两国一致立场，体现两国在国际关系中的相互支持与合作。2010年1月25日，正值俄越建交50周年，俄外长拉夫罗夫在接受记者采访时强调，“对于俄罗斯来说，发展对越关系具有特别重要的意义……越南在俄罗斯对亚太地区的政策中占有优先地位”。双方承诺将在联合国、APEC峰会、东亚峰会等国际和地区框架下加强合作，协调双方立场。

俄罗斯从独立之初，便申请加入世界贸易组织（1994年之前为关贸总协定），由于受国内经济不景气和国际谈判复杂性的影响，直到2011年12月才成功。俄越战略伙伴关系建立后，越南积极支持俄罗斯尽早加入世贸组织，并在东盟内部促进各国对俄罗斯的支持。在俄罗斯的大力支持下，越南也得以在2008年至2009年出任为期两年的安理会非常任理事国。

除了在国际政治领域，俄越两国于2001年签署《关于检查双边协约、协定的法理和效力的议定书》，建立了高层经常性政治对话机制，两国立法机构也就引渡罪犯、规范金融等问题加强立法交流，促进法制合作。此外，俄越两国建立了外交、国防和安全战略对话机制，两国外交部也建立了定期政治磋商及国际和地区论坛配合与合作机制。

（二）军事领域

新世纪，俄罗斯与越南的军事技术合作随着两国关系的变化而不断调整，但总体上保持了上升的趋势，更是在两国建立起战略伙伴关系后蓬勃发展，并随着东南亚区位优势的显现上升到了新的水平。

1. 俄越军事贸易的发展

冷战结束之初，俄越间关系趋于冷淡，军事合作也一度中断。1994 年 6 月，越南总理武文杰访问俄罗斯并签署《友好关系基本原则条约》，之后两国的军事合作逐步恢复。1994 年底，越南从俄罗斯购买 12 架苏 – 27SK 战斗机。1996 年，越南再次购买 5 架苏 – 27UBK 战斗机。1998 年，俄罗斯国防部长伊戈尔·谢尔盖耶夫访问越南，双方就军事技术合作问题进行磋商并签署一系列协议。根据协议规定，越南向俄罗斯购买 24 架苏 – 27 歼击机，总金额达 10 亿美元。与此同时，俄方开始在武器修理、零部件供应、技术改进等方面与越南展开合作。

2001 年 2 月，俄越发表《战略伙伴关系宣言》，在记者招待会上，普京明确表示，"越南需要实现并维持其军队的现代化，而俄罗斯可以在遵守国际公约的条件下向越南提供现代军事技术。俄越两国关系从来不只是建立在意识形态上的，两国一直有着共同的战略利益"。双方签署军事合作文件，声明俄罗斯和越南将加强在军事技术装备方面的合作，以促进各自的国家安全，且军事合作不针对任何第三方。2003 年，俄越签订合同，越南购买 24 架苏 – 30MK 战机，截至 2012 年 9 月，已经交付 8 架，剩余 16 架计划在 2013 年交付。2003 年，越南从俄罗斯购买 2 个营的 S – 300PMUI 导弹系统，加强防空力量。2005 年，越南向俄罗斯购买 2 套 K – 300P "堡垒"岸基反舰导弹系统。2009 年 1 月，俄越签署军购合同，越南购买 20 架苏 – 30MK2 战斗机，合同金额约 6 亿美元。2009 年 12 月，越南总理阮晋勇访问俄罗斯，双方签署越南购买 6 艘 "基洛" 级潜艇的合同，造价约 20 亿美元，是新世纪俄罗斯获得的第二大潜艇合同订单，若是加上基地建设、人员培训、设施维修、通讯系统等配套设施在内，合同总额高达 40 亿美元，成为俄海军装备出口史上数额最大的一份合同。据俄罗斯国防武器出口公司数据，从 2014 年起，俄方将以每年一艘的速度向越南交付潜艇。2010 年 3 月，俄罗斯国防部长谢尔久科夫访问越南并与越国防部长冯光清举行会谈。谢尔久科夫表示，“（俄罗斯与越南）军事技术合作前景非常广阔，越南潜艇需要基地，俄罗斯海军将在这方面对越南提供帮助”。2010 年，越军再次向俄方表达意向，希望再引进数套 S-300 导弹系统。

除了单纯的军事贸易，俄罗斯与越南在军事方面的合作逐步向装备维修、技术研发等领域拓展。普京 2012 年访问越南时指出，要将对越军事技术合作关系提升到一个新的高度，从单纯的军火贸易转变为在武器装备的研究、生产、制造上进行合作，成立武器装备服务、保养、升级中心，为将武器向第三方出口进行合作。对于俄越军事合作，普京认为越南是俄罗斯值得信赖的合作伙伴，两国在军事技术领域的合作颇见成效。

通过俄罗斯与越南的军事合作情况可以看出，两国在军事领域的合作不但出于各自战略需要，而且有着很深的历史渊源。可以预见，在两国政府的大力推动下，俄越间军事合作将继续扩大，在两国关系中的地位也将日益提升。

2. 俄越在金兰湾海军基地的合作

在俄越军事合作历史上，金兰湾军事基地的合作在两国关系中具有重要意义。冷战时期，苏联长期租借金兰湾作为苏军的海外军事基地，在 20 世纪 90 年代，由于俄罗斯国力衰弱，无暇顾及海外驻军，以致金兰湾几乎废弃，2004 年租约到期后，双方未再续约。2010 年以来，随着越南对金兰湾定位的改变和俄罗斯国力的增强，双方在金兰湾问题上联系日趋增多，使得金兰湾成为俄越军事合作中新的热点。

金兰湾是越南东南部海岸线上一座天然深水港湾，面积约 100 平方千米，由于地理位置优越、易守难攻，从法国殖民时期就已成为一座军港。此后，金兰湾先后被法国、日本、美国占领，并逐步扩建为一座现代化军港。苏联解体后，俄罗斯国防开支大幅缩水，根本无力支持海外驻军的费用，金兰湾驻军绝大部分被裁撤。驻金兰湾的航空部队被撤销，海军全部撤回国内，只保留约 40 人对港口进行日常管理。由于人员、资金的短缺，金兰湾长期得不到修缮和维护，港口内部设备锈迹斑斑，机场杂草丛生。1995 年 12 月 12 日，俄罗斯“勇士”飞行表演队经过金兰湾，需要降落加油，但是机场雷达无法正常工作，导致 3 架苏－27 战斗机在降落时坠毁。根据俄方报道，从 1994 年至 2001 年没有一艘俄罗斯海军军舰在此停靠，说明这一时期金兰湾已经完全失去使用价值。

进入 21 世纪后，俄罗斯受到国力的限制，把主要力量放在国内的军事改革与军队建设上，无意在全球部署军队，各海外军事基地先后撤销。2001 年普京访问越南时，双方曾就金兰湾是否续租的问题进行谈判，由于俄罗斯无力承担越南提出的每年高达 4 亿美元的租金，所以决定到期后不再续租。出于进一步节省开支和树立国际形象的考虑，2002 年 5 月 2 日，俄罗斯与越南签署协议，正式将金兰湾基地移交给越方。5 月 4 日，驻扎在金兰湾的最后一批俄罗斯军人返回俄罗斯，标志着金兰湾彻底结束租借时代。在明确俄军将撤出金兰湾后，越南外交部曾表示，“2004 年后，越南不会同任何国家签订条约，再次把金兰湾变成外国军事基地。与此相反，越南将探讨使用金兰湾为国家的社会经济发展目标服务的潜在可能性和有利条件”。尽管越南多次声称金兰湾将用于民用和发展经济，但是多年未见开发金兰湾的具体方案，正如越南一位经济学家的评论，“我们希望开放，但是在目前各国需要维持战略平衡的背景下，能开放的了吗？把金兰湾用于发展经济是很好的，但是目前还是先把金兰湾用于为国防服务和国际军事服务的行业”。

经过一段时期的衡量后，随着国内国际局势的变化，越南政府逐步改变了立场。2010 年 10 月初，俄罗斯海军称，计划重新启用位于金兰湾的军事基地。而 10 月 16 日，越南外交部发言人表示，“越南不与外国合作使用金兰湾于军事目的”。但是 2010 年 10 月 30 日，越南总理阮晋勇在东亚峰会上表示，“越南计划向外国海军重新开放金兰湾港口设施，越南将做好准备，为来自所有国家的海军舰船提供服务”。而且张晋创同时表示，金兰湾港口将提供有偿服务，而服务设施由俄罗斯海军帮助建设完成。

越南对金兰湾政策的改变立刻引起大国注意，各国逐步开始对金兰湾的争夺。2012年6月，美国国防部长帕内塔访问越南，并参观金兰湾。在记者会上，帕内塔表示，“金兰湾是一个重要的港湾，如果越南有意改善金兰湾地区且需要帮助，美国愿意提供”。2012年7月，越南国家主席张晋创访问俄罗斯，不仅签署了高达100亿美元的贷款项目，而且宣布“越方将允许俄罗斯在金兰湾港设立一处船舶维修基地”，同时还表示维修基地不是军事基地，但是金兰湾可用于帮助发展两国间的军事合作。俄罗斯军方在这一问题上持乐观态度，称“俄海军已经完成了有关恢复金兰湾军事基地的资料论证，俄罗斯这次会以租赁的方式重返金兰湾，租期至少达25年”。

可以看出，随着东南亚区位优势的显现和越南政策的调整，世界大国对越南尤其是金兰湾这一战略港口的争夺将日趋激烈，而俄罗斯在对金兰湾的争夺方面已经取得先机，俄越若在金兰湾进一步加强合作，定能推动俄越军事关系的深化和两国战略伙伴关系的长期发展。

（三）经贸与能源领域

新世纪俄越关系的发展过程中，经济贸易既是两国发展双边关系的首要任务，也是促进俄越关系前进的主要助推器之一。越南自1986年底实行革新开放政策后，国民经济走上快速发展的道路，2000年的GDP总量达到1985年的1.5倍，对外贸易总额也有了大幅提升。在俄罗斯独立之初，国内经济经历了痛苦的转型期，之后初步建立新的经济体制，逐步走上良性发展的道路。

1. 俄越在双边贸易领域的合作

随着俄越关系的逐步改善和加强，两国间经济合作和双边贸易呈现稳步提升态势。1994年6月，越南总理武文杰访问俄罗斯并签署《俄越友好关系条约》，两国经贸关系开始进入稳步发展阶段。两国政府成立了俄越政府间经济文化科技合作委员会，双方各派一名副总理担任主席，以解决两国经贸关系发展中的问题。在两国政府的推动下，从1994年至2000年，不论是双边贸易额，还是俄罗斯对越南的投资都呈增长态势。2001 年 2 月，普京访问越南并确立两国的战略伙伴关系，在《战略伙伴关系宣言》中明确提出把“发展经济贸易、经济技术合作视为两国关系的首要任务”。据统计，2000 年越南的进出口贸易额为 143 亿美元，而俄罗斯与越南的双边贸易总额只有约 4.2 亿美元，所占比例仅为 3%；2000 年俄罗斯对越南的投资额为 16.6 亿美元，也只位于外国投资排行榜的第八位。针对俄越间经贸合作与外交关系不相对称的现状，普京曾指出，“就地理位置而言，美洲的古巴要比亚洲的越南远得多，可俄古两国的贸易额却达数十亿美元，而俄越两国才 4 亿多美元，两国的合作潜力很大，还可以向其他领域扩展，以期实现共赢”。普京访越期间，随行的俄副总理、俄越政府间经济文化科技合作委员会主席维克多·赫里斯坚科与越南副总理阮孟琴举行会谈，讨论落实两国政府决议、进一步扩大两国合作、提升双边贸易额的具体措施。此后，俄越间经贸关系发展迅速，据统计，2011 年俄越双边贸易额达到 30.6 亿美元，同比增长达 55%。2012 年 7 月，越南国家主席张晋创访问俄罗斯，普京与张晋创会晤后表示，俄罗斯将向越南提供大约 100 亿美元的贷款，用于推动两国间合作。2015 年，俄罗斯主导的欧亚经济联盟正式建立后，越南与欧亚经济联盟的合作不断增强。双方签署自由贸易区协议后，2018 年两国贸易额增长超过 30%。

俄罗斯资源丰富、科技先进，是国际市场上重要的新兴经济体，机电产品和机械设备是向越南出口的主要货物；越南区域位置重要、劳动力资源丰富，是东南亚地区经济活力最强的国家之一，每年向俄罗斯出口大量纺织品、珠宝、橡胶等产品。可以预见，在两国政府的推动下，俄越经济合作和双边贸易将会稳步提升，经贸合作将在俄越关系未来的发展中发挥更大的作用。

2. 俄越在能源领域的合作

两国在能源领域的合作不仅使俄罗斯获得了大量外汇，而且使越南的石化产业迅速发展，建立起了集勘探、设计、开发、冶炼、运输与销售为一体的能源开发体系，成为两国互惠互利的合作项目。

在能源领域，俄越主要以合作开发油气资源为主。新世纪，俄越关系取代了苏越关系，但在20世纪80年代两国合资建立的“苏越石油公司”保留了下来。1998年12月28日，苏越石油公司取得了一份越南政府颁发的许可证，许可期限为25年。根据许可证的规定，苏越石油公司的开采范围从越南沿海扩大到内陆，并且有权建立一座年加工量为650万吨原油的炼油厂。2002年，该炼油厂建成投产，仅两年时间便收回了建设成本，此合作项目使俄越双方获得了巨大的经济利益。苏越石油公司是两国间规模最大的合资公司，其前景也被国际社会最为看好，目前该公司生产的石油占全越南年产原油的90%以上。2010年，俄越两国签署协议，决定将苏越石油公司的联合运作延长20年，即到2030年年底。根据协议，两国在苏越石油公司中的股份发生变动，俄方将1%的股份转让给越方，目前在注册资本中俄方占股49%，而越方达到51%。2012年4月，越南油气集团联合俄罗斯天然气公司开发位于南海地区05.2和05.3两块油气田，其中越方占股51%，俄方占股49%。前期勘探结果显示，这两块油气田的总蕴藏量约550亿立方米，可开采约20年。虽然这两块油气田位于越南专属经济区内，不在争议海域，但是越南试图通过油气合作将外部大国势力引入南海区域，利用外部力量抗衡中国的意图已经逐步显现。

除了油气资源，俄罗斯对越南的核能项目也提供了大量技术和资金支持。2010年6月，越南政府制定《2030年越南核电发展规划》，计划到2020年首座核电站开始发电，到2030年全国建成8座核电站，总装机容量达到10700M瓦，核电占越南全国发电总量的10%左右。由于越南本国技术能力有限，其发展核能的计划主要依靠引进外国技术来实现，经过一系列外交谈判，越南最终获得了俄罗斯的技术和资金支持。2010年，俄罗斯与越南签订核能合作协议，越南的核电项目在俄方的支持下正式启动。2011年12月，俄越合作建设的核电站项目在越南宁顺正式开工建设，项目总投资56亿美元，装机容量为400M瓦，计划于2020年开始发电，2024年正式完工。2012 年 7 月越南国家主席张晋创访问俄罗斯，获得俄方 100 亿美元的贷款，其中 80 亿美元定向用于越南核电站的建设。此外，由于国内核电领域人才急缺，越南往俄罗斯派遣 9 名留学生，在俄罗斯国家核能大学学习，已于 2013 年底毕业，用于加强越南的核能技术的人才队伍建设。根据越南的长期规划，到 2030 年前，建成 8 个核电站和 13 个反应堆，实现全国至少 6% 的电力供应来自核电。

三、新世纪俄越关系特点与影响因素

通过对比分析可以看出，新世纪俄越关系具有去同盟化、防务合作扩大化和经济利益优先化的特点。俄越关系的发展既来自于地缘战略要求、军事合作互惠互利、双边贸易与合作不断深化等因素的推动，也受到两国战略需求不对等、经济联系总量偏小、传统文化因素以及军事合作中矛盾等因素的阻碍。在新世纪俄越关系的影响方面，它既为俄罗斯和越南的发展带来积极影响，又加剧了东南亚地区的军备竞赛，不利于东盟在地区安全问题上发挥作用，同时对我国维护南海主权和周边安全产生负面影响。

（一）新世纪俄越关系的主要特点

通过与苏越关系的比较，可以看出新世纪俄越关系主要有以下三个特点，即去同盟化、防务合作扩大化和经济利益优先化。

1. 去同盟化

与冷战时期的苏越相比，新世纪俄越关系的首要特点就是去同盟化。1978 年 11 月，苏联与越南签署《苏越友好合作条约》，其中包含军事同盟条款，标志着两国同盟关系的正式建立。在苏越同盟关系的背景下，越南先后出兵柬埔寨，对中国提出陆地、海洋领土要求，挑起边境冲突、出兵占领中国南沙群岛部分岛屿并在国内大规模排华。中国发动自卫反击战后，沉重打击了越南的地区霸权主义行径，越南也在国际社会中陷入外交孤立。新世纪，俄罗斯与越南在发展双边关系时，都提出了结束同盟、建立新型国家关系的要求，在双边交往中也大力开展经济、科技、能源领域合作，努力摆脱苏越军事同盟的痕迹。早在越南提出“革新开放”政策时，在外交方面就实行“增加朋友、减少敌人，创造有利的国际环境”的方针，意在摆脱同盟束缚，广泛发展对外关系。1994 年 6 月，越南总理武文杰出访俄罗斯，两国签署《俄越友好关系基本原则条约》。作为《苏越友好合作条约》的替代，新条约不仅取消关于军事同盟的条款，而且着重强调国家交往中的平等与互利，为俄越新关系的发展奠定法律基础。2001 年 2 月，普京访问越南期间，两国发表《战略伙伴关系宣言》。在《宣言》中两国明确表示战略伙伴关系是“巩固和发展传统友好关系与多领域合作”，强调在国际社会中“建立国家间公平、平等的关系”，为俄越间平等互利关系的长远发展制定蓝图。

2. 防务合作扩大化

随着近年来俄越间军事领域的交往不断增多，防务合作不断扩大，军事合作已经成为两国关系中的重要内容，将来可能取代经济贸易，成为两国战略伙伴关系的主要支撑。从越南购买俄罗斯武器装备的质量上看，20 世纪 90 年代主要以导弹快艇、巡逻艇为主，近几年以导弹护卫舰、潜艇和各类反舰导弹系统为主，武器装备性能大大提升；从军事合作的范围来看，早期以小型水面船只和轻武器为主，现在扩大到大型舰船、潜艇、战斗机、导弹系统和军事技术，覆盖海军、空军、导弹、后勤、研发等各个方面。截至 2010 年，俄越间军事贸易总额达到 236 亿美元，成为两国关系中的主要内容之一。可以说，从 1995 年两国恢复军事贸易开始，截至 2010 年，俄罗斯与越南的武器贸易一直快速发展，具体情况如表 4 - 1 所示：

表 4 - 1　1995—2010 年越南从俄罗斯进口的主要武器

类别	型号	数量	日期
导弹快艇	Project - 1241/Tarantul	4 艘	1994 年、1998 年
巡逻艇	Svetlyak/Type - 10412	6 艘	2001 年、2007 年
战斗机	Su - 27S/Flanker - B	12 架	1994 年、1996 年

续表

类别	型号	数量	日期
战斗机	Su－30MK/Flanker－B	24 架	2003 年、2009 年、2010 年
直升机	Mi－8/Mi－17/Hip－H	4 架	2002 年
导弹护卫舰	Gepard	2 艘	2006 年
防空导弹系统	S－300PMU－1/SA－20A	2 套	2003 年
岸基反舰导弹系统	K－300P Bastion－P	2 套	2007 年
常规动力潜艇	Type－636E/Kilo	6 艘	2009 年

3. 经济利益优先化

经济利益优先化不仅体现在两国的双边贸易中，而且体现在军事合作、能源合作的方方面面。与冷战时期的同盟关系不同，冷战结束之后的俄罗斯与越南建立了新型的国家间关系，经济利益成为发展双边关系的首要因素。1994 年，越南总理武文杰访问俄罗斯并签署《俄越友好关系基本原则条约》，开启了两国全面发展经贸关系的历程。此后，在俄罗斯与越南领导人的历次互访中，推动两国在经济方面的合作成为会谈的首要话题。2001 年普京访问越南，两国正式建立战略伙伴关系，俄越签署的《战略伙伴关系宣言》中明确指出要把“发展经济贸易、经济技术合作视为两国关系的首要任务”。此后，两国进一步加大在贸易、能源、金融、电力、化学、冶金、农业等领域的合作，全力推动双边贸易额的提升；同时，俄方不断减免越方债务、增加贷款，以更好地促进双方经济发展。在军事方面，虽然俄越间军事合作不断扩大，但应当看到，俄方的主要考虑就是经济利益。俄越 2009 年签订的“基洛”级潜艇合同总额达到 18 亿美元，但是据最新报道，总费用可能超过 21 亿美元，且各类辅助设施需另行增加 11 亿美元。由于俄方经常根据利益需要提高产品价格，之前俄罗斯与印度在军购加价问题上出现过纷争，所以俄越关于潜艇的合同也可能出现经济矛盾。在能源领域，新世纪，许多苏联与越南间的合作项目都被迫停止，而苏越石油公司却得以保存至今，主要原因就是该合作项目从建立时起便一直盈利，仅

2011年就为俄方带来约20亿美元的经济效益。

（二）新世纪俄越关系的影响因素

从新世纪建立友好关系至今，俄越关系不断发展，取得了一系列丰硕成果。纵观两国关系的发展，既源于一系列内部因素的推动，也离不开国际环境和地区形势的影响，在俄越关系快速发展的同时，由于两国国情的差异和国际形势的不断变化，存在不少问题和障碍，两国关系在一定情况下可能发生波动。

1. 促进因素

（1）地缘战略的要求

从国土面积的角度来看，俄罗斯是世界上面积最大的国家，领土横跨欧亚大陆，濒临三大洋。冷战结束至今，俄罗斯外交政策不断演变，最初实行向西方“一边倒”的外交政策，之后变为东西方兼顾的“双头鹰外交”，普京上台之后推行灵活多变的务实外交，在国家利益的引导下全面发展对外关系。新世纪，北约不断东扩，俄罗斯西部传统势力范围被北约不断蚕食，其战略空间也被进一步压缩。在这样的情况下，东南亚地区对俄罗斯的战略意义逐步凸显出来。东南亚地区紧扼马六甲海峡，控制连接太平洋和印度洋的海上通道，冷战时期苏联在越南金兰湾的驻军使其对东南亚地区乃至整个亚太产生巨大战略威慑，是苏联全球战略的重要组成部分。通过与越南发展战略伙伴关系，不断加强经济和军事合作，俄罗斯可以在东南亚地区拓展战略空间，显示大国存在，并在一定情况下对地区局势施加影响。

在越南的国家战略中，成为地区强国并不断提高国际地位是其主要目标。外交方面，越南坚持独立自主、合作与发展的对外路线，以大国外交为主线，在大国间谋求平衡以实现本国利益的最大化和最优化。由于越南地理位置特殊，战略影响巨大，冷战结束以来相继成为各大国拉拢和渗透的对象，美国、俄罗斯军方相继访问金兰湾，试图将其变为国际军港。此外，由于越南在南海侵占中国岛礁，南海问题日益升级，越南政府试图在国际社会中寻求大国的支持与帮助，将大国势力引入南海问题，谋求本国利益最大化。在这种情况下，俄罗斯以其丰富的资源、强大的国力，以及两国在冷战中结为军事同盟的经历，成为越南寻求支持的主要对象之一。

总的来看，由于俄罗斯与越南在地理上不接壤，两国之间不存在根本性的地区性、全球性矛盾，更没有领土争端、民族纠纷和宗教矛盾，相反都具有多民族、多宗教构成多元化社会的共同特征。两国在反对单极世界、主张世界多极化、维护国家主权与领土完整、反对恐怖主义、维护地区稳定等许多方面都存在着共同利益。总的来看，优越的地缘条件和互补的战略需求为新世纪俄越关系的发展提供了巨大的优势和动力。

（2）军事合作互惠互利的推动

两国间武器装备贸易的不断增长和扩大，有效促进了两国间互利共赢。新世纪，俄罗斯继承了苏联主要的军工企业和研发机构，但是受到国内政局动荡、国防预算开支不足的影响，大批军工企业被迫停产甚至倒闭。据统计，1991 年俄罗斯的军品生产比苏联解体前减少了 30%，1992 年又减少了 30%，1994 年的军品生产规模仅相当于 1991 年的 6%。20 世纪 90 年代中期，俄罗斯的军工企业开工率不到 50%，国防部的订货量仅占生产总量的 12%。而俄越间武器装备贸易的开展和扩大，不仅给军工企业带来了可观的贸易利润，也给俄罗斯政府带来大量的外汇收入，有利于减轻俄罗斯外汇不足的压力。因此，在俄越两国高层的交往中，军事合作与武器装备贸易始终是其中一个重要议题。

在越南的军事战略中，实行“全民、全面”国防，突出“质量建军”，建设一支能征善战的现代化正规军是其主要目标。目前，越南军队约有 49 万人，但是由于经济原因，一直到 20 世纪 90 年代中期，越军武器装备几乎没有进行过大规模更新换代，武器水平相对低下。革新开放政策促进了越南经济的长期发展，也为越南军事现代化提供了有利支持。20 世纪 90 年代，越南制定了“新世纪武装部队现代化计划”，开始着手全面更新军事装备，但是，越南自身军事工业较为落后，因此积极开展对外防务合作成为其巩固国防、塑造强国地位的重要战略举措之一。由于历史原因，越南之前的抗法、抗美斗争中大量使用苏制武器，1976年统一后，开始实行“亲苏”政策，越南军队也仿效苏军模式，进行军事体制改革。因此，越南的军队与武器装备与苏联—俄罗斯有着密不可分的联系。从1995年开始，两国间军火贸易逐步恢复并迅速发展，截至2010年底，两国之间的军火贸易总额约236.3亿美元，占到越南武器进口总额的89%。此外，与直接从外国采购新型武器装备相比，越南军方更倾向于利用俄方技术对现有装备进行升级改造，这样不仅可以节省预算，而且可以越过对新武器装备的熟悉和训练阶段，有效避免各种装备不匹配带来的问题，更加有利于越军熟练使用武器、快速提高战斗力。在这一时期，俄越间军事技术合作也取得了长足进步，两国在武器性能升级、装备维修、后勤保障等方面开展大量合作。

在俄越两国政府间军事技术合作委员会的推动下，缺乏资金但拥有巨大生产能力的俄罗斯军工企业和资金充裕需要购买先进武器装备的越南军方开展了互惠互利的合作。通过军事合作，越南获得了先进的武器装备，军队实力获得提升；俄罗斯一批濒临破产的军工企业获得资金和订单，可以开发更加先进的技术。双赢的局面为俄越双方军事合作的长久开展提供了巨大的动力，也为新世纪俄越关系的巩固与发展发挥了极大的促进作用。

（3）双边贸易与合作的深化

经贸合作是密切两国关系最重要的方式和手段。俄罗斯能源资源和矿产资源丰富，重工业发达，但是资金较为缺乏，市场导向单一；而越南是东南亚地区新兴经济体，经济发展潜力大，但是工业基础落后，油气资源开发受限。对于俄罗斯而言，越南国内市场广阔，缺乏先进技术，机电产品需求量大。对于越南而言，俄罗斯是一个可以依赖的稳定的能源合作国，其强大的工业基础可以弥补本国的不足。1994年两国确立友好关系后，便把经贸合作作为两国关系的主要内容加以推进。2001年两国签署《战略伙伴关系宣言》，其中明确规定，将“发展经济贸易、经济技术合作视为两国关系的首要任务”。为了推动双边贸易的发展，俄越两国建立起政府间经济文化科技合作混合委员会、两国工商理事会、投资论坛等一系列机制，并合资设立企业开发油气资源。在两国政府和企业的推动下，俄罗斯和越南的双边贸易范围不断扩大，贸易额持续增长。

随着两国贸易联系的日益密切，越南成为俄罗斯在东南亚地区重要的出口市场和农产品进口国，俄罗斯也成为越南机电、油气开发、核能利用等项目上的重要支持者，进一步巩固了俄越战略伙伴关系的经济基础。

2. 阻碍因素

在两国关系迅速发展的同时，俄罗斯与越南也面临一些阻碍因素，主要包括两国战略需求的不对等、两国经贸基础不稳定、军事合作中的矛盾以及传统文化因素等。

（1）战略需求不对等

战略需求不对等成为影响两国关系发展的主要因素之一。冷战结束以后，俄罗斯的综合国力已经无法与苏联时期相提并论，但它仍然拥有巨大的政治影响力、先进的技术和强大的军事力量，其世界大国的地位不可忽视。特别是普京上台以后，俄罗斯开始走上复兴道路，其外交政策深受现实主义的影响，更加趋于灵活多变。在俄罗斯对外战略中，越南作为南亚地区的重要伙伴意义重大，但是在俄罗斯全球战略的天平上，美国、欧洲和中国则占有更大的分量。越南作为一个迅速发展的新兴经济体，其主要目标是成为地区性大国，在各大国之间奉行大国平衡、相互制衡的政策。因此，在很多国际问题尤其是东南亚问题上，越南首先考虑的是其在东南亚地区的优势地位，并且在国际交往中寻求与美国和欧洲平等往来，以获取本国最大利益，不会一味寻求与俄方保持一致。

（2）经济联系总量偏小

虽然俄越之间双边贸易的增长速度较快，但是贸易总额偏少，水平较低，且易受外部环境的影响，已经成为影响两国关系深入发展的主要障碍之一。俄罗斯主要进口越南的农产品、珠宝、纺织品等初级产品，而俄罗斯向越南出口的商品主要是武器装备、油气开发技术、机电产品等，由于越方基础设施有待完善，交通运力不足，能源电力短缺，尽管双方政府极力促进贸易合作，但仍难以广泛推动两国企业间的合作。许多研究两国关系的学者都认为，俄罗斯与越南在经济贸易领域的合作范围及贸易额与两国间关系和国家实力极不相称，以 2007 年为例，越南对俄罗斯出口总额只占俄外贸总量的 0.3%，俄罗斯对越南出口仅占越南的 1.5%，有很大的提升空间。尽管从速度上看，俄越间贸易额增长迅速，但是从具体数额上看，仍然总量偏小，如 1994 年两国之间的贸易总量为 3.78 亿美元，而 18 年之后的 2012 年，两国贸易总量也只有区区 35 亿美元，远不及中俄贸易和中越贸易。中、俄、越三国 2001—2012 年具体的双边贸易额对比情况见图 4－1。

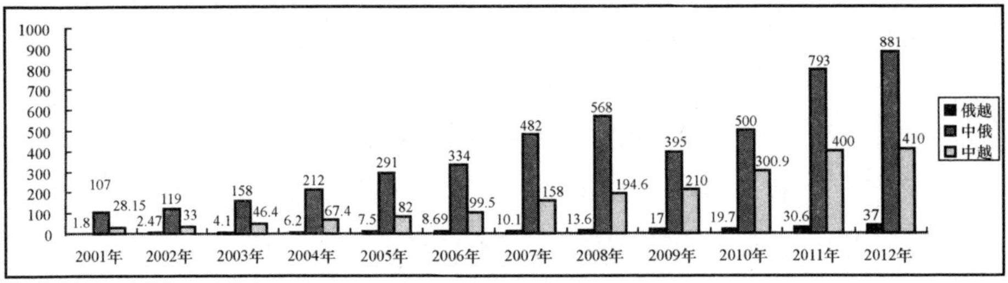

图 4－1　2001—2012 年中俄越三国双边贸易额对比表

（单位：亿美元）

资料来源：图中数据系作者根据相关资料整理得出。新华网（www.xinhuanet.com）、商务部网站（http：//win.mofcom.gov.cn/）、俄新网（http：//rusnews.cn）、俄罗斯国际文传电讯社（http：//www.interfax.ru/）。

（3）传统文化因素

传统文化进一步制约着两国关系的深入发展。在俄罗斯的文化领域，有一种争论始终困扰着学界，即“俄罗斯属于东方还是西方”。从彼得大帝开始，便有无数的学者和政治家对此进行过论述，但由于各方的观点都有充分的论据，以至于这个问题至今仍然没有准确的答案。从地理位置上来看，俄罗斯约有3/4的领土属于亚洲，但是俄罗斯的政治、经济、文化中心都位于欧洲；从人种上来看，东方人认为俄罗斯绝对属于西方的范畴，但俄罗斯人的祖先斯拉夫人属于东欧，因久居欧洲的偏远地带而被称为“蛮族”，不被欧洲主流所接纳；从语言上来看，俄语属于印欧语系，但使用的字母是基里尔文，与西欧普遍使用的拉丁文不同，两者在文化上也难以产生认同感；从宗教上看，俄罗斯人主要信奉东正教，虽然也属于基督教的分支，但是与欧洲主流的天主教和新教之间存在一定的区别。从沙俄时代至今，俄罗斯人都在东西方之间徘徊，难以界定自身的位置。但是从历史的角度来看，有两个事实不能回避：一个是蒙古人对俄罗斯的入侵和统治给俄罗斯人的心理上造成了巨大影响，在俄罗斯人的眼中，亚洲和东方就意味着鞑靼人，象征着野蛮、落后与侵略。许多俄罗斯历史学家认为，蒙古人的入侵导致俄罗斯错过了参与欧洲文艺复兴和宗教改革的机会，是中世纪以来俄罗斯全面落后于西欧、不被西欧接纳的主要原因。另一个事实是，俄罗斯在强大和繁荣时，都是以欧洲文明的代表身份出现在世界舞台上，只有当俄罗斯衰落时，才想起自己的亚洲属性，考虑亚洲在俄罗斯政策中的重要性。由于长期对亚洲国家的歧视和偏见，在发展俄越关系时，俄罗斯人仍然难以摆脱民族心理的影响。在发展与越南的关系时，俄罗斯始终抱有对东方国家的历史成见，认同感不强。

与此同时，西方国家在越南近百年的殖民统治给越南人民带来了深重灾难，越南人民为了追求国家独立付出了巨大牺牲，因此，越南人民非常重视国家主权独立。越南统一后，奉行“亲苏反华”的外交政策，与苏联建立军事同盟，在东南亚地区推行“地区霸权主义”并侵扰中国边境。通过边境自卫反击战，越南的扩张受到沉重打击，但是并未得到苏联相应的支持，并且在20世纪80年代得到的支援也逐步减少。在新世纪与俄罗斯的交往中，越南也可以发现俄务实外交政策的多面性和现实利益在两国关系中的困扰。

（4）俄越军事合作中的矛盾

随着俄越军事关系的不断加深，两国军事合作中的矛盾逐步显现，成为影响两国关系进一步发展的现实因素。在新世纪俄越关系的发展过程中，由于两国非军事贸易总量偏小，俄越间军事贸易就成为维系两国关系重要的纽带之一。但是近年来，随着两国军事合作范围的扩大和内容的增多，面临的矛盾也越来越多，其中最主要的就是俄罗斯供货机制的不完善，与越南武器进口多元化的趋势和越南国防工业体系的健全之间的矛盾。

第一，俄罗斯武器供应机制不完善。越南之所以从俄罗斯购买大量武器装备，除了原有俄制装备比例大之外，主要就是俄方武器价格低廉。但是，随着材料价格、劳动力成本和配套费用的上涨，俄罗斯武器的价格不断提高。2009 年 12 月，越南向俄罗斯订购 6 艘“基洛”级潜艇，当时合同总价值约 18 亿美元，但是据 2010 年 6 月俄罗斯战略与技术中心分析，当时这 6 艘潜艇的建造费用将会超过 21 亿美元，且相关的武器装备、基础设施和其他设备的费用还需要另行增加 11 亿美元。再加上俄罗斯国防领域相关法律制度不健全，“没有立法确定国家武器研发计划的地位，缺乏相应计划的形成、管理和落实机制，没有明确联邦权力机关在制订和落实国防订单时的协同制度”，导致部分合同无法按时履行，关于军事贸易的争端也时有发生。

第二，越南武器进口呈多元化趋势。由于越南在争取独立时期便得到来自苏联的大量武器，冷战中又按照苏联模式进行军事改革，导致俄制武器在越南军队中所占比例过高，越南国防对俄罗斯具有相当程度的依赖。出于对国家安全的考虑，越南也不愿意将国防现代化的所有希望都寄托在一国之上，以免被他国牵制。因此，越南在进行军购时开始拓展全球视野，更多国家的武器装备开始出现在越南军方的采购单上，以摆脱对俄制武器的过度依赖。印度、法国已经与越南展开军事贸易，印度向越南出售轻型直升机、火炮、迫击炮、通讯系统等武器装备，美国也在多次双边战略对话中谈及向越南出售武器的议题。可以说，在军火贸易竞争日益激烈的情况下，俄罗斯在越南军火市场上将面临更多竞争，一国垄断的地位也将不复存在。

第三，越南国防工业体系的健全。在推动本国军队实现现代化的进程中，越南不仅注重借助外部力量，更重视建立本国独立的国防工业。2009 年 12 月 21 日，在纪念越南人民军成立 65 周年大会上，越南国家主席阮明哲表示，“越南人民军需要保证本土国防工业能力得到提高”，越南有必要通过迅速发展军工企业、升级技术来实现军事现代化。在与俄罗斯的军事合作中，越南在购买武器装备之外，也重视引进技术、建立工厂和维修基地，借助外部力量提升本国国防工业水平。

总的来看，在普京的支持和推动下，俄越之间的战略伙伴关系得以建立并不断发展。新世纪俄罗斯与越南的外交关系不同于冷战期间的苏越军事同盟，但继承了两国传统友好关系并在现实利益推动下不断发展。通过两国政府和领导人 20 余年的推动，俄越关系从冷战结束之初的冷淡转向友好，并在 2001 年建立起战略伙伴关系，随着两国的发展而不断深化和拓展，在政治、军事、经济、外交、能源、科技、文化等方面开展了大量合作。通过对比分析可以发现，新世纪俄越关系的发展具有去同盟化、防务合作扩大化和经济利益优先化的特点。受到历史和两国国内外环境的影响，俄越关系的发展还面临着多种促进和阻碍因素，在未来可预期的时间内，俄越战略伙伴关系将得以进一步深化，在军事、能源方面的合作将持续扩大，但是受到两国交往中经济利益纷争和来自外部的压力与矛盾，两国关系可能产生一定程度的波动和曲折。

第五章　新世纪俄罗斯发展成就与未来趋势

当前，21 世纪已经过去 1/5 了，与 20 世纪末相比，俄罗斯在各个领域都取得了明显的发展成就。在新的世纪里，俄罗斯不仅实现了政局长期稳定，综合国力持续提升，国际地位不断上升，而且国内经济结构调整优化，居民收入保持增加，国内社会政策不断完善，人口素质明显提升，俄罗斯从一个国际政治的“边缘角色”变成“主要玩家”，在国际事务中发挥着越来越重要的作用。同时要看到，在未来的发展道路上，俄罗斯仍面临一些结构性障碍，俄罗斯能否持续发展、走向复兴，主要取决于两个方面的综合作用，即稳定的政治结构和良好的外部环境。

第一节　新世纪俄罗斯主要发展成就

一、世纪之交的俄罗斯

1999 年 12 月 31 日，普京担任俄罗斯联邦代总统，面对着一个内忧外患、濒临崩溃的俄罗斯。叶利钦在回忆录中写道：“我把自己的政治遗产交给他——历经多次选举的胜利，通过他所不喜欢的公开化政治，国家保持了民主、自由和正常的经济，这些都是留给他的政治遗产。”但是，现实情况远远没有叶利钦描述的那样乐观。从 20 世纪 80 年代末开始，俄罗斯就陷入了衰退、动荡、饥饿、贫穷之中，整个社会在 10 年里经历了社会政治体制的巨大变革和经济制度的休克式改革，到 1999 年底，整个俄罗斯实际上已经陷入积贫积弱的泥潭之中。

（一）政局长期混乱

在政治领域，国家政体不稳、议会党派林立纷争严重、地方权力过大、寡头干涉国家政治、各级机构严重腐败是当时俄罗斯政治生态的主要特点。1993 年宪法颁布后，俄罗斯的政体既不是议会制，也不是三权分立下的总统制，而是总统制下的三权分立。在俄罗斯，政府、议会和司法机关三权分立，总统则是宪法的守护人，居于三者之上进行协调。由于俄罗斯国内矛盾突出，叶利钦多次采用撤换总理的方式维护其统治。仅在 1998 年至 1999 年，叶利钦分别以信任度、经济危机等理由撤换四任总理，视国家大事如儿戏，遭到议会的强烈反对，越来越多的人加入到反对阵营中。政府危机加剧了总统与议会反对派之间的对抗，成为国家杜马大多数派别、各种势力的攻击对象，总统权力受到严重挑战。接连不断的决策失误、体弱多病、不能正常工作，加之独断专行，靠不断撤换政府要员、解散政府来显示其权力，所有这些不当行为严重干扰了政府工作，影响了国家行政管理的权威。一时间社会各界要求叶利钦辞职、要求修宪、要求限制总统权力的呼声不断高涨。俄罗斯确立多党制以后，由于没有严格的政党法，各类政党、政治运动和社会政治组织数量激增，最多时有上千个政党和政治组织，除形形色色的民主改革党派以外，还有各种自由主义派、恢复宗主制运动、新法西斯组织、极端民族主义组织、社会民主党人、极左派，以及绿党、啤酒党等。截至 1999 年 12 月，在俄罗斯正式注册为全联邦性政党有 150 个，政治运动 50 个，另外还有许多社会集团（联合组织）。在中央和地方权力分配方面，从 20 世纪 80 年代末开始，俄罗斯各个加盟共和国与自治地区趁着政局混乱，不断扩大民族自决权和地方自治权，车臣、印古什等部分主体甚至直接宣布独立；在地方行政长官的任命方面，从任命制变为地方选举制，各主体行政长官更多的关注本地区的选民利益，中央无法对他们实行有效管辖，中央权力进一步弱化；在财政和税收方面，地方保护主义盛行，形成了联邦中央为国家财政的稳定而孤军作战，而地方当局则借助国家的拨款和其他资金在区域内各行其是，破坏联邦财政稳定的局面。1996年俄罗斯举行第二届总统选举，不占优势的叶利钦在寡头集团的帮助下成功连任。此后，寡头集团对俄罗斯政治的干预程度大大加强。别列佐夫斯基被委任为总统特别代表和国家安全会议副秘书，负责处理独联体事务和国家安全工作；波塔宁被任命为政府第一副总理，负责经济改革工作；其余的寡头成为叶利钦的同盟和密友，经常出入克里姆林宫和叶氏的家庭聚会。寡头集团根据自身利益需求，依靠叶利钦的支持，常常干涉甚至主导俄罗斯经济政策的制定与政府组成人选，不仅是俄联邦的各部部长，甚至政府总理、副总理都可能成为寡头集团的棋子。从1998年俄罗斯金融危机到普京执政前不到一年的时间内，俄罗斯政府接连换了四届总理，每一届政府组成的台前幕后都少不了寡头们的参与。别列佐夫斯基甚至曾直言不讳地说："在俄罗斯最有利可图的生意就是政府。俄罗斯的大资本家当然要同政治家搞在一起！在政治家身上下赌注，这才是一本万利的投资！"在混乱的政局和激进的改革之下，严重的腐败行为已经蔓延至俄罗斯政治体制的各个角落，从克里姆林宫的高官到各地的行政机构，几乎所有官员都在趁着混乱用各种方式攫取国家财富。在私有化的过程中，权力与资本高度结合，大量国有资产被非法转移到私人手中，进而成为合法的私有财产。

（二）经济濒临崩溃

在经济领域，伴随着休克疗法的推行和私有化进程的加速，俄罗斯国民经济体系被迅速瓦解重组，再加上金融危机的影响，到了1998年至1999年，俄罗斯国民经济已经处于崩溃的边缘。

与1992年独立之初相比，俄罗斯1999年的工业生产下降46%，农业生产下降40%。

受到经济改革失败和历次金融危机的影响，俄罗斯经济长期处于恶性通货膨胀状态。1992年经济改革启动后，当年的通货膨胀率高达2500%，经过历届政府努力，1997年降至11%，但是受1998

年金融危机影响，通胀率又上升至84.4%，1999年降至36.5%，仍处于较高水平。

从独立之初，俄罗斯政府便一直处于财政赤字状态，从1995年起政府停止对预算赤字透支，改为靠发行国债和外国贷款来弥补预算赤字，而俄罗斯经济和政府运行实际上依靠大量外债维持。到1998年6月底内债已达700亿美元，外债达1300亿美元，总计相当于GDP的45%。卢布和美元的比值从1985年的0.58卢布兑换1美元发展到1997年底的近6000卢布兑换1美元，1998年1月1日启用新卢布（1新卢布等于1000旧卢布）后，卢布的币值也没有保持稳定，到1998年8月，卢布曾经一次性贬值50%，新卢布已由6卢布兑换1美元贬值为30卢布兑换1美元。与此同时，金融危机不断深化，金融系统出现全面混乱：债券市场停止交易，股市大幅度下跌；卢布一贬再贬，外资大量撤走，居民提存挤兑，银行系统面临崩溃，甚至一些大银行也纷纷倒闭。

（三）国家安全面临严重威胁

在国家安全领域，恐怖主义等极端势力逐步兴起，成为危害国家安全的主要力量。进入20世纪90年代后，车臣、印古什等分离主义势力在追求民族独立、从俄罗斯联邦分裂出去的活动中，逐渐与外国宗教极端势力合流。在经历两次车臣战争、政治和军事活动受到俄罗斯政府的强力打压后，他们选择使用恐怖主义手段，将矛头对准普通平民，以图达到从政治和军事途径无法达成的政治目标。1995年6月14日，巴萨耶夫率领约100名武装分子闯入斯塔夫罗波尔边疆区的布琼诺夫斯克，扣押了约1200名人质，要求俄军立即停止一切军事行动并撤出车臣，否则将杀死全部人质。6月18日凌晨，切尔诺梅尔金直接与巴萨耶夫通电话。巴萨耶夫提出三个要求：俄罗斯联邦军队在车臣境内全面停战；立即启动和平谈判；为武装分子安全返回目的地提供交通工具并保证他们路上的安全。俄政府做出了重大让步，基本上满足了巴萨耶夫的要求。布琼诺夫斯克事件迫使俄罗斯政府停火并与武装分子谈判，开创了车臣武装分子利用恐怖主义手段达到军事政治目的的先例。同时，车臣地方武装认识到，尝试与俄罗斯中央联邦进行军事武装对抗无异于以卵击石，传统的对垒战和游击战等战术都不可能实现目的。因而，受布琼诺夫斯克事件启发，一些车臣人开始运用新的斗争策略即“恐怖主义”。1996 年 1 月 9 日，杜达耶夫的侄女婿拉杜耶夫率领大约 400 名武装分子突然袭击达吉斯坦的基兹利亚尔市，控制了大约 1500 多名人质，并以此要挟联邦政府。经过谈判，拉杜耶夫企图挟持 100 多名人质重回车臣，但是被政府军包围，大约有 150 多名恐怖分子被歼灭。此后，发动恐怖袭击、挟持人质与中央谈判成为车臣恐怖分子的主要手段，为以后更多的恐怖袭击提供了先例。除了恐怖主义，在混乱的社会环境下，俄罗斯民族主义高涨，其中以光头党为代表的极端民族主义分子活动范围不断加大，他们袭击外国人，杀害外族人，并公开打出纳粹旗号，煽动和鼓励恐怖袭击，成为危害俄罗斯社会安全的一个重要因素。

（四）社会发展问题重重

在社会领域，政治动荡和经济危机使俄罗斯人面临一系列的社会问题，严重的贫富分化、不断走低的自然人口增长率、滞发工资和养老金、失业、影子经济、民族问题、黑社会、社会道德水平下滑、文化发展滞后等成为俄罗斯民族和社会发展的痼疾。苏联解体后，俄罗斯大部分企业处于半破产状态，日用品极度缺乏，后经大量进口弥补社会需求，但是卢布贬值导致物价急剧上涨，居民实际收入大幅度下降。从 1992 年放开物价开始，俄罗斯的居民消费品价格便一路上涨，截至 1999 年，共计上涨约 6168 倍。急速上涨的物价严重降低居民生活水平，导致许多俄罗斯人辛苦一辈子的积蓄，瞬间贬值到只能购买几个面包的水平，正常的退休金更是难以维持生活，大批民众陷入极度贫困。数年的拖欠工资、退休金使许多人处于贫困的边缘，激起劳动者的不满和抗议；社会两极分化严重更使广大居民阶层对政府的一系列政策，特别是私有化政策持强烈的批评态度，对当权者和新权贵充满敌意。

酗酒问题一直困扰着俄罗斯，当前普遍酗酒对个人命运、社会民众身心健康所造成的破坏性影响超过以往。包括酒类消费水平、酗酒诱发的居民发病率、死亡率和犯罪率、青少年和女性饮酒比例等各个指标，都明确表明当前俄罗斯人酗酒问题的严重程度。酗酒已经威胁到俄罗斯社会和国家保持活力的社会经济、道德基础。

俄罗斯毒品泛滥问题呈现波浪式发展。俄联邦麻醉药物与精神药物流通监管总局的统计资料显示，独立后的十年间，俄罗斯境内吸毒人数增速较快，以年均24%的速度增长。毒品犯罪所带来的巨额经济利益成为俄罗斯毒品屡禁不止的根本原因。“后阿富汗时代”毒品走私日益猖獗，成为影响俄罗斯毒品问题的外部诱因，俄罗斯自身需求成为刺激毒品市场“发育”的催化剂。

俄罗斯犯罪率一路高涨，黑社会活动频繁。在俄罗斯，官员、商人与黑帮三位一体，如水银泻地触及社会及经济的每一个阶层。有组织犯罪及贪污已入侵俄罗斯政府的最高层；有分析家指出，有组织犯罪与政府官员互为一体，难分彼此。据估计，在俄罗斯活动的黑帮组织有5700个之多，其中许多组织正向海外扩展。贪官和黑帮分子互相勾结，协助黑帮进行内幕交易、避税甚至暗杀，甚至还渗入俄罗斯国家杜马，出巨资资助一些人参加俄杜马议员选举，使这些人为他们的犯罪组织或财团服务。

青少年精神萎靡堕落，德育体系的“崩盘”对俄罗斯社会，特别是在青少年范围内产生了很多负面现象，青少年道德水平极速降低，未成年人犯罪数量逐年递增，吸烟、酗酒、吸毒等问题凸显。整体来看，解体后俄罗斯青少年的生存状态、道德发展并不理想。

人口减少，生育率低，人口危机是制约俄罗斯经济社会可持续发展的核心。目前俄罗斯人口形势不容乐观，人口数量逐年下降，深陷人口危机之中，人口和劳动力资源潜力受到严重破坏，俄罗斯民族正面临着“无人为继”的生存危机。问题的严重性在于俄罗斯人口出现了危险的“剪刀差”：人口出生率下降的同时伴随着人口死亡率急剧增长，在今后20年间人口危机极有可能演变成一场巨大而又难以逆转的民族灾难。随着经济逐渐复苏，劳动力匮乏问题凸显，对俄罗斯西伯利亚、远东地区乃至整个俄罗斯经济和社会的发展构成严重威胁。从1991年开始，俄罗斯开始面对严重的人口问题，不仅出生率骤减，人口的平均寿命也在下降，即低出生率和高死亡率并存，整个俄罗斯的人口一直处于绝对减少的状态。据俄罗斯政府公布的数字，1998年每1000名俄罗斯人中有新生儿8.8名，死亡人数为13.6人；而1999年新生儿下降为8.4名，死亡人数上升为14.7名。1999年的人口出生率仅为1960的40%。根据莫斯科大学的有关统计，从1992年起到2000年，在8年时间内，俄罗斯的人口就减少约580万，相当于整个圣彼得堡市的人口数量。由于普遍的酗酒和吸毒，俄罗斯男人寿命比女人低10岁，整个俄罗斯女性数量高于男性约900万。截至1999年底，超过17%的人口年龄在60岁以上，有1250万俄罗斯人没有劳动能力，还有600万人吸毒，大街上的流浪儿童超过400万。

社会福利保障压力大，难以发挥实际作用，相比于以中国为代表的发展中国家，俄罗斯的社会福利系数和居民的幸福指数要高一些，原因主要是经济因素。国家的宏观调控以及政府的政策在一定的时期也起着重要的作用。但是，同欧盟的某些发达国家相比，俄罗斯的社会福利和社会环境呈现的态势不容乐观。俄罗斯目前的房屋价格、生活成本、收入水平、基尼系数、住房条件、教育水平和医疗保障覆盖面广，却在硬件和质量上略有缺陷，导致这一问题的原因主要是大批俄罗斯居民处于贫困状态。

少数族裔和主体民族人口倒挂趋势明显，民族矛盾尖锐，非法移民抢占就业岗位，且带来社会不稳定因素，如：毒品走私问题、恐怖主义问题。主体民族俄罗斯族虽然暂时占据主导地位，但是中下层民众的利益不同程度上被高加索民族和中亚五国非法移民侵害，分散其福利分配和社会资源。

俄罗斯人均学历高，但是学历在国际上认可度低，甚至在本国内也无法找到与之匹配的工作岗位，缺乏高素质教育人才和国内民众的认可度是直接因素，进而导致俄罗斯缺少对未来基本人才资本发展的期望。

（五）国际地位一落千丈

在外交领域，孱弱的俄罗斯被动应对来自西方的战略压力和债务压力，传统势力范围不断被压缩，外交影响力一落千丈，难以有效维护国家外部利益。在涉及战略和经济利益的一系列重大国际问题上（如科索沃问题、伊拉克武器核查危机等）俄罗斯也积极活动，力求最大限度地维护其国家利益和“大国地位”。然而，由于国内严重的危机形势，俄罗斯外交活动受到极大抑制，回旋余地不大，在与美国和西方大国打交道的过程中未能取得实质性的成果。

俄罗斯独立之后，并没有成为与西方各国平等的伙伴，反而成为各国遏制的对象。以美国为首的北约开始逐渐向东扩展，与中东欧国家建立紧密联系、研究扩员计划，一步步蚕食俄罗斯在苏联势力范围内的传统安全空间。1992 年 12 月，北约决定以军事力量介入南斯拉夫危机，1994 年 12 月向波黑派出北约部队，1998 年 12 月正式介入科索沃危机并于次年发动科索沃战争。科索沃战争的结束，标志着俄罗斯彻底丧失在东南欧地区的影响力。除了苏联势力范围，俄罗斯在苏联加盟共和国内部的影响力也大大下降。波罗的海三国不断密切与欧美国家关系，积极申请加入北约和欧盟，导致北约与欧盟的力量延伸至俄罗斯边境。在独联体内部，俄罗斯国力的下降导致一体化政策的推行极为缓慢，和平分裂的趋势愈加明显。在中亚地区，俄罗斯难以维持前苏联对该地区的巨大补助，领导地位不断受到质疑。俄罗斯独立之初，为了推行经济改革，向西方各国借了大批外债，结果经济不景气，债务越来越多。1998 年第一季度，俄罗斯联邦预算月收入为 200 亿卢布，但是短期国债每月的还本付息就高达 270 亿卢布，政府只得继续举债。1992 年俄罗斯债务总额约为 1077 亿美元，经过数年的还款与借债，1999 年俄罗斯外债高达 1580 亿美元，而 1999 年俄罗斯国民生产总值仅 1900 亿美元。由于俄罗斯严重的金融危机和偿债能力的丧失，使西方在 1999 年底调整了对俄政策，短期内已不再向俄罗斯提供大量财政援助，国际货币基金组织第二批43亿美元的贷款遭到冻结。

以上种种只是俄罗斯内忧外患局势的一个缩影，正如叶利钦在回忆录中所说，“到2000年，这些担子将非常沉重。甚至就连他这样坚强的人也会感到如此。”从1999年12月31日起，俄罗斯代总统普京不得不面对巨大的治国压力，如果这是一场决定俄罗斯命运的柔道比赛，对于普京而言，这是一场只能赢不能输的比赛。

二、21世纪俄罗斯发展主要成就

通过系统梳理21世纪俄罗斯在各个领域的发展情况，可以看出，现如今的俄罗斯已经不再是世纪之初混乱贫穷、孱弱不堪的状态，在各个方面都有长足的进步和发展。

（一）政治领域

俄罗斯基本上保障了公民游行示威、新闻言论、宗教信仰等自由权利，国家政权通过总统选举和政党政治平稳运转，实现司法独立、保障人权。

在俄罗斯，公民随时可以进行游行和示威，罢工也被认为是解决劳动纠纷的合法方式，并规定在宪法中。在俄罗斯，人民获得了新闻自由，对发行量小于1000份的刊物，不需要进行任何登记。民众的言论自由受到宪法和《俄罗斯联邦大众传媒法》的保障。在俄罗斯联邦，根据这部法律成立了数千家私有的大众媒体，取消了新闻检查制度。俄罗斯实施了宗教信仰自由政策，任何宗教都可以自由地在俄罗斯进行传播，目前，俄罗斯已经归还了苏联时期被占用的教堂给宗教团体使用，现在城市最漂亮的建筑又恢复为教堂等宗教性建筑。宗教信仰自由得到宪法和《俄罗斯联邦良心自由和宗教团体法》的保障。

俄罗斯联邦实现了自由选举。包括总统大选和议会大选。从1999年到2018年，俄罗斯举行5次杜马选举，5次总统大选。自由选举制受俄罗斯联邦宪法和《俄罗斯联邦总统选举法》《俄罗斯联邦国家杜马选举法》的保障。俄罗斯总统至少每年举行一次电视直播，由总统亲自回答公民提出的任何问题。总统至少每年举行一次大型新闻发布会，回答来自世界各地记者提出的任何问题。总统在国家发生突发事件时，会立即发表电视讲话。俄罗斯实施了多党制度，党派只要到司法部进行登记备案就可以成立。多党制度得到宪法和《俄罗斯联邦政党法》的保障。政党的所有经费由各政党自己解决。俄罗斯联邦实现了政府官员财产申报制度。任何政府成员在就职前必须申报个人和家属的财产，并且要申报上个会计年度的收入和财产变化情况。这些申报可以通过媒体公布，以便公民监督和举报，由俄罗斯联邦宪法性法律和政府法规作保障。俄罗斯联邦实现了司法独立。联邦法官统一行使审判权。法官的工资和待遇完全由联邦财政支付，法官不得成为任何党派的成员。保证了司法、法官的独立性。俄罗斯联邦司法实施了大陪审团制度。犯罪嫌疑人是否构成犯罪由陪审团来决定，而陪审团成员来自普通公民。俄罗斯加入了欧洲人权条约，俄罗斯人可以到欧洲人权法院起诉俄罗斯联邦侵犯人权问题。俄罗斯实行和平时期不执行死刑的政策法案。

（二）经济金融领域

尽管面临巨大的外部压力，但是俄罗斯所采取的预算政策依旧为普京在社会领域所实施的雄伟计划提供必要保障，同时有效确保了俄罗斯宏观经济的稳定以及避免卢布汇率大范围浮动。俄罗斯确立了市场经济体制，企业按照市场需求进行生产，企业效率得到恢复。欧盟和美国均承认俄罗斯是市场经济国家。人口不到2亿的俄罗斯，目前外汇储备达8000亿美元，已经超过苏联时期的外汇储备，超过了包括苏联时期15个加盟共和国的总和。俄罗斯提前偿还了苏联时期遗留下来的所有1150亿美元的债务。其中提前偿还了巴黎俱乐部近500亿美元的债务，还免除了伊拉克的90亿美元债务。俄罗斯恢复了十月革命前粮食出口大国的地位，目前俄罗斯已是粮食出口大国。

（三）社会领域

普京非常关注社会领域的紧迫问题，已经为此拨款超过3800亿美元来大幅提升社会保障水平和更新基础设施。在俄罗斯，住房、水、电基本上都是免费的，有的收费只是象征性的，甚至很多家庭不知道水表是什么。俄罗斯联邦实现了学龄前教育、基础普通教育和中等职业教育的强制性和完全免费，大学教育也实行高额奖学金制度。医疗治病不需要支付挂号、检查和治疗费用，药品费由国家控制并给予高额补助。在改善民生方面，到国外旅游度假的人口增长了50%，99%的中小学都已覆盖网络，全国卫生机构的医疗设备状况大大改善，社会犯罪率明显下降，居民酗酒程度下降一半，全国范围内基本消除幼儿园入园排队现象等等。俄罗斯在商用航空器发射市场中名列前茅。美国航天飞机失事后，俄罗斯在长达2年半的时间里独自维护国际空间站。最近更推出了国际旅游计划，宣布将发射载人航天器登陆火星。莫斯科城市在全世界的城市综合实力排名中列为第12名，超过纽约。莫斯科有7个火车站和世界最漂亮、便捷的地铁。莫斯科的1000万人口中每3个人拥有一辆小汽车，城市交通秩序井然。

普京认为，爱国主义是俄罗斯未来的坚实基础，爱国主义教育对增强俄罗斯国家实力具有重要意义。因此他多次表示要构建新型爱国主义，培养俄罗斯人的爱国精神，特别要对年轻人加强教育，帮助他们树立正确的价值观。2016年1月2日俄罗斯政府宣布，俄罗斯总理梅德韦杰夫签署决议，批准2016—2020年爱国主义教育国家计划。该计划旨在创造条件加强社会团结，以保证俄罗斯稳定发展和国家安全。它在保持对青少年进行爱国主义教育优先方向的同时，面向所有社会阶层和年龄群体。

关于社会福利保险制度，苏联解体后，随着向市场经济过渡而来的是前所未有的经济衰退和预算紧缩。在这种情况下，原先的社会福利制度已无法再支撑下去，俄罗斯不得不对旧体制进行大的改动，以适应形势的需要。普京执政后，大幅增加政府投入，进一步完善社会保障体系。

1. 就业保障基金

为了保障失业人员的最低生活水平，俄联邦政府于1991年颁布《关于居民就业》的法律，并于1992年颁布了有关补充规定，设立国家居民就业基金，基金会负责管理失业补助金。失业补助金由雇主按工资基金的2%缴纳的费用及中央和地方政府的财政拨款组成，基金会独立于国家预算，作为独立的经济金融实体运转。

2. 退休养老基金

1991年12月，俄罗斯政府颁布退休养老基金法，建立独立于国家预算的退休养老基金。基金由国家、单位和个人三方共同分担。新的养老金由两部分组成：一部分是固定的，按平均收入或最低生活费标准的一定百分比发放，所有退休人员数额都相等；另一部分是浮动的，与领取者的工龄和收入水平挂钩。政府还提高了养老金的最低标准，并实行养老金指数化，每3个月按物价上涨情况对养老金进行调整，以抑制由于通货膨胀而引起的养老金实际购买力水平下降的情况发生。

3. 医疗保险基金

1991年俄罗斯通过《俄联邦公民医疗保险法》，1993年4月1日开始正式实行强制医疗保险制度。基金的来源是各企事业单位按工资总额的36%上缴的医疗保险金。1993年3月，叶利钦总统下令增加政府工作人员卫生保健基金。医疗保健部门实行经济核算，合理收费，减少免费的治疗项目，免费药品实行限量配给。

4. 社会福利和救济制度

俄罗斯社会保障制度的主要内容除了养老退休、失业救济和医疗保健外，还包括社会贫困救济和福利补助。社会福利和救济资金来源于中央和地方政府预算及专项基金，由中央和地方政府管理。补助的项目有食品补贴、贫困家庭补助、老年人和残疾人的福利等。俄罗斯还建有福利院、老人公寓等，收养孤儿、残疾人和退休者。

（四）外交领域

美国《时代》杂志在解释把普京评为2007年度人物时对他评价道："普京在八年执政期间，以非常的手段带领俄罗斯重新崛起回归世界强国之列""他让俄罗斯人恢复了对国家的信任，让国民找回了自信和对未来的希望，振奋了他们萎靡多日的精神"。

（五）安全领域

普京在复杂多变的世界局势中，保障了俄罗斯的国家安全和利益。在应对乌克兰局势时，成功把克里米亚并入俄联邦。创建欧亚经济联盟。以日本、意大利、希腊为突破口，分化西方制裁，加大与中国、印度、巴西、南非等新兴国家合作，提升了俄罗斯的国际地位和影响力，有效激发俄罗斯人民的爱国主义和荣誉感。

（六）科技领域

从历史上来看，俄罗斯的改革及振兴是由彼得大帝从西方引进先进科技从而发展俄罗斯的科学技术开始的，彼得大帝的首要措施就是建立俄罗斯科学院。近三百年来，俄罗斯在社会科学、人文科学和技术科学等多个领域取得了非凡的成就，有很多科学家获得了诺贝尔奖，其中就有门捷列夫、罗蒙诺索夫、科罗廖夫等等，这批科学巨人的名字将永载科学史册。曾是昔日超级大国的苏联与美国为首的西方各国间展开了科技竞争，建成了种类齐全的科研机构队伍，涉及几乎所有的现代科学技术研究领域，苏联在航空航天、造船、核能、电子领域处于国际领先水平。直到20世纪90年代，苏联解体，俄罗斯联邦独立，由于国家经济衰退，这一时期俄罗斯科学技术的发展处于严峻的社会环境中，科技事业受到巨大打击。科研经费急剧减少，国家的科研投入因而减少，科学基础设施差，人才流失严重，导致俄罗斯科技资源流失严重。

进入21世纪，逐步复苏的俄罗斯力图振兴科技，俄罗斯的基础研究水平虽然落后于美国，但仍位列世界最先进国家之列，尽管困难重重，但在激烈的国际竞争中俄罗斯仍基本保住了其作为世界科技大国的一席之地，在许多科技领域保持领先并取得令人瞩目的成绩。俄罗斯在许多高新技术领域保持全球领先的技术优势。

1. 优势领域

在高新技术方面，俄罗斯在许多领域保持世界领先水平，如航天工业、核能工业、空间服务、武器和军事技术等。其中最引人注目的是它的军工和宇航技术，俄罗斯集中了最优秀的科研力量在军事领域，无论是在宇宙太空的研究与开发方面，还是在尖端武器的研究制造方面，俄罗斯都是世界的佼佼者，丝毫不逊色于美国。

2. 太空技术

俄罗斯是空间科技大国，能独立全面掌握空间站制造、发射和回收技术，它的卫星设计技术、载人飞船部件、空间飞行系统技术等等都处于世界前列。俄罗斯积极参加国际空间站的建造，并且分享尖端科技成果。到目前为止，俄罗斯共发射了 3000 多颗卫星，拥有多种运载火箭，成功研制出可回收式火箭助推器，并正在开发宇航核动力装置。俄罗斯“和平”号空间站在轨道上运行 15 年之久，于 2001 年 3 月完成其历史使命坠入南太平洋海域，“和平”号创造了一系列世界之最，它是 20 世纪质量最高、寿命最长、载人最多、技术最先进的航天器，在“和平”号上，俄罗斯宇航员波利亚科夫创造了连续在太空逗留 438 天的世界纪录。

3. 核能技术

俄罗斯是世界上最早研究核聚变能的国家之一，俄罗斯的核能发电量约占全国总发电量的 16%，现有 10 座核电站，31 个反应堆机组。俄罗斯专家还开发出了可以把核裂变能量变成激光的超大功率激光装置。

4. 激光技术

俄罗斯物理研究所的科学家还研制出一种功率十分强大的激光切割装置，这种新型激光器的功率比现有同类激光器高出近两倍，它的工作过程由计算机操控，该装置发出的光束可以切割厚度达 40 毫米的金属及其他各种材料，切割误差小于 0.1 毫米。

5. 主要研究发展领域

全世界的国家都致力于可再生能源的开发，而俄罗斯的氢能研究和使用可以追溯到苏联时期，早在1941年列宁格勒就将氢能发动机安装在汽车上。氢还可以作为核电站贮能材料，目前最具前景的项目是汽车机模块氢反应堆国际项目，由俄罗斯一些重点研究所和美国能源部实施项目管理及资金支持。

目前俄罗斯的经济发展水平良好，已恢复到苏联水平，随之而来的是国家科技的振兴。俄罗斯科技潜力仍居世界领先水准，俄罗斯具有一流的全民文化素质，素有“科教兴国”和“专家治国”的历史传统，俄罗斯就业人口中具有高等和中等文化水平的人数比例很高，智力潜力居世界领先，教育改革显现成效，这对于增强国家科技储备和科技发展的后劲是十分有利的。科技投入逐步增加，政府增加科技预算拨款额度，科研开发队伍的数量居世界前列。虽然目前科技转化为生产力的水平低于西方发达国家，但其科技体制能集中国家力量发展最具前景的关键技术，并能在这些领域跻身世界前列。军工和宇航技术仍与美国并驾齐驱，民用技术就相对落后，但不乏潜力，为了加强科技与经济的结合，俄罗斯联邦政府采取大量新立法、行政和管理措施，基于“集中力量，重点突破”的考虑，确定战略性关键技术，在某些科技领域实现国家层面的突破，使其作为俄罗斯科技的重点发展方向，并使之在俄罗斯各个部门的发展乃至整体经济的发展中发挥火车头作用。

第二节　新世纪俄罗斯发展趋势

在普京的治理下，俄罗斯虽然经历了翻天覆地的变化，但是仍然面临若干国家性的问题，既包括普京上台以来未能有效解决的传统痼疾，也包括在21世纪俄罗斯发展中新出现的问题。这些问题能否得到妥善解决，不仅关系到21世纪以来俄罗斯发展的总体成就，更关系到后普京时代俄罗斯复兴道路上的国家前途与民族命运。回顾苏联解体以来的俄罗斯历史，叶利钦时期动荡的局势和进入 21 世纪后俄罗斯的快速发展形成鲜明对比，在普京与政治盟友的治理下，俄罗斯在向着自己的复兴之梦一步步前进。但是，我们要清楚地看到，俄罗斯能否持续发展、走向复兴，主要取决于两个方面的综合作用，即稳定的政治结构和良好的外部环境。能够对这两个方面产生重大负面影响的因素，就是俄罗斯大国复兴道路上的主要挑战。

一、稳定的政治结构

俄罗斯政治结构能否实现长期稳定，主要取决于以下三个方面：各权力机关能否有序运行？联邦制如何保持长期的稳定？国家发展道路如何选择？

（一）在中央权力的运行中，如何制定民主高效的机制，协调民主与超级总统制的关系，使各参与主体致力于推动俄罗斯发展而不是争夺权力的内耗，是俄罗斯需要解决的首要问题

叶利钦时期，总统派与议会派的矛盾一度激化，造成暴力流血事件，但最终确立了总统制的权力体制。此后，叶利钦的反对派利用在国家杜马多数席位的优势，通过合法的手段进行斗争，在许多政策表决和人事任命中投反对票，迫使叶利钦进行妥协。普京上台后，展现了强人治国的风格，通过组建政党牢牢把握杜马多数席位，使得政府、杜马和司法机关处于总统的管理之下，确保各项政策的顺利推行。国家政治领域，总统掌握绝对权力，总统派势力掌握各领域主导力量，反对派难以通过现有体制表达诉求。近年来普京对俄罗斯民主政治的调整，主要是如何在政党之间开展充分竞争与避免无谓内耗、掣肘之间找到平衡点，实现政治活力和政治稳定相统一；如何在保障政治和社会稳定的前提下，有效推动经济体制改革、促进经济增长。

对于俄罗斯未来的政局，如何确定合适的总统继承人，是能否保障普京路线的确定和延续、实现国家政治稳定的主要因素。在 2018 年“与普京直播连线”节目中，有民众问到普京身居高位是否

孤独以及继承人的问题时，普京回答说："一人不成军"，并表示有志同道合的团队；在继承人方面，他强调不会以经典思维来培养"接班人"，"接班人"将由俄罗斯民众选出。但是，当前俄罗斯的国家治理模式并非长久之计，尚未形成有效的制度体系，一旦普京卸任，新总统能否有他的治国能力和高支持率、总统支持的政党能否在议会保持多数党地位都是未知数，而这些问题将会是未来俄罗斯政治不稳定的主要根源。

（二）俄罗斯是一个多民族、多信仰的世界上面积最大的强国，俄罗斯政治领域能否稳定，与分离主义会不会死灰复燃、联邦制度能否保持稳定息息相关

在中央与地方的关系中，如何保持中央对地方的权威而又赋予地方发展的自主性，是俄罗斯需要解决的另一个问题。在叶利钦时代，出于政治斗争的需要，中央给予各联邦主体广泛的权力，许多共和国和自治区甚至处于事实上的独立状态，俄罗斯面临再一次解体的风险。普京上台后，逐步收回联邦主体的权力，设立联邦区由总统代表直接管辖，切实加强了中央对地方的管理。但是，单纯依赖中央政府的趋势逐步显现，俄罗斯现有 83 个联邦主体，中央无法也无力对所有联邦主体实施面面俱到的管理，反而导致国家机关官僚化、臃肿化、庞大化，行政效率下降，进而拖累全国的发展与改革计划。

（三）俄罗斯文明、历史、传统以及民族性特征，导致俄罗斯在国家发展道路的选择上有分歧、有争议，始终难以确定一个明确的目标并为之长期奋斗，普京之前是如此

普京执政期间以强大的个人魅力掩盖了分歧，但是后普京时代的俄罗斯道路仍然充满变数。在当代俄罗斯社会中，仍然存在一些无法消除的隐患，包括传统政治思想与新自由主义的矛盾、经济自由化与国家控制的矛盾、大西洋主义、斯拉夫主义与欧亚主义的纷争、自由市场与国家资本主义如何平衡？西方的民主自由，东方的稳定有序，如何合二为一于俄罗斯政治体制之中等等，这些不同的社会思潮都具有一定的社会基础，一旦国家权威出现削弱，必将加剧俄罗斯社会的多元对抗甚至导致民意分裂，进而引发政局动荡。

二、良好的外部环境

（一）国际能源价格的变动问题

在经济形势方面，俄罗斯本国经济的发展主要还是依赖于外部世界的经济形势，尤其是世界能源价格的高低，这是俄罗斯能否实现复兴的主要动力。尽管自从独立以来，俄罗斯历届政府都在推动经济改革和转型，但是受到多种因素影响，始终未能改变能源出口型经济的现状。目前在对外贸易领域，俄罗斯高达70%的出口产品是石油与天然气及其制成品，政府每年预算收入的50%来自于能源出口。在国际能源价格走高的情况下，俄罗斯政府有充足的资金支持基础设施建设、投资国内企业发展、提高居民福利待遇、推动军队改革，促进俄罗斯各领域的全面发展。反之，俄罗斯政府就会出现预算严重不足的窘境，或者大幅举债，导致预算赤字居高不下甚至爆发债务危机，或者取消预算项目，施政纲领成为一纸空文，导致各领域改革延缓、居民福利待遇下降和政府支持率下滑，同时也会导致投资不足、资金外流加剧、卢布汇率下跌，国家发展整体陷入停滞。因此，从狭义的角度来看，俄罗斯经济能否持续发展，主要取决于国际能源价格的高低。

（二）自身定位与国际认同的差异

俄罗斯在外交领域可能面临的危机与挑战，主要是自身国际定位与国际认同的矛盾，进而导致俄罗斯对外政策构想与外交实践产生巨大矛盾。在国际层面，俄美关系处于长期对立的状态，外交领域的矛盾难以消除，政治和解的法律障碍已经树立。反俄在美国成为一种政治正确，抗美成为俄罗斯维护国家尊严的政治底线，两国矛盾长期处于不可调和的状态。俄罗斯依托欧亚、平衡欧美将成为一种长期战略，俄罗斯与西方斗争为主、合作为辅的国际关系现实也将成为一种常态。俄罗斯外部环境能否改善，取决于俄罗斯在渴望融入西方与无法忍受冒犯中能否实现平衡。

三、2024 年后的俄罗斯

俄罗斯著名思想家别尔嘉耶夫曾指出，间断性是俄罗斯历史的特点。纵观俄罗斯历史，钟摆式的兴衰几乎成为一条定律。尽管面临各种各样的问题，对于俄罗斯继续复兴而言，最核心的问题始终是人的问题。对于俄罗斯而言，解决了人的问题，才能实现国家稳定，才有发展社会经济和实现人民福祉的基本前提。2007 年，由于俄罗斯宪法中“总统连任不得超过两届”的限制，普京就面临着是否修改宪法的抉择。2008 年普京和梅德韦杰夫实现“王车易位”后，俄罗斯启动第一轮修宪进程。2008 年 11 月 5 日，梅德韦杰夫总统发表国情咨文，提出完善国家管理机制的十项建议，建议将总统和国家杜马任期分别延长到 6 年和 5 年，进一步阐述反腐败的原则与措施。11 月 11 日，梅德韦杰夫总统向国家杜马提交宪法修正案。11 月 21 日，国家杜马通过宪法修正案。11 月 26 日，联邦委员会批准宪法修正案。12 月 4 日，梅德韦杰夫总统表示，他在总统任期内面临的国内发展任务和优先任务不变：第一，扩大普京八年治理国家取得的成果，将其提高到新的水平上，提高国内生活质量和标准，巩固国家声望；第二，应对国际金融危机，克服金融危机带来的消极后果。

随着普京在 2018 年总统大选中的再次胜出，2024 年以后的政治结构成为影响俄罗斯未来稳定发展的关键因素。2020 年 1 月 15 日，普京在发布国情咨文时提出，将修改宪法，增加议会在政府组阁中的权力，并将由全体公民进行公投。同一天，梅德韦杰夫宣布政府全体辞职。他在接受记者采访时强调，“在组建政府时，无论是总统还是总理，以及无论是由谁来担任，都要在内阁任命之前就相关议题进行讨论，其中也包括辞职的可能性。这绝对是正常的。”梅德韦杰夫认为，普京在国情咨文中提到的有关宪法修订等内容，将对权力平衡和行政、立法、司法领域产生重大影响，政府应该给予总统做出一切必要决定的机会。1 月 16 日，国家杜马通过了普京的提名，正式任命前联邦税务局局长米舒斯京担任俄联邦总理。同时普京提议新设立国家安全会议副主席一职，由梅德韦杰夫担任。目前，梅德韦杰夫继续担任统一俄罗斯党主席，表示统俄党是最主要的政治力量，正在为 2021 年国家杜马选举做准备。

为了推动修宪进程，俄罗斯组建了提案筹备工作组，联邦杜马国家建设和立法委员会主席帕维尔·克拉舍宁尼科夫担任工作组联合主席。修宪小组负责向联邦会议提交一揽子宪法修正案，其中包括完善强化宪法制度基本原则、人权和自由以及公民权利相关条款，并对俄罗斯卸任总统的权利进行明确。截至 2020 年 5 月，俄罗斯宪法修订工作正在进行，尚未明确全民公投具体事项。可以看出，俄罗斯此次修宪，主要目的就是为 2024 年以后的俄罗斯政局奠定法律框架。无论如何修改，只要新的政治框架兼顾俄罗斯文明传统与现实国情，能够长期保持国家政局稳定，实现内政外交政策的连续性，俄罗斯就可以在大国复兴的道路上继续前进，在世界文明中占据一席之地。

参考文献

[1] 姚海，主编．俄罗斯文明与外交［M］．北京：社会科学文献出版社，2016.

[2] 程亦军，主编．俄罗斯经济现代化进程与前景［M］．北京：中国社会科学出版社，2017.

[3]［美］菲欧娜·希尔，克利福德·加迪．普京传［M］．北京：红旗出版社，2015.

[4]［俄］亚历山大·普京．普京家族［M］．北京：当代世界出版社，2017.

[5] 谢晓光．俄罗斯对外战略研究（2000—2016）［M］．北京：社会科学文献出版社，2018.

[6] 庞大鹏，主编．普京新时期的俄罗斯（2011—2015）［M］．北京：社会科学文献出版社，2017.

[7] 万成才．新俄罗斯观察［M］．北京：新华出版社，2010.

[8] 左凤荣．重振俄罗斯——普京的对外战略与外交政策［M］．北京：商务印书馆，2008.

[9] 张建华．激荡百年的俄罗斯［M］．北京：人民出版社，2010.

[10] 薛君度，陆南泉，主编．新俄罗斯：政治、经济、外交［M］．北京：中国社会科学出版社，1997.

[11]［俄］瓦·列·彼得罗夫．俄罗斯地缘政治——复兴还是灭亡［M］．北京：中国社会科学出版社，2008.

[12] 冯绍雷．制度变迁与对外关系——1992 年以来的俄罗斯［M］．上海：上海人民出版社，1997.

［13］ 中国现代国际关系研究院俄罗斯研究所．俄罗斯外交思想库［M］．北京：时事出版社，2005.

［14］ 孔寒冰．当代各国政治体制——俄罗斯［M］．兰州：兰州大学出版社，1998.

［15］ 邢广程．苏联高层决策 70 年［M］．北京：世界知识出版社，1998.

［16］ 李静杰，郑羽，主编．俄罗斯与当代世界［M］．北京：世界知识出版社，1998.

［17］ 宋瑞芝．俄罗斯精神［M］．武汉：长江文艺出版社，2000.

［18］ 袁胜育、纵横捭阖 ——俄罗斯新外交战略［M］．重庆：重庆出版社，2007.

［19］ 邢广程，潘德礼，李雅君．俄罗斯议会［M］．北京：华夏出版社，2002.

［20］ 许新主编．叶利钦时代的俄罗斯（经济卷）［M］．北京：人民出版社，2001.

［21］［俄］ 尼·别尔嘉耶夫．俄罗斯思想［M］．上海：三联书店 1995.

［22］［苏］ 米·谢·戈尔巴乔夫．改革与新思维［M］．北京：新华出版社，1987.

［23］ 普京文集［M］．北京：中国社会科学出版社，2002.

［24］［俄］ 伊·谢·伊万诺夫．俄罗斯新外交：对外政策十年［M］．北京：当代世界出版社，2002.

［25］［俄］ 米·谢·戈尔巴乔夫．真相与自白：戈尔巴乔夫回忆录［M］．北京：社会科学文献出版社，2002.

［26］［俄］ 克柳切夫斯基．俄国史教程［M］．北京：商务印书馆 1996.

［27］［俄］ 波克罗夫斯基．俄国历史概要［M］．上下册．北京：三联书店，1978.

[28] [俄] 潘克拉托娃主编. 苏联通史 [M]. 第1—3卷. 北京：三联书店，1980.

[29] [俄] 普列汉诺夫. 俄国社会思想史 [M]. 第1—3卷. 北京：商务印书馆，1990.

[30] 孙成木，主编. 俄国通史简编 [M]. 上下卷. 北京：人民出版 1986.

[31] 张建华. 俄国史 [M]. 北京：人民出版社，2004.

[32] 海运. 叶利钦时代的俄罗斯—政治卷 [M]. 北京：人民出版社，2001.

[33] 任光宣. 俄罗斯文化十五讲 [M]. 北京：北京大学出版社，2007.

[34] 金雁，卞悟. 农村公社、改革与革命——村社传统与俄国现代化道路 [M]. 北京：中央编译出版社，1996.

[35] 安启念. 东方国家的社会跳跃和文化滞后——俄罗斯文化与列宁主义问题 [M] 北京：中国人民大学出版社，1994.

[36] 沈志华. 一个大国的崛起与崩溃—— 苏联历史研究专题（1917—1991）[M].（共三册）. 北京：社会科学文献出版社，2009.

[37] 金雁. 苏俄现代化与改革研究 [M]. 广州：广东教育出版社，1999.

[38] 冯玉军. 俄罗斯对外决策机制 [M]. 北京：时事出版社，2002.

[39] 周尚文，叶书宗，王斯德. 苏联兴亡史 [M]. 上海：上海人民出版社，2002.

[40] [美] 杰克·马特洛克. 苏联解体亲历记 [M].（上、下）. 北京：世界知识出版社，1996.

[41] 关雪凌，主编. 艰难的历程——俄罗斯经济转轨八年 [M]. 北京：中国人民大学出版社，2000.

[42] [英] 卡瑟琳·丹尼斯. 转型中的俄罗斯政治与社会

[M]. 欧阳景根，译. 北京：华夏出版社，2003.

[43] 冯绍雷，刘靖华，陈乐民. 冷眼向洋——百年风云启示录[M].（下）. 北京：三联书店，2000.

[44] 梅孜，主编. 美俄关系大事实录（1991—2001）[M].（下）. 北京：时事出版社，2002.

[45] 林军. 俄罗斯外交史稿 [M]. 北京：世界知识出版社，2002.

[46] 曹维安. 俄国史新论——影响俄国历史发展的基本问题[M]. 北京：中国社会科学出版社，2002.

[47] 张树华，刘显忠. 当代俄罗斯政治思潮 [M]. 北京：新华出版社，2003.

[48] 范建中. 当代俄罗斯——政治发展进程与对外战略选择[M]. 北京：时事出版社，2004.

[49] 潘德礼. 俄罗斯十年 [M]. 北京：世界知识出版社，2003

[50] 李渤. 国家间关系的民族心理研究：俄印关系分析 [M]. 哈尔滨：黑龙江人民出版社，2005.

[51] 刘淑春. 当代俄罗斯政党 [M]. 北京：中央编译出版社，2006.

[52] 徐向梅. 由乱而治：俄罗斯政治历程（1990 —2005）[M]. 北京：中央文献出版社，2006.

[53] 杜正艾. 俄罗斯外交传统研究 [M]. 上海：上海人民出版社，2007.

后　记

随着中俄关系的不断发展，国内对于俄罗斯的研究日益丰硕，其中有两个现象需要特别加以关注：一是关于普京的人物传记类著作不断增加，通过个人经历、新闻采访、执政风格、政策文本等不同角度对普京进行全面解读；二是基于21世纪以来俄罗斯内外政策的长期延续性，很多优秀成果对当代俄罗斯各领域发展脉络及其特点规律进行了全面研究。本书在详细阐述21世纪俄罗斯内政外交的基础上，梳理归纳21世纪以来俄罗斯的发展道路，试图为认识和理解当代俄罗斯提供新的角度。正如诗人丘特切夫所说，“用智慧无法理解俄罗斯”，不足之处，希望学界相关人士批评指正。

在历经数年研究、成果将要出版的时候，首先要感谢原解放军外国语学院国际政治研究中心主任许嘉教授，是她把我领入国际关系研究的殿堂，拓展了我的视野和思维；感谢我在国际关系专业的各位领导和同仁，他们在日常工作和生活中给了我极大的指导和帮助。

在本书的写作和修改过程中，我的同学康晓星、吴一鸣、牛少飞、徐国荣等给与了中肯的建议和宝贵的意见，我的学生冯泽鑫、傅一方、谢文君、林崛、周业轩、李妍娇等参加了本书的校对工作，在此一并提出感谢。最后，感谢我的妻子仝倩和亲爱的家人们，你们是我不断前进的动力源泉。

本书成稿之际，正逢新冠肺炎病毒肆虐华夏，祈盼早日结束疫情，国泰民安！

徐光辉

2020年6月于洛阳